Hermenéutica

*Principios y procedimientos
de interpretación bíblica*

Henry A. Virkler

La misión de Editorial Vida es ser la compañía líder en comunicación cristiana que satisfaga las necesidades de las personas, con recursos cuyo contenido glorifique a Jesucristo y promueva principios bíblicos.

HERMENÉUTICA
Edición en español publicada por
Editorial Vida – 1994
Miami, Florida

©1994 por Editorial Vida

Originally published in the USA under the title:
Hermeneutics
Copyright © 1981 by Baker Book House
Published by permission by Baker Book House

Traducción: *David Gómez Ruiz*
Diseño de cubierta: *Sarah Wenger*

ISBN: 978-0-8297-1848-5

CATEGORÍA: Estudios bíblicos / Exégesis y hermenéutica

IMPRESO EN ESTADOS UNIDOS DE AMÉRICA
PRINTED IN THE UNITED STATES OF AMERICA

HB 01.18.2024

A Mary,
cuya interpretación de la Palabra de Dios a través de su vida
es una fuente permanente de motivación para mí

RECONOCIMIENTOS

Quiero agradecer al doctor Gordon Lewis y a Randy Russell, cuyo aliento cuando el texto estaba en forma mimeografiada fue determinante en mi decisión de publicarlo para un mayor número de lectores. Quiero agradecer también a Grey Temple, Glenn Wagner, Max Lopez-Cepero, Buddy Westbrook y Doug McIntosh, quienes leyeron el manuscrito e hicieron valiosas sugerencias. Deseo reconocer en especial a Betty DeVries y a Diane Zimmerman de la Baker Book House y Pam Spearman por su excelente ayuda editorial.

Agradezco también a las siguientes casas de publicaciones por el permiso que me dieron para citar de los siguientes libros:

InterVarsity Press: *Christ and the Bible* [Cristo y la Biblia], de John W. Wenham, 1972. *Jesus and the Old Testament* [Jesús y el Antiguo Testamento] de R. T. France, 1971.

Wm. B. Eerdmans Publishing Company: *The Epistle of Paul to the Galatians* [La Epístola a los Gálatas], de Alan Cole, 1965.

Baker Book House: *Protestant Biblical Interpretation: Third Revised Edition* [Interpretación bíblica protestante], de Bernard Ramm, 1970.

Cambridge University Press: *The Targums and Rabbinic Literature* [Los tárgums y la literatura rabínica] de J. Bowker, 1969.

Zondervan Publishing House: *Biblical Hermeneutics* [Hermenéutica bíblica] de Milton S. Terry, reimpreso 1974.

PREFACIO

En el estudio de cualquier asunto hay cuatro etapas identificables que no son totalmente distintas. La primera incluye el reconocimiento de un aspecto de existencia importante y pertinente, aunque inexplorado. La exploración inicial consiste en nombrar lo que hay allí.

En la segunda etapa se intenta expresar con claridad ciertos principios generales que caracterizan la esfera de investigación. Se ofrecen muchas categorías conceptuales, y otros como investigadores tratan de desarrollar sistemas conceptuales que organicen o expliquen la información de manera coherente y convincente. Por ejemplo, ¿es más válido el punto de vista ortodoxo sobre las Escrituras, el neoortodoxo o la perspectiva liberal?

Durante la tercera etapa el enfoque se traslada de la explicación de los principios generales a la investigación de principios más específicos. Investigadores en diversos aspectos teóricos se concentran en el estudio de principios específicos a pesar de que pueden partir de presupuestos diferentes y pueden discrepar en cuanto a cuáles principios conducen a un sistema conceptual más exacto. En la cuarta etapa los principios descubiertos en las etapas dos y tres se traducen a técnicas específicas que se pueden enseñar fácilmente y aplicarse al aspecto que se está estudiando. La mayoría de los textos de hermenéutica a nuestro alcance parecen tener como su primera meta la explicación de principios de interpretación bíblica apropiados (etapa tres). Es en la cuarta etapa — la traducción de la teoría hermenéutica a pasos prácticos necesarios para interpretar un pasaje bíblico — que espero hacer una contribución.

La meta de este texto es dar al lector no sólo una comprensión de los principios de la correcta interpretación bíblica, sino también la capacidad de aplicar tales principios en la preparación de un sermón o en el estudio personal de la Biblia. Experiencias pasadas en la enseñanza de la hermenéutica me han sugerido que si se les da a los estudiantes siete reglas para interpretar las parábolas, cinco para interpretar alegorías y ocho para interpretar profecías, ellos pueden memorizarlas para un examen final; pero tal vez no sean capaces de retenerlas durante mucho tiempo. Por esa razón he tratado de desarrollar un sistema conceptual común que se pueda aplicar a toda la literatura bíblica restringiendo la memorización a diferenciar las características específicas. Con el propósito de facilitar la aplicación de principios hermenéuticos, he incluido ejercicios exegéticos (llamados "desafíos mentales", y que se abrevian **DM**) extractados principalmente de sermones públicos o de situaciones de consejería. Debe escribirse la respuesta a los **DM**, porque de ese modo serán una mejor ayuda para el aprendizaje.

Este libro de texto se dirige a los que aceptan los presupuestos históricos y ortodoxos respecto a la naturaleza de la revelación y la inspiración. Hay creyentes pensadores que estudian la Biblia desde otras perspectivas. Esos otros puntos de vista se presentan brevemente por comparación y contraste. Los lectores interesados encontrarán una breve bibliografía de obras sobre hermenéutica escritas desde otras perspectivas en el apéndice A.

Sólo vemos hasta aquí debido a que edificamos sobre el trabajo de los que han vivido antes que nosotros. Reconozco mi deuda de gratitud con muchos eruditos esmerados en esta esfera — Terry, Trench, Ramm, Kaiser, Mickelsen, Berkhof — para mencionar algunos. Hemos de referirnos repetidamente a la obra de esos hombres, y sin duda hay ocasiones en que se les cita y otras en que no.

Tal vez sea de mucha audacia (o temeridad) tratar de escribir un libro fuera de la esfera de mayor competencia del autor, que en mi caso es la integración de la teología y la psicología. Se ha escrito este libro porque no hallo un texto escrito por un teólogo que traduzca los principios hermenéuticos en pasos exegéticos prácticos.[1] Originalmente se procuró una distribución limitada en el programa de adiestramiento de consejería cristiana en el que enseño, y se ofrece a un grupo más amplio de estudiantes de teología sólo después de una fuerte motivación de muchas personas. Se han presentado varios asuntos controversiales de teología, todos ellos con la intención de ofrecer con honradez y precisión posiciones evangélicas alternativas. De buena gana recibiré correspondencia

---

1 A. B. Mickelsen *Interpreting the Bible* [Interpretando la Biblia] (Grand Rapids: Eerdmans, 1963) es una excepción notable de está declaración. Sin embargo, su traducción de la teoría a la exégesis práctica se hace sólo para ciertas formas literarias.

dirigida a la casa publicadora de mis colegas teológicamente más infor-
mados en esferas en las que sea necesaria una revisión.

Henry A. Virkler
Instituto de estudios psicológicos
Atlanta, Georgia
Agosto de 1980

ÍNDICE

CAPÍTULO UNO

INTRODUCCIÓN A LA HERMENÉUTICA BÍBLICA

Al terminar este capítulo, el lector podrá:

1. Definir los términos *hermenéutica*, *hermenéutica general* y *hermenéutica especial*.
2. Describir las diversas esferas del estudio bíblico (estudio del canon, crítica textual, crítica histórica, exégesis, teología bíblica, teología sistemática) y su relación con la hermenéutica.
3. Explicar las bases teóricas y bíblicas de la necesidad de la hermenéutica.
4. Identificar tres puntos de vista fundamentales de la doctrina de la inspiración y explicar las implicaciones para la hermenéutica de estos puntos.
5. Identificar cinco de los problemas de controversia en la hermenéutica contemporánea y explicar cada uno en unas cuantas oraciones.

Definiciones fundamentales

Se dice que la palabra *hermenéutica* tiene su origen en el nombre Hermes, el dios griego que servía como mensajero de los dioses, trasmitiendo e interpretando sus comunicaciones a sus afortunados, o con frecuencia desafortunados, destinatarios.

En su sentido técnico, se define la hermenéutica como *la ciencia y el arte de la interpretación bíblica.* Se le considera ciencia porque tiene reglas que pueden clasificarse en un sistema ordenado. Se le considera arte porque su comunicación es flexible y, por tanto, pudiera distorsionarse el verdadero sentido de una comunicaación si se aplican las reglas de manera rígida y mecánica.[1] Para ser un buen intérprete se deben

---

1 Bernard Ramm, *Protestant Biblical Interpretation* [Interpretación bíblica protestante], 3a. ed. rev. (Grand Rapids: Baker, 1970), p. 1.

aprender las reglas de la hermenéutica así como el arte de aplicar tales reglas.

La teoría hermenéutica se divide en dos categorías: hermenéutica general y especial. La hermenéutica general es el estudio de las reglas que rigen la interpretación de todo el texto bíblico. Incluye el análisis histórico-cultural, contextual, léxico-sintáctico y teológico. La hermenéutica especial es el estudio de las reglas que se aplican a géneros específicos, como parábolas, alegorías, tipos y profecía. La hermenéutica general se considera en los capítulos 3 al 5; Los capítulos 6 y 7 se dedican a la hermenéutica especial.

Relación de la hermenéutica con otras esferas del estudio bíblico

La hermenéutica no está aislada de otras esferas del estudio bíblico. Está relacionada con el estudio del canon, la crítica textual, la crítica histórica, la exégesis y las teologías bíblica y sistemática.[1]

Entre esas diversas esferas del estudio bíblico, el aspecto que conceptualmente precede a todas las demás es el estudio de la canonicidad; es decir, la diferenciación entre aquellos libros que llevan el sello de la inspiración divina y los que no lo llevan. Es largo pero interesante el proceso histórico por el cual algunos libros llegaron a ocupar un lugar en el canon y otros fueron excluidos, y puede hallarse en otros lugares.[2] Esencialmente el proceso de canonización era histórico, en el cual el Espíritu Santo guió a la iglesia a reconocer que ciertos libros tenían el sello de la autoridad divina.

La esfera de estudio bíblico que conceptualmente sigue al desarrollo del canon es el de la crítica textual, algunas veces conocida como la baja crítica. La crítica textual es el intento de determinar las palabras originales de un texto. La crítica textual es necesaria porque no tenemos los manuscritos originales, sólo muchas copias de los originales, y dichas copias contienen variantes entre ellas. Mediante una cuidadosa comparación de un manuscrito con otro, los críticos textuales realizan un servicio de incalculable valor al proporcionarnos un texto bíblico que se aproxima mucho a los escritos originales dados a los creyentes del Antiguo y del Nuevo Testamento. Uno de los más renombrados eruditos

1 Ibid., pp. 7-10.
2 N. H. Ridderbos, "Canon of the Old Testament" [El canon del Antiguo Testamento] y J. N. Birdsall, "Cannon of the New Testament" [El canon del Nuevo Testamento] en *The New Bible Dictionary* [El nuevo diccionario bíblico], ed. J. D. Douglas (Grand Rapids: Eerdmans, 1962), pp. 186-199; Clark Pinnock, Biblical Revelation (Chicago: Moody, 1971), pp. 104-106.

del Nuevo Testamento, F. F. Bruce, dijo en ese sentido: "Las variantes de lecturas sobre las que queda alguna duda entre los críticos textuales del Nuevo Testamento no afectan ningún hecho histórico o de la fe y la práctica cristiana."[1]

Se conoce la tercera esfera de estudio bíblico como la crítica histórica o alta crítica. Los eruditos de esa esfera estudian la paternidad literaria de un libro, la fecha de su composición, las circunstancias históricas que rodean su composición, la autenticidad de su contenido y su unidad literaria.[2]

Muchos de los que se han ocupado de la alta crítica han comenzado con presuposiciones liberales, y por esa razón los creyentes conservadores a menudo han igualado la alta crítica con el liberalismo. Ese no tiene por qué ser el caso. Es posible participar en la crítica histórica manteniendo presupuestos conservadores. Las introducciones a cada libro de la Biblia que aparecen en la Biblia de Estudio Pentecostal, en la Biblia Scofield y en los comentarios conservadores son buenos ejemplos. El conocimiento de las circunstancias históricas que rodearon la composición de un libro es esencial para una adecuada interpretación de su significado. El capítulo tres se dedica a este asunto.

Sólo después del estudio de la canonicidad, la crítica textual y la crítica histórica, el erudito está listo para hacer exégesis. La exégesis es la aplicación de los principios de la hermenéutica para arribar a una correcta interpretación del texto. El prefijo ex ("fuera de", "desde") lleva a la idea de que el intérprete está tratando de derivar su interpretación a partir del texto, en vez de leer su significado hacia el texto (*eisegesis*).

Después de la exégesis están las esferas gemelas de la teología bíblica y la teología sistemática. La teología bíblica es el estudio de la revelación divina como está dada a través del Antiguo y el Nuevo Testamento. Elabora la pregunta: "¿Qué agrega esa revelación específica al conocimiento que los creyentes ya poseían en esa época?" Trata de mostrar el desarrollo del conocimiento teológico a través de las eras del Antiguo y del Nuevo Testamento.

En contraste con la teología bíblica, la teología sistemática organiza la información bíblica de una manera lógica antes que histórica. Trata de colocar junta toda la información sobre un tema dado (por ejemplo, la

---

1 F. F. Bruce, The New Testament Documents: Are They Reliable? 5a ed. rev. (Chicago: Inter-Varsity, 1960), pp. 19,20.
2 Ramm, *Protestan Interpretation*, p. 9.

naturaleza de Dios, la naturaleza de la vida después de la muerte, el ministerio de los ángeles) de manera que podamos comprender la totalidad de la revelación de Dios para nosotros sobre ese tema. Las esferas de la teología bíblica y la sistemática son complementarias: juntas nos dan una comprensión mejor que si cada una se estudiara aisladamente.

El diagrama siguiente resume el análisis anterior, y muestra el papel decisivo y central que la hermenéutica desempeña en el desarrollo de una teología adecuada.

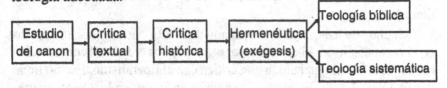

La necesidad de la hermenéutica

Nuestra comprensión de lo que leemos u oímos generalmente es espontánea, pues las reglas por las que interpretamos el significado ocurren automática e inconscientemente. Cuando algo bloquea esa comprensión espontánea del significado, nos volvemos más consciente del proceso que usamos para comprender (por ejemplo, cuando traducimos de un idioma a otro). La hermenéutica es esencialmente una codificación del proceso que por lo general empleamos en un nivel inconsciente para comprender el significado de una comunicación. Cuanto más bloqueos haya en la comprensión espontánea, tanto mayor será la necesidad de la hermenéutica.

Cuando interpretamos la Biblia, hay diversos bloqueos a una comprensión espontánea del significado original del mensaje.[1] Hay un abismo histórico por el hecho de que nos hallamos ampliamente separados en el tiempo de los escritores y los lectores originales. La antipatía de Jonás hacia los ninivitas, por ejemplo, adquiere un mayor significado cuando comprendemos la extrema crueldad y la pecaminosidad del pueblo de Nínive.

En segundo lugar, hay un abismo cultural que resulta del hecho de que hay diferencias importantes entre la cultura de los antiguos hebreos y la nuestra. Harold Garfinkel, el controvertido sociólogo y fundador de la etnometodología, sugiere que es imposible para un observador ser

---

1 Ibíd., pp. 4-7.

objetivo y desapasionado cuando estudia un fenómeno (que en nuestro caso es el estudio de la Biblia). Cada uno de nosotros mira la realidad a través de ojos condicionados por nuestra cultura y una variedad de otras experiencias. Para usar una analogía favorita de Garfinkel, es imposible estudiar personas o fenómenos como si estuviéramos mirando un pez en un acuario desde una indiferente posición fuera del acuario: cada uno de nosotros está dentro de su propio acuario.

Aplicada a la hermenéutica, la analogía sugiere que somos peces en un acuario (nuestro propio tiempo y cultura) mirando peces que están en otro acuario (los tiempos y la cultura bíblicos). No reconocer aquel ambiente cultural o el nuestro, o la diferencia entre los dos, puede resultar en serios malentendidos del significado de las palabras o acciones bíblicas.[1] Se dirá más sobre esto en los capítulos 3 y 8.

Un tercer bloqueo a la comprensión espontánea del mensaje bíblico es el abismo lingüístico. La Biblia fue escrita en hebreo, arameo y griego; tres idiomas que tienen estructuras y modismos muy diferentes de los nuestros. Considérese la distorsión en el mensaje que pudiera resultar, por ejemplo, si fuéramos a traducir la frase inglesa "I love to see Old Glory paint the breeze" al español sin reconocer la presencia de los modismos "Old Glory" y "paint the breeze". Traducida al pie de la letra diría: "Me encanta ver la Vieja Gloria pintar la brisa". Sin embargo, una traducción con sentido sería: "Me gusta ver la bandera norteamericana tremolar al viento." "Old Glory" se refiere a la bandera de los Estados Unidos, y "paint the breeze" quiere decir "ondular al toque de la brisa". Lo mismo puede suceder al traducir frases como "endureció Dios el corazón de Faraón", que es un modismo hebreo que significa en ese idioma algo distinto de lo comunicado por la traducción literal.

Un cuarto bloqueo importante es el abismo filosófico. Conceptos acerca de la vida, de las circunstancias, de la naturaleza del universo difieren entre varias culturas. Para trasmitir un mensaje de forma válida de una cultura a otra, el traductor o lector debe estar consciente de las semejanzas y los contrastes de las cosmovisiones.

La hermenéutica es necesaria, entonces, debido a los abismos cultural, histórico, lingüístico y filosófico que bloquean una comprensión espontánea y exacta de la Palabra de Dios.

---

1 En Tim Tyler, "The Ethnomethodologist". Human Behavior (abril, 1974): pp. 56-61.

Opiniones alternativas de la inspiración

El punto de vista que un erudito sostenga sobre la inspiración de la Biblia tiene implicaciones directas para la hermenéutica. En esta sección se ofrece sólo una introducción simplificada de los tres principales puntos de vista sobre la inspiración. Hay varios estudios excelentes sobre el tema.[1]

La postura liberal típica sobre la inspiración es que los escritores bíblicos fueron inspirados de manera semejante a Cervantes y otros grandes escritores. Lo que ellos transcribieron fueron primitivas concepciones religiosas hebraicas acerca de Dios y de sus obras. Gran parte del énfasis de esa postura cae sobre el desarrollo de teorías de cómo los redactores colocaron juntos los manuscritos antiguos de escritos antiguos, y lo que estas compilaciones revelan sobre la creciente conciencia espiritual de los compiladores.

Dentro de la erudición neoortodoxa hay mucha variación sobre el tema de la inspiración, de modo que ninguna generalización puede incluir con exactitud todos los puntos de vista. No obstante, la mayoría cree que Dios se reveló sólo en actos poderosos, no en palabras. Las palabras de la Biblia atribuidas a Dios son la forma como los hombres entendieron el significado de las acciones divinas. La Biblia llega a ser la Palabra de Dios cuando los individuos la leen, y las palabras adquieren un significado personal y existencial para ellos. El énfasis de ese punto de vista está en el proceso de desmitologización, es decir, quitar los acontecimientos mitológicos que se han empleado para trasmitir la verdad existencial, de modo que el lector pueda tener un encuentro personal con la verdad.

El punto de vista ortodoxo de la inspiración es que Dios obró por medio de las personalidades de los escritores bíblicos de manera tal que, sin suspender su estilo personal de expresión o libertad, lo que ellos produjeron era literalmente "soplado por Dios" (2 Ti 3:16; griego *theopneustos*). El énfasis del texto es que la propia Escritura, no los escritores solamente, era inspirada ("Toda Escritura es inspirada por Dios"). Decir que sólo los escritores fueron inspirados dejaría abierta la posibilidad de argüir que sus escritos fueron contaminados por la interacción del

---

1 Carl F. H. Henry, *Revelation and the Bible* [La revelación y la Palabra de Dios] (Grand Rapids: Baker, 1958); J. I. Packer, "Fundamentalism" and the Word of God (Londres: Inter-Varsity, 1958); J. I. Packer, "Revelation", en The New Bible Dictionary; B.B. Warfield, *The Inspiration and Authority of the Bible* (Filadelfia: Presbyterian and Reformed, 1948).

mensaje con sus propias concepciones e idiosincrasias primitivas. La enseñanza de 2 Timoteo 3:16, sin embargo, es que Dios guió a los autores bíblicos de manera tal que sus escritos ostentaran el sello de "inspiración" divina.

Basada en versículos como 2 Timoteo 3:16 y 2 Pedro 1:21, la opinión cristiana ortodoxa es que la Biblia es un depósito de verdad objetivo. A diferencia de la postura neoortodoxa que concibe las Escrituras como que llegan a ser la Palabra de Dios cuando adquieren un sentido existencial personal, la postura ortodoxa es que la Biblia es, y siempre seguirá siendo, un depósito de la verdad, sea que la leamos y nos apropiemos personalmente de ella o no. Para el creyente ortodoxo, entonces, las técnicas hermenéuticas poseen gran importancia porque nos dan un medio para descubrir con más precisión las verdades que creemos que contienen las Escrituras.

Problemas de controversia en la hermenéutica contemporánea

Antes de pasar a examinar la historia y de allí los principios de la hermenéutica bíblica, debemos familiarizarnos con algunos de los problemas centrales aunque controversiales de la hermenéutica. Al igual que el punto de vista de la inspiración afecta la manera en que el lector se acerca a la exégesis, esos cinco problemas afectan la hermenéutica.

Validez en la interpretación

Quizá la pregunta más fundamental en la hermenéutica sea: "¿Es posible decir lo que constituye el sentido válido de un texto, o hay múltiples interpretaciones válidas?" Si hay más de una, ¿son algunas más válidas que otras? En ese caso, ¿cuál criterio puede usarse para distinguir la interpretación más válida de las menos válidas? Para experimentar los problemas importantes que surgen por las preguntas anteriores, considérese el problema de Naptunkian.

DM1: El dilema de Naptunkian

Situación: Cierta vez usted escribió una carta a un amigo íntimo. Rumbo a su destino el servicio postal perdió su mensaje, y la carta permaneció extraviada durante los siguientes dos mil años, en medio de guerras nucleares y otras transiciones históricas. Un día la carta es descubierta y reclamada. Tres poetas de la sociedad contemporánea de Naptunkian tradujeron la carta por separado, pero desafortunadamente arribaron a conclusiones diferentes. "Lo que esto significa para mí . . . – dijo Tunky I – es . . ." "No estoy de acuerdo – dijo Tunky II – . Lo que eso significa para mí es . . ." "Los dos están equivocados — alegó Tunky III — . Mi interpretación es la correcta."

Resolución: Como un observador imparcial que ve la controversia desde su celestial perspectiva (eso esperamos), ¿qué consejo daría a los Tunkys para que resolvieran sus diferencias? Damos por sentado que usted fue un escritor razonablemente claro en la exposición de sus ideas.

a. ¿Es posible que su carta tuviera en realidad más de un sentido válido? Si su respuesta es "Sí", pase a (b). Si es "No" pase a (c).

b. Si su carta puede tener una variedad de significados, ¿hay algún límite de sentidos válidos? Si hay un límite, ¿qué criterio propondría para distinguir entre los sentidos válidos y los que no lo son?

c. Si hay un solo sentido válido para su carta, ¿qué criterio emplearía usted para determinar si la mejor interpretación es la de Tunky I, II o III?

Si usted concluye que la interpretación de Tunky II es superior, ¿cómo pudiera justificar su opinión ante Tunky I y III?

Si usted no ha pasado al menos quince minutos tratando de ayudar a los tunkys a resolver su problema, vuelva y trate de hacer algo para ayudarlos. El problema con el cual están luchando es, probablemente, el más decisivo de toda la hermenéutica.

E. D. Hirsch, en su volumen Validity in Interpretation [Validez en la interpretación], analiza la filosofía que ha estado alcanzando aceptación desde 1920, es decir, que "el significado de un texto es lo que signifique para mí". Aunque anteriormente la idea que prevalecía había sido que el texto significaba lo que el autor quiso decir, T. S. Eliot y otros afirmaron que "la mejor poesía es impersonal, objetiva y autónoma; la que lleva inmortalidad en sí misma, arrancada totalmente de la vida de su autor."[1]

Tal creencia, favorecida por el relativismo de nuestra cultura contemporánea, pronto influyó en la crítica literaria en otras esferas distintas a la poesía. El estudio de "lo que dice el texto" llegó a ser el estudio de "lo que él le dice a un crítico individual".[2] Tal creencia no dejaba de tener sus dificultades, como Hirsch resalta de manera convincente:

Cuando los críticos deliberadamente destierran al autor

---

1 T. S. Eliot, "Tradition and the Individual Talent", Selected Essays (Nueva York, 1932), citado en E.D. Hirsch, Validity in Interpretation (New Haven: Yale University, 1967), p. 1. El volumen de Hirsch es un recurso excelente para mayor análisis sobre éste y otros temas relacionados.
2 Hirsch, Validity in Interpretation, p. 3.

original, ellos mismos usurpan su lugar (como quien determina el significado), y eso conduce infaliblemente a algunas de las confusiones teóricas de nuestros días. Donde antes había sólo un autor (uno que determinaba el significado), ahora surgen muchísimos, y cada uno tiene tanta autoridad como los demás. Eliminar al autor original como el que determina el significado era rechazar el único principio normativo obligatorio que podía prestar validez a una interpretación . . . Porque si el significado de un texto no es el de su autor, entonces ninguna interpretación puede corresponder al sentido del texto, ya que el texto no puede tener significado determinado ni determinable.[1]

En el estudio de la Biblia, la tarea del exegeta es determinar lo más cerca posible lo que Dios quiso decir en un pasaje determinado, y no lo que el texto significa para mí. Si aceptamos la idea de que el significado de un texto es lo que éste significa para mí, entonces la Palabra de Dios puede tener tantos significados como lectores tenga. Tampoco tenemos razón para decir que una interpretación ortodoxa de un pasaje es más válida que una interpretación herética: en realidad, la distinción entre interpretación ortodoxa y herética ya no es significativa.

A estas alturas puede ser útil distinguir entre interpretación y aplicación. Decir que un texto tiene un sentido válido (el que el autor tuvo en mente) no significa que su escrito tenga sólo una aplicación posible. Por ejemplo, la orden de Efesios 4:26,27: "No se ponga el sol sobre vuestro enojo, ni deis lugar al diablo", tiene un significado, pero puede tener múltiples aplicaciones dependiendo de si el lector está enojado con su empleado, su esposa o sus hijos. De igual manera la promesa de Romanos 8 de que nada "nos podrá separar del amor de Dios" tiene un solo significado; pero tendrá diferentes aplicaciones (en este caso, significados emocionales), dependiendo de la situación particular que una persona enfrenta.

La posición que los eruditos adoptan en ese asunto de la validez de la interpretación influye en su exégesis. Por eso es un asunto decisivo para el estudio de la hermenéutica.

1 Ibid, pp. 5,6.

Doble paternidad literaria y *sensus plenior*

Una segunda controversia en la hermenéutica es la cuestión de la doble paternidad literaria. La posición ortodoxa de la Biblia es la de autoría confluente; es decir, los autores humanos y el autor divino trabajaron juntos (fluyeron juntos) para producir el texto inspirado. Ese asunto origina estas preguntas importantes: "¿Qué significado tenía en mente el autor humano?" "¿Qué significado quiso dar el autor divino?" "¿El significado que procuró dar el autor divino excedía al del autor humano?"

Se ha debatido durante siglos la cuestión de si el texto bíblico tiene o no un sentido más amplio (*sensus plenior*) que el que tenía en mente el autor humano. Donald A. Hagner presenta ese asunto de la manera siguiente:

> Estar consciente del *sensus plenior* es reconocer la posibilidad de que un pasaje del Antiguo Testamento tenga un sentido más amplio del que el autor original tenía en mente, y más del que puede obtenerse por la estricta exégesis gramático-histórica. Tal es la naturaleza de la inspiración divina de la que los autores del texto bíblico muchas veces no estuvieron conscientes del sentido más amplio ni de la aplicación final de lo que escribieron. Ese sentido más amplio del Antiguo Testamento puede verse sólo en retrospectiva y a la luz del cumplimiento del Nuevo Testamento.[1]

Se esgrimen varios argumentos para apoyar la posición del *sensus plenior*, incluso los siguientes: (1) Pedro 1:10-12 parece sugerir que los profetas del Antiguo Testamento a veces hablaron cosas que ellos no entendieron; (2) Daniel 12:8 parece indicar que Daniel no entendió el significado de todas las visiones proféticas que se le dieron; y (3) hay muchas profecías que parece improbable que sus contemporáneos las hayan comprendido (por ejemplo, Daniel 8:27; Juan 11:49-52).

Los que arguyen en contra de la posición de *sensus plenior* esgrimen los siguientes puntos: (1) Si se acepta la idea de dobles significados en las Escrituras puede abrirse el camino a toda clase de interpretaciones *eisegéticas*; (2) el pasaje de 1 Pedro 1:10-12 puede entenderse con el significado de que los profetas del Antiguo Testamento ignoraban sólo

---

1 Donald A. Hagner, "The Old Testament in the New Testament", en Interpreting The Word of God, ed. Samuel J. Schultz y Morris Inch (Chicago: Moody, 1976), p. 92.

el tiempo del cumplimiento de sus predicciones pero no el significado de sus predicciones; (3) en algunos casos los profetas entendieron el significado de sus predicciones pero no todas las implicaciones de ellas (por ejemplo, en Juan 11:50 Caifás entendió que era mejor que un hombre muriera por el pueblo y no que toda la nación pereciera, pero no comprendió todas las implicaciones de su profecía); y (4) en algunos casos los profetas pueden haber entendido el significado de su profecía pero no a qué situación histórica se refería.

La controversia sobre el *sensus plenior* es uno de esos asuntos que probablemente no tenga solución antes que entremos en la eternidad. La interpretación de la profecía se tratará más cabalmente en el capítulo 7. Quizás un criterio orientador que la mayoría de los que se hallan en ambos lados de la polémica puedan aceptar en este tiempo sea el siguiente: Cualquier pasaje que parezca tener un significado más completo del que es probable que su autor humano haya pensado, sólo debe interpretarse así cuando Dios haya declarado expresamente la naturaleza de su sentido más amplio mediante posterior revelación.[1] En el apéndice C se halla una bibliografía que presenta muchos de los escritos más importantes sobre este tema.

Interpretación literal, figurada y simbólica de las Escrituras

Un tercer asunto de controversia en la hermenéutica contemporánea es la literalidad con que interpretamos las palabras de la Biblia. Como Ramm lo subraya, los eruditos conservadores son acusados a veces de ser "literalistas tercos" en sus interpretaciones.[2] Sus hermanos de teología más liberal alegan que incidentes como la caída, el diluvio y la historia del viaje submarino de Jonás deben entenderse como metáforas y alegorías en vez de verdaderos acontecimientos históricos. Como todas las palabras son símbolos que representan ideas, dicen esos liberales, no debemos tratar de aplicarlas en un sentido literal estricto.

Los teólogos conservadores están de acuerdo en que las palabras pueden emplearse en sentido literal, figurado y simbólico. Las siguientes tres oraciones lo ejemplifican:

1. *Literal*. "Se colocó en la cabeza del rey una corona centelleante de joyas."

---

1 J. Barton Payne, *Encyclopedia of Biblical Prophecy* [Enciclopedia de profecía bíblica] (Nueva York: Harper & Row, 1973), p. 5.
2 Ramm, *Protestant Biblical Interpretation*, pp. 122,146.

2. *Figurada.* "Esta novela corona la obra del autor."

3. *Simbólica.* "Apareció en el cielo una gran señal: una mujer vestida del sol, con la luna debajo de sus pies, y sobre su cabeza una corona de doce estrellas" (Ap 12:1).

La diferencia entre los tres usos de la palabra *corona* no estriba en que el sentido de que uno se refiere a verdaderos acontecimientos históricos y los demás no. Las expresiones literales y figuradas por lo general se refieren a acontecimientos históricos. La relación entre las ideas expresadas por las palabras y la realidad es directa, y no simbólica. Sin embargo, las ideas expresadas en lenguaje simbólico (por ejemplo, literatura alegórica y apocalíptica) con frecuencia hacen alusiones históricas. De modo que la mujer de Apocalipsis 12:1 puede significar la nación de Israel, con las doce estrellas que representan las doce tribus, la luna la revelación del Antiguo Testamento, y el sol la luz de la revelación del Nuevo Testamento.[1]

Los problemas surgen cuando los lectores interpretan las declaraciones de un modo distinto al que el autor tenía en mente. La distorsión del sentido del autor que resulta de interpretar de manera figurada una declaración literal es la misma de interpretar una declaración figurada de modo literal.

Si todas las palabras son en cierto sentido símbolos, ¿cómo podemos determinar cuándo deben entenderse literal, figurada o simbólicamente? El teólogo conservador respondería que aquí se aplica el mismo criterio para determinar la interpretación válida de todos los demás tipos de literatura, es decir, que las palabras deben interpretarse de acuerdo con la intención del autor. Si el autor pretendía que se interpretaran literalmente, erramos si las interpretamos de manera simbólica. Si su intención era que se interpretaran simbólicamente, fallamos de igual modo si las interpretamos literalmente. El principio es más fácil de enunciar que de aplicar; sin embargo, como se muestra en posteriores capítulos, el contexto y la sintaxis proporcionan importantes pistas para la intención y, por tanto, para el significado.

Factores espirituales en el proceso de percepción

Un cuarto problema de controversia en la hermenéutica contemporánea es el de si los factores espirituales afectan o no la capacidad de percibir con precisión las verdades contenidas en las Escrituras. Una

---

1 Leon Morris, *The Revelation of St. John* (Grand Rapids: Eerdmans, 1969), p. 156.

escuela de pensamiento sostiene que si dos personas tienen la misma preparación intelectual para hacer hermenéutica (instruidos en el idioma, la historia y la cultura originales), los dos serán buenos intérpretes.

Una segunda escuela de pensamiento sostiene que las Escrituras mismas enseñan que la consagración espiritual, o la carencia de ella, influye en la capacidad de percibir la verdad espiritual. Romanos 1:18-22 describe el resultado final de una continua supresión de la verdad como un entendimiento entenebrecido. 1 Corintios 2:6-14 habla de la sabiduría y los dones que son posesión potencial del creyente, pero la persona no regenerada no los posee. Efesios 4:17-24 describe la ceguera a las realidades espirituales que padece una persona que vive según la vieja naturaleza, y las nuevas realidades que se abren al creyente. 1 Juan 2:11 declara que el hombre que abriga odio experimenta una ceguera, resultado del mismo odio. Basados en pasajes como ésos, este punto de vista cree que la ceguera espiritual y el entendimiento entenebrecido obstruyen la capacidad de la persona para determinar la verdad independientemente si uno conoce y aplica los principios de la hermenéutica.

Ese asunto tiene más importancia para la hermenéutica que lo que parece a primera vista. Por una parte si, como se afirmó anteriormente, el sentido de las Escrituras puede hallarse en un cuidadoso estudio de las palabras, la cultura y la historia de los escritores, entonces, ¿a dónde dirigirnos para encontrar esta dimensión mayor de discernimiento espiritual? Si dependemos de la intuición espiritual de los hermanos en la fe para mayor conocimiento, pronto terminaremos en una confusión desesperada porque ya no tenemos ningún principio normativo para comparar la validez de una intuición con otra. Por otro lado, la idea alternativa de que el significado de la Biblia puede hallarse dominando los prerrequisitos del conocimiento y de las técnicas exegéticas, sin considerar la condición espiritual, parece contradecir los versículos citados anteriormente.

Una hipótesis que trata de resolver ese dilema se basa en una definición del término *conocimiento*. Según la Biblia, las personas no poseen en realidad el conocimiento a menos que vivan a la luz de ese conocimiento. La verdadera fe no es sólo el conocimiento acerca de Dios (lo que incluso los demonios tienen) sino el conocimiento vivencial. El incrédulo puede conocer (comprensión intelectual) muchas de las verdades bíblicas empleando los mismos medios de interpretación que él emplearía con textos no bíblicos; pero no puede en realidad conocer esas verdades (ni apropiarse de ellas) mientras permanezca en rebeldía contra Dios.

Esa hipótesis necesita un ligero correctivo. Una experiencia común ilustra el punto: Fijamos nuestra atención en cierto punto de acción, y luego damos atención selectiva para concentrarnos en los datos que apoyan nuestra decisión y minimizamos aquella información que pudiera argüir en contra de ella. Puede aplicarse el mismo principio al pecado en la vida de una persona. La Biblia enseña que el ceder al pecado hace que un individuo se convierta en esclavo de él y se ciegue a la justicia (Juan 8:34; Romanos 1:18-22; 6:15-19; 1 Timoteo 6:9; 2 Pedro 2:19). De ese modo, los principios bíblicos de la verdad, disponibles mediante la aplicación de las mismas técnicas de interpretación textual empleados con textos no-bíblicos, se tornan cada vez menos claros a quien constantemente rechaza tales verdades. De ahí que los no creyentes no conocen el completo significado de la enseñanza bíblica, no porque el significado no esté disponible para ellos en las palabras del texto, sino porque se niegan a actuar y apropiarse de las verdades espirituales para su propia vida. Además, el resultado psicológico de tal negativa los hace cada vez menos capaces (y dispuestos) a comprender esas verdades.

En conclusión, esa perspectiva moderada sugiere que el significado de la Palabra de Dios está contenida en las palabras de las que Él es el autor, y que es innecesario recurrir a intuiciones espirituales que no tienen el apoyo de una comprensión de esas palabras. Uno de los ministerios del Espíritu Santo es la obra de iluminación, de ayudar a los creyentes a entender el pleno sentido del texto bíblico. El concepto de iluminación no necesita extenderse más allá de la obra del Espíritu de explicar el pleno sentido del texto; en realidad, si alguna vez extendemos nuestra definición de iluminación más allá de este punto, no tenemos ninguna base lógicamente coherente para distinguir el significado divinamente dado de las intuiciones y adiciones de mil intérpretes diferentes.

La cuestión de la infalibilidad

Es probable que de todos los problemas de controversia con implicaciones para la hermenéutica uno de los más importantes que están debatiendo los evangélicos sea el de la infalibilidad de la Biblia. Ese asunto ha dividido a los evangélicos (los que subrayan la importancia de una salvación personal por medio de Jesucristo) en dos grupos, que Donald Masters ha llamado evangélicos conservadores y liberales. Los evangélicos conservadores son los que creen que la Biblia está totalmente sin error; los evangélicos liberales son los que creen que la Biblia no tiene error cuando habla de asuntos de salvación y de la fe cristiana, pero que puede tener errores en asuntos históricos y otros detalles.[1]

Hay muchísimas razones por las que el asunto de la infalibilidad es importante para los evangélicos. En primer lugar, si la Biblia se equivoca cuando habla de asuntos no esenciales para la salvación, entonces puede equivocarse cuando habla acerca de la naturaleza del hombre, las relaciones personales y familiares, estilos de vida sexuales, la voluntad y las emociones, y muchos otros asuntos relacionados con la vida cristiana. Una Biblia con errores puede ser sólo una reflexión de la antigua filosofía y psicología hebrea, con muy poco que ofrecernos. En segundo lugar, como repetidamente lo ha demostrado la historia de la Iglesia,[2] los grupos que comienzan poniendo en duda la validez de los detalles pequeños de la Biblia finalmente llegan a poner en duda las doctrinas mayores también. Muchos observadores de los seminarios norteamericanos contemporáneos han visto repetirse este modelo: la aceptación de un error de la Biblia en un punto periférico pronto fue seguido por alegatos de que la Biblia contiene errores en enseñanzas más importantes.

El asunto de la infalibilidad es también importante en la esfera de la hermenéutica. Si comenzamos con la presuposición de que la Biblia contiene errores, y luego hallamos una aparente discrepancia entre dos o más textos, pudiéramos decidir que uno o los dos contienen errores. Si comenzamos con la presuposición de que la Biblia no contiene errores, estamos motivados a encontrar una manera exegéticamente justificable de resolver cualquier discrepancia aparente. Los distintos resultados de esas bases presuposicionales se hacen más aparentes en aquella parte de la hermenéutica llamada "análisis teológico" (véase capítulo 5), el cual consiste esencialmente en comparar un texto determinado con todos los otros textos sobre el mismo tema. Nuestro enfoque al análisis teológico será diferente según supongamos que la enseñanza de varios textos, propiamente entendidos, representan una unidad de pensamiento, o que los textos pueden representar una diversidad de pensamientos ocasionados por la inclusión de errores. Como ese asunto es de tal importancia para la hermenéutica, la última sección de este capítulo considerará los argumentos en el debate sobre la infalibilidad.

---

1 Donald C. Masters, The Rise of Evangelicalism (Toronto: Evangelical Publishers, 1961), p. 15.
2 Harold Lindsell, *Battle for the Bible* (Grand Rapids: Zondervan, 1976), pp. 141-160.

Jesús y la Biblia

Si Jesucristo es, como creemos, el Hijo de Dios, entonces su actitud hacia las Escrituras proporcionará la mejor respuesta al asunto de la infalibilidad. Puede hallarse un análisis completo en la obra de John W. Wenham, *Christ and the Bible* [Cristo y la Biblia]. Algunos de los puntos se resumen aquí.

En primer lugar, Jesús trató consecuentemente las narraciones históricas del Antiguo Testamento como registros fieles de hechos. Wenham nota:

> Tenemos referencias [por Cristo] a: Abel (Lc 11:51), Noé (Mt 24:37-39; Lc 17:26,27), Abraham (Jn 8:56), la institución de la circuncisión (Jn 7:22; cf. Gn 17:10-12; Lv 12:3), Sodoma y Gomorra (Mt 10:15; 11:23, 24; Lc 10:12), Lot (Lc 17:28-32), el maná (Jn 6:31,49,58), la serpiente en el desierto (Jn 3:14), David comiendo los panes de la proposición (Mt 12:3,4; Mr 2:25, 26; Lc 6:3, 4) y como escritor de un salmo (Mt 22:43; Mr 12:36; Lc 20:42), Salomón (Mt 6:29; 12:42; Lc 11:31; 12:27), Elías (Lc 4:25, 26), Eliseo (Lc 4:27), Jonás (Mt 12:39-41; Lc 11:29, 30, 32), Zacarías (Lc 11:51). Este último pasaje nos da su sentido de la unidad de la historia y su comprensión del ámbito de los hechos que describe. Sus ojos recorren todo el curso de la historia "desde la fundación del mundo" hasta "su generación". Hay repetidas referencias a Moisés como el que dio la ley (Mt 8:4; 19:8; Mr 1:44; 7:10; 10:5; 12:26; Lc 5:14; 20:37; Jn 5:46; 7:19); los sufrimientos de los profetas son mencionados también con frecuencia (Mt 5:12; 13:57; 21:34-36; 23:29-37; Mr 6:4 [cf. Lc 4:24; Jn 4:44]; 12:2-5; Lc 6:23; 11:47-51; 13:34; 20:10-12); y hay una referencia a la popularidad de los falsos profetas (Lc 6:26). Él puso el sello de su aprobación a pasajes de Génesis 1 y 2 (Mt 19:4, 5; Mr 10:6-8).

Aunque esas citas las tomó nuestro Señor de diferentes partes del Antiguo Testamento, y algunos períodos de la historia son cubiertos más completamente que otros, es evidente que Él estaba familiarizado con el Antiguo Testamento y que lo trató todo igualmente como historia.[1]

---

1 John W. Wenham, Christ and the Bible (Downers Grove, Ill.: InterVarsity, 1972), pp. 12,13. Varias de las ideas en las páginas siguientes son tomadas y adaptadas de este libro.

En segundo lugar, muchas veces Jesús escogió como base de su enseñanza las historias que la mayoría de los críticos modernos consideran inaceptables (por ejemplo, el diluvio de Noé — Mateo 24:37-39; Lucas 17:26, 27 —; Sodoma y Gomorra — Mateo 10:15; 11:23, 24 —; la historia de Jonás — Mateo 12:39-41; Lucas 11:29-32 —).

En tercer lugar, Jesús consecuentemente usó el Antiguo Testamento como el tribunal autorizado de apelaciones en sus controversias con los escribas y fariseos. Su queja contra ellos no era que le daban demasiado crédito a las Escrituras, sino que ellos, mediante la casuística de sus rabinos, habían maniobrado para distorsionar las enseñanzas claras y autorizadas que se hallaban en ellas.

En cuarto lugar, Jesús enseñó que nada podía pasar de la ley hasta que todo se hubiera cumplido (Mateo 5:17-20) y que no podían quebrantarse las Escrituras (Juan 10:35).

Por último, Jesús empleó las Escrituras al refutar cada tentación de Satanás. Es digno de notar que tanto Jesús como Satanás aceptaron las declaraciones bíblicas como argumentos contra los cuales no había respuesta (Mateo 4:4-11; Lucas 4:4-13).

Parece que Jesús no hacía distinción entre la validez y la exactitud de los asuntos reveladores y no reveladores (históricos, incidentales). Su actitud, como está registrada en los evangelios, parece ser una aceptación incuestionable. Lindsell señala que aun los eruditos liberales y neoortodoxos, que niegan la infalibilidad bíblica, están de acuerdo en que Jesús consideraba infalibles las Escrituras.[1] Kenneth Kantzer analiza el testimonio de esos eruditos liberales:

> H. J. Cadbury, profesor de la universidad de Harvard y uno de los más extremos críticos del Nuevo Testamento de la pasada generación, declaró una vez que él estaba más convencido, como simple hecho histórico, de que Jesús sostenía, como el punto de vista común del judaísmo, la infalibilidad de la Biblia, más que Él creyera en su propio mesiazgo. Adolfo Harnack, el más grande historiador de la iglesia de todos los tiempos, insiste en que Cristo era uno con sus apóstoles, los judíos y toda la iglesia del primer siglo, en cuanto a la autoridad infalible de la Biblia. John Knox, autor de la que quizá sea la mejor historia de la vida de Cristo,

1 Harold Lindsell, The Battle for the Bible (Grand Rapids: Zondervan, 1976) pp. 43,44.

declara que no puede haber dudas de que ese concepto de la Biblia lo enseñaba el Señor mismo.

Rudolf Bultmann, un opositor radical a lo sobrenatural, pero reconocido por muchos como el más grande erudito del Nuevo Testamento de los tiempos modernos, afirmó que Jesús aceptó la noción común de su día respecto a la infalibilidad de las Escrituras.[1]

Bultmann escribió:

> Jesús siempre estuvo de acuerdo con los escribas de su tiempo en aceptar sin cuestionamiento la autoridad de la ley [Antiguo Testamento]. Cuando el joven rico le preguntó: "¿Qué debo hacer para heredar la vida eterna?" Él respondió: "Los mandamientos conoces", y repitió el muy conocido decálogo . . . Jesús no atacó la ley sino que asumió su autoridad y la interpretó.[2]

Las palabras de J. I. Packer resumen mucho de lo que se ha dicho y lo pone en esta perspectiva:

> El punto que tenemos que enfrentar es que Jesucristo, el encarnado Hijo de Dios, que reclamó autoridad divina para todo lo que Él hizo y enseñó, confirmó la autoridad divina absoluta del Antiguo Testamento ante otros y se sometió sin reservas al mismo . . . Si aceptamos la afirmación de Cristo, nos comprometemos a creer todo lo que Él enseñó sobre su autoridad. Si nos negamos a creer alguna parte de lo que Él enseñó, en realidad estamos negando que Él sea el Mesías divino sobre nuestra propia autoridad.[3]

Objeciones y respuestas

Aun cuando el relato de los evangelios da una descripción de Jesús como que sostenía una incuestionable fe en la validez y autoridad de las Escrituras, hay muchos escritores y teólogos que mantienen que los creyentes ya no tienen que aceptar esta postura. La literatura en este asunto cita cerca de nueve objeciones principales ofrecidas por los que

1 Kenneth Kantzer, *Christ and Scripture* (Deerfield, Ill.: Trinity Evangelical Divinity School, s.f.), p. 2, citado en Lindsell, Battle for the Bible, p. 43.
2 Rudolph Bultmann, Jesus and the Word (Nueva York: Scribners, 1934), pp. 61,62.
3 J. I. Packer, "Fundamentalism" and the Word of God, pp. 55-59.

sustentan que la Biblia contiene errores. Esas objeciones se examinan brevemente a continuación. Se pueden hallar exposiciones más amplias en las referencias señaladas y en las lecturas sugeridas al final de este capítulo.

Primera objeción: Es posible que Jesús haya entendido y empleado las historias del Antiguo Testamento de un modo no literal, dando a entender que debían interpretarse como acontecimientos no históricos empleados únicamente con propósitos ilustrativos.

Sin duda Jesús empleó las historias para ilustrar puntos cuando hablaba. Sin embargo, en la mayoría de los incidentes que Él cita, las ilustraciones tienen más sentido si se entienden como verdaderos acontecimientos históricos. Por ejemplo, en Mateo 12:41 se cita a Jesús diciendo: "Los hombres de Nínive se levantarán en el juicio con esta generación, y la condenarán; porque ellos se arrepintieron a la predicación de Jonás, y he aquí más que Jonás en este lugar." T. T. Perowne comenta: "¿Es posible entender una referencia como ésta en la teoría no histórica del libro de Jonás? . . . [¿Hemos de] suponer que Él [Cristo] dijo que personajes imaginarios que se arrepintieron imaginariamente, se levantarán en aquel día y condenarán la verdadera falta de arrepentimiento de sus oyentes reales[?]"[1]

El argumento que Jesús empleó en su disputa con los saduceos respecto a la resurrección (Marcos 12:18-27), por ejemplo, no tendría peso a menos que tanto Él como sus opositores entendieran que Abraham, Isaac y Jacob habían sido figuras históricas. El reclamo de Jesús a la deidad, por el cual casi fue apedreado (Juan 8:56-59), contiene una alusión a Abraham que sólo tiene significado si Él y sus opositores reconocían que Abraham era un personaje histórico. Wenham observa que "a medida que se avanza en el asunto, se fortalece la impresión de que nuestro Señor interpretó las historias de la Biblia de modo natural y de que debe tomarse literalmente su enseñanza".[2]

Segunda objeción: Es posible que Jesús conociera que había errores en las Escrituras; pero acomodó sus enseñanzas al punto de vista precientífico de su tiempo.

Jesús no titubeó en refutar otros aspectos de la tradición religiosa judía si contenían error. Él repudió con claridad el falso concepto nacionalista acerca del Mesías, aun al punto de enfrentar la cruz. Él no

1 T. T. Perowne, *Obadiah and Jonah* [Abdías y Jonás] (Cambridge: University Press, 1894), p. 51.
2 Wenham, Christ and the Bible, p. 14.

tardó en rechazar el tradicionalismo farisaico. Si las Escrituras son una combinación de la verdad divina y del error humano, no sería posible que Jesús dejara de repudiar el error humano.[1]

Además, si Jesús sabía que las Escrituras contenían errores humanos y nunca les enseñó eso a sus seguidores, desviándolos por su actitud insistentemente positiva para con ellas, difícilmente pudiera catalogársele como un gran maestro moral y como el encarnado Dios de verdad.

Tercera objeción: Como parte de su anonadamiento, es posible que Jesús se vaciara a sí mismo del conocimiento de que las Escrituras contenían errores, y se volvió producto de su condicionamiento.

La *kenosis* de Cristo es sin duda la más bella historia de amor de todos los tiempos y de la eternidad. La Biblia nos dice que cuando Cristo dejó los cielos para convertirse en hombre dejó sus riquezas y gloria (2 Corintios 8:9; Filipenses 2:7), su inmunidad a la tentación y a las provocaciones (Hebreos 4:15; 5:7,8), su poder y prerrogativas divinas (Lucas 2:40-52; Juan 17:4), y su perfecta e inquebrantable relación con el Padre cuando Él tomó nuestros pecados sobre sí mismo (Mateo 27:46). Sin embargo, aunque Jesucristo se vació a sí mismo de su gloria, sus riquezas, y muchas de sus prerrogativas divinas, sus propias palabras aclaran que su autolimitación no incluye la concesión hacia el error. Jesús alegó poseer la completa verdad y autoridad para sus enseñanzas (Mateo 7:24-26; Marcos 8:38), incluso sus enseñanzas sobre las Escrituras (Mateo 5:17-20; Juan 10:35). Él dijo: "El cielo y la tierra pasarán, pero mis palabras no pasarán" (Mateo 24:35; Marcos 13:31; Lucas 21:33).

Cuarta objeción: Los puntos de vista expresados por Cristo, incluso su punto de vista de las Escrituras, en realidad pertenecen a los escritores de los evangelios y no al propio Jesucristo.

Clark Pinnock responde a esa importante objeción en una declaración concisa documentada con varios e importantes estudios. (Sus notas se incluyen dentro de corchetes en esta cita.)

> Un modo conveniente de evadir esa evidencia es tratar de atribuir a los escritores de los evangelios el punto de vista bíblico que los evangelios atribuyen a Jesús. T. F. Torrence en su revisión del libro de Warfield sobre la inspiración, declaró que los estudios bíblicos habían avanzado desde su tiempo, haciendo imposible una apelación a las opiniones

---

1 Ibid , p. 21.

reales de Jesús [Torrence, Scotish Journal of Theology, VII (1954), p. 105]. Esta declaración, carente de evidencia exegética o crítica de cualquier clase, refleja la opinión negativa de la historicidad de los evangelios ampliamente sostenida hoy [J. W. Wenham da amplias razones para no someter los evangelios a la crítica radical (Christ and the Bible, pp. 38-42). Es más razonable suponer que Jesús creó la comunidad que creer que la comunidad creó a Jesús.] Como respuesta, consideremos dos puntos. La consecuencia lógica de negar la autenticidad de la doctrina de Jesús acerca de las Escrituras, que impregna todos nuestros canales de información acerca de Él, lleva al individuo al pesimismo total respecto a cualquier conocimiento histórico acerca de Jesús de Nazaret, un punto de vista completamente inaceptable sobre bases críticas [Jeremías está ahora preparado para decir, sobre las bases de sus investigaciones, que "en la tradición sinóptica lo que debe demostrarse es la falta de autenticidad, y no la autenticidad misma, de las palabras de Jesús" (*New Testament Theology*, The Proclamation of Jesus. 1971, p. 37)] Y además, es mucho más probable que la interpretación y el uso de las Escrituras por parte de Jesús condicionaran la interpretación y el uso de los escritores, y no a la inversa. La originalidad con la cual el Antiguo Testamento es interpretado con respecto a la persona y obra de Jesús es por demás coherente e impresionante para ser secundario. Es cierto que esa cuestión merece un trato más completo del que se trata de dar aquí. Sin embargo, cabe poca duda sobre cuáles serían los resultados de dicho estudio [cf. la impresionante obra de R. T. France, *Jesus and the Old Testament*, 1971].[1]

La enseñanza de Jesús sobre la autoridad de las Escrituras impregna de tal modo su ministerio que si tratáramos de desarrollar una teoría crítica que quitara con éxito de los evangelios lo que enseña Jesús acerca de las Escrituras, la aplicación de tal teoría a los sinópticos nos dejaría incapacitados para hacer cualquier declaración histórica sobre la persona de Jesucristo.

---

1 Clark Pinnock, "The Inspiration of Scripture and the Authority of Jesus Christ", en *God's Inerrant Word*, ed. John Warwick Montgomery (Minneapolis: Bethany, 1974), p. 207.

Quinta objeción: En vista de que la infalibilidad es reclamada sólo para los autógrafos (manuscritos originales) y ninguno de esos existe, la infalibilidad es una cuestión académica.

El trabajo cuidadoso de los escribas judíos en la trasmisión del texto y el trabajo actual de los críticos textuales se combinan para darnos un texto que refleja con un alto grado de exactitud la fraseología de los originales.[1] La gran mayoría de las lecturas variantes se refieren a detalles gramaticales que no afectan de manera significativa el sentido del texto. Las palabras de F. F. Bruce son dignas de repetirse a este respecto: "Las lecturas variantes acerca de las que queda alguna duda entre los críticos textuales del Nuevo Testamento no afectan ninguna cuestión esencial de hechos históricos o de la fe y la práctica cristianas."[2] La cuestión de la autoridad y la veracidad de los textos bíblicos como los tenemos hoy debe decidirse sobre bases que no sean el hecho de que no poseemos los autógrafos.

Sexta objeción: Se debiera reclamar la infalibilidad para los evangelios pero no para toda la Biblia; es decir, La Biblia es infalible respecto a asuntos de fe y práctica a pesar de errores incidentales de historia y otros detalles.

Daniel Fuller, decano del Fuller Theological Seminary, es uno de los más conocidos proponentes contemporáneos de ese punto de vista. Él cree que las Escrituras pueden dividirse en dos categorías: la revelacional (asuntos que hacen al hombre sabio para salvación), y la no revelacional (asuntos que tienen que ver con la ciencia, la historia y la cultura que "facilitan la trasmisión de lo revelacional").[3] Fuller arguye que el propósito del autor bíblico fue comunicar la verdad acerca de asuntos espirituales (2 Ti 3:15,16) y por tanto no debiéramos reclamar libertad de errores en aquellas cuestiones simplemente incidentales al interés primario del autor.

Aunque 2 Ti 3:15 enseña que el principal propósito de las Escrituras es enseñar a los hombres la verdad espiritual, es seguro que ese versículo no era para emplearse como un escalpelo crítico a fin de hacer una separación entre lo que era infalible y lo que no lo era.[4] El versículo 16

1 R. K. Harrison, Introduction to the Old Testament (Grand Rapids:Eerdmans, 1969), p. 249.
2 Bruce, The New Testament Documents, pp. 19,20.
3 Daniel Fuller, "Benjamin B. Warfield's View of Faith and History", Bulletin of the Evangelical Theological Society, XI (1968), pp. 80-82.
4 Clark Pinnock, "Limited Inerrancy: A Critical Appraisal and Constructive Alternative", en *God's Inerrant Word*, p. 149.

afirma que "Toda escritura es inspirada por Dios". Ningún profeta del Antiguo Testamento, ni Jesucristo, ni algún escritor del Nuevo Testamento da algún apoyo a la idea de que porciones de las Escrituras tengan que ver con acontecimientos de espacio-tiempo que contengan errores. Si las Escrituras tuvieron su origen en el hombre, entonces los condicionamientos culturales y el error humano serían factores reconocibles; sin embargo, las Escrituras afirman que "nunca la profecía fue traída por voluntad humana, sino que los santos hombres de Dios hablaron siendo inspirados por el Espíritu Santo" (2 Pedro 1:21). Agregando a eso la enseñanza de Números 23:19 ("Dios no es hombre para que mienta"), la conclusión parece inescapable de que ni Jesús ni las Escrituras hacen alguna distinción entre información reveladora y no reveladora. Francis Schaeffer arguye que la dicotomía medieval entre "conocimiento de nivel superior y nivel inferior" es antibíblica.[1] Los argumentos epistemológicos de John Warwick Montgomery sobre la unidad del conocimiento son también apropiados a este asunto para los que desean estudiarlo desde una perspectiva filosófica.[2]

Séptima objeción: El asunto importante es tener un Cristo que salva, y no tener una Escritura infalible.

Muchas personas prefieren no participar en controversias doctrinales o teológicas. Para ellos lo importante es una relación salvadora con Jesucristo, y ellos ni ven ni desean interesarse en la relación entre la cristología y otros asuntos. Harold Lindsell señala la estrecha relación entre la cristología y la infalibilidad: "Si Jesús enseñó la infalibilidad bíblica, o bien Él sabía que la infalibilidad era verdadera, o sabía que era falsa; pero la empleó para complacer a sus oyentes en su ignorancia, o Él estaba limitado y sostenía, sin saberlo, algo que no era verdad."[3]

El aceptar cualquiera de las dos últimas opciones conduce a una cristología extraña. Si Jesús sabía que la infalibilidad era falsa pero la enseñó de todas maneras, Él era culpable de engaño y no podía ser una persona sin pecado; por lo tanto, Él era incapaz de proveer de una expiación sin pecado por nuestros pecados. Si la comprensión de Jesús de la verdad estaba limitada al punto de que Él enseñaba mentiras, entonces no tenemos la seguridad de que sus enseñanzas en otros asuntos tales como la salvación sean también falsas. La única alternativa que nos

---

1 Francis Schaeffer, Escape from Reason (Downers Grove: InterVarsity, 1968).
2 John Warwick Montgomery, "Biblical infalibilidad" What is at Stake" en *God's Inerrant Word*, pp. 23-28.
3 Lindsell, Battle for the Bible p. 45.

deja con nuestra cristología intacta es que Jesús sabía que las Escrituras eran infalibles y que su conocimiento era correcto.[1]

Octava objeción: Algunos pasajes bíblicos parecen contradecirse entre sí o ser contradichos por la ciencia moderna.

Es probable que a todo creyente se le haya confrontado con textos que parecen presentar dificultades irreconciliables con otros textos o con descubrimientos científicos. A quienes se apegan a un texto bíblico infalible les gusta buscar tales pasajes y exhibirlos para probar su posición. A medida que aumenta nuestro conocimiento de principios adecuados de interpretación, de arqueología y de idiomas y culturas antiguas, se han ido resolviendo una tras otra esas aparentes discrepancias. Una de las experiencias que más pueden edificar la fe de una persona en la exactitud de las Escrituras es leer varios ejemplos de cómo se han solucionado las dificultades textuales, con la ayuda de continua investigación científica.

Algunos libros útiles en este punto pueden ser:

> *Enciclopedia de dificultades bíblicas* (CLIE)
> *Tal vez no sea como usted piensa* (Editorial Vida)

Novena objeción: La infalibilidad se prueba mediante un argumento circular. Los que apoyan la infalibilidad comienzan con la suposición de que las Escrituras son infalibles, proceden luego a mostrar (basados en su propio testimonio) que tanto Jesús como los escritores consideraron que la Biblia era infalible, y entonces concluyen que es infalible.

Aunque algunos han empleado un argumento muy similar a la objeción anterior para apoyar su creencia en la infalibilidad, R. C. Sproul sugirió que se puede presentar un principio lógico más riguroso en favor de la infalibilidad bíblica. Damos en seguida una adaptación del razonamiento de Sproul:

> Premisa A: La Biblia es un documento básicamente confiable y digno de crédito (cf. C. K. Barrett, *Luke the Historian in Recent Study* [Lucas el historiador en estudios recientes]; James Martin, *The Reliability of the Gospels* [La confiabilidad de los Evangelios]; F. F. Bruce, *The New Testament Documents: Are They Reliable?* [¿Son confiables los documentos del Nuevo Testamento?]).

---

1 Ibid.

Premisa B: Sobre la base de este documento confiable tenemos suficiente evidencia para creer con confianza que (1) Jesucristo afirmó ser el Hijo de Dios (Juan 1:14,29,36,41,49; 4:42; 20:28) y (2) que Él proporcionó pruebas adecuadas para sostener su alegato (Juan 2:1-11; 4:46-54; 5:1-18; 6:5-13, 16-21; 9:1-7; 11:1-45; 20:30, 31).

Premisa C: Jesucristo, siendo el Hijo de Dios, es una autoridad completamente digna de confianza (es decir, infalible).

Premisa D: Jesucristo enseña que la Biblia es la propia Palabra de Dios.

Premisa E: La Palabra de Dios es completamente digna de confianza porque Dios es perfectamente digno de confianza.

Conclusión: Sobre la base de la autoridad de Jesucristo, la iglesia cree que la Biblia debe ser totalmente digna de confianza.[1]

Conclusión del asunto

Cuando afirmamos que la Palabra de Dios no contiene error, debemos entender esta declaración en el mismo modo que entenderíamos que un informe o un análisis especial es exacto y no contiene error. Es importante distinguir niveles de precisión intencional. Por ejemplo, muchos estaríamos de acuerdo con la afirmación de que la población de Estados Unidos es de doscientos veinte millones, aun cuando esa cantidad pudiera en realidad no ser correcta por varios millones de personas. Sin embargo, tanto el que habla como el que escucha reconoce que esa cantidad procura ser una aproximación y que, cuando se entiende dentro de ese nivel intencional de precisión, es una afirmación veraz.

Debe aplicarse el mismo principio a la interpretación de afirmaciones bíblicas: Se les debe entender dentro de los parámetros de precisión intencional de sus autores. Los principios específicos para interpretación incluyen los siguientes:

1. Los números con frecuencia se dan de modo aproximado, una práctica frecuente en la comunicación popular.

2. Se pueden parafrasear los discursos y las citas en vez de ser repro-

---

1 R. C. Sproul, "The Case for Infallibility: A Methodological Analysis", en *God's Inerrant Word*, pp. 242-261. Una manera alternativa de evitar el razonamiento circular es comenzar con la hipótesis de la verdad de la Biblia como revelación de Dios, y probar esta hipótesis en términos del criterio coherente de la verdad: su coherencia interna y su ajuste a todos los hechos, incluso la historicidad de la Biblia, la persona de Jesús, su obra, sus enseñanzas, sus afirmaciones, su resurrección, la experiencia de conversión personal de los creyentes, etc. Para un desarrollo de ese enfoque véase Gordon Lewis, *Testing Christianity's Truth Claims* (Chicago: Moody, 1976) capítulos 7-11.

ducidas verbalmente, una práctica usual cuando se resumen las palabras de otra persona.

3. Se puede describir el mundo en términos fenomenológicos (como los acontecimientos les parecen a los observadores humanos).

4. Los discursos hechos por hombres o Satanás son registrados o parafraseados con exactitud sin que eso implique que lo que esas personas afirmaron era correcto.

5. A veces un escritor usó fuentes para lograr su objetivo sin implicar afirmación divina de todo lo demás que esas fuentes hayan dicho.

Esas calificaciones son tan universales que las aplicamos a toda comunicación natural, por lo general sin estar conscientes de lo que estamos haciendo. Se considera exacta una declaración cuando satisface el nivel de precisión intentado por el escritor y esperado por su auditorio. Un artículo científico o técnico puede ser mucho más detallado y preciso que un artículo escrito para el público en general, aunque los dos son exactos cuando se entienden dentro del contexto de propósito que tenían en mente. De modo que la afirmación de que Dios es exacto y fiel en todo lo que dice en las Escrituras debe entenderse dentro del contexto del nivel de precisión que Él tenía la intención de comunicar.

Los principios hermenéuticos que se exponen en los capítulos siguientes son pertinentes, sea que tomemos un punto de vista conservador o evangélico liberal de las Escrituras. El proceso de determinar el significado que el autor tenía en mente es semejante para ambos grupos. Las diferencias, cuando surgen, probablemente se relacionan con la validez de lo que enseña el autor, antes que con el contenido de su enseñanza. Por ejemplo, los conservadores y los evangélicos liberales pueden tener un alto nivel de acuerdo en lo que Pablo trató de enseñar; donde ellos discrepan puede ser sobre la validez de lo que él enseñó. De modo que, aunque mi posición sobre la infalibilidad es conservadora, los principios hermenéuticos que hay en los siguientes capítulos son también pertinentes para quienes adoptan un punto de vista evangélico liberal de las Escrituras.

Resumen del capítulo

La hermenéutica es la ciencia y el arte de la interpretación bíblica. La hermenéutica general es el estudio de las reglas que rigen la interpretación del texto bíblico en su totalidad. La hermenéutica especial es el estudio de las reglas que rigen la interpretación de formas literarias específicas, como parábolas, tipos y profecía.

La hermenéutica (exégesis aplicada) juega un papel integral en el proceso del estudio teológico. El estudio de la canonicidad trata de determinar cuáles libros tienen el sello de la inspiración divina y cuáles no. La crítica textual trata de averiguar la fraseología original del texto. La crítica histórica estudia las circunstancias contemporáneas que rodearon la composición de un libro en particular.

La exégesis es la aplicación de los principios de hermenéutica para entender el significado que el autor tenía en mente. La teología bíblica organiza esos significados en una forma histórica mientras que la teología sistemática ordena tales significados de una forma lógica.

La hermenéutica es esencialmente una codificación de los procesos que por lo general empleamos a un nivel inconsciente para entender el significado que otra persona quiso trasmitir. Es sólo cuando algo bloquea nuestra comprensión espontánea del mensaje de otra persona que reconocemos la necesidad de algún recurso para comprender lo que esa persona quería decir. Los bloqueos a la comprensión espontánea de la comunicación de otra persona surgen cuando hay diferencias en la historia, la cultura, el idioma o la filosofía entre nosotros y el que habla.

Hay varios asuntos que afectan el modo en que haremos hermenéutica. Debemos decidir si las Escrituras representan las teorías religiosas de los antiguos hebreos, escritos humanos inspirados divinamente pero no infalibles, o escritos divinamente inspirados e infalibles, escritos por hombres pero por iniciativa y supervisión divina.

Es preciso decidir también si un texto posee un solo sentido válido, o si cualquier aplicación individual de un texto representa un sentido válido. Como el lector probablemente haya experimentado en **DM1**, una vez que abandonamos la premisa de que el significado de un texto es el significado que el autor tenía en mente, no tenemos criterio normativamente obligatorio que determine si una interpretación ortodoxa de un pasaje es más válida que cualquier número de interpretaciones heréticas.

Otros asuntos que afectan cómo haremos hermenéutica incluyen: (1) Si creemos o no que el sentido divinamente inspirado por Dios incluye un sentido más amplio que el que tenía en mente el autor humano, (2) cómo determinar cuando un pasaje debe interpretarse literalmente, cuándo de manera figurada, y cuándo simbólica, y (3) cómo nuestra condición espiritual afecta nuestra capacidad para entender la verdad espiritual.

Algunas de las maneras en que los judíos y los cristianos han respondido a esas cuestiones a través de la historia se exponen en el siguiente capítulo.

En el apéndice A se incluye una bibliografía con libros citados en este volumen y otros relacionados con la hermenéutica desde una variedad de posiciones teológicas. Los que tienen interés en profundizar su estudio en los temas de la revelación, inspiración e infalibilidad hallarán muchísimos recursos en el Apéndice B. Quienes tengan interés en lectura adicional sobre el *sensus plenior* hallarán material en el Apéndice C.

CAPÍTULO DOS

HISTORIA DE LA INTERPRETACIÓN BÍBLICA

Al terminar este capítulo, el lector podrá identificar las presuposiciones y los principios exegéticos más importantes hallados en cada uno de los siguientes períodos de la interpretación bíblica.

1. La exégesis judía antigua
2. El uso del Antiguo Testamento por el Nuevo Testamento
3. La exégesis patrística
4. La exégesis medieval
5. La exégesis reformada
6. La exégesis de la post-reforma
7. La hermenéutica moderna

¿Por qué una panorámica histórica?

Desde que Dios reveló las Escrituras, a través de los siglos ha habido muchísimos enfoques al estudio de la Palabra de Dios. Los intérpretes más ortodoxos han subrayado la importancia de la interpretación literal, con lo que ellos quieren decir que la Palabra de Dios debe interpretarse del modo que uno interpreta la comunicación humana normal. Otros han practicado un enfoque alegórico, y aun otros han buscado en cada letra y cada palabra un significado secreto que necesita descifrarse.

Un vistazo histórico de esas prácticas nos ayudará a vencer la tentación de creer que nuestro sistema de interpretación es el único sistema que haya existido jamás. Una comprensión de las presuposiciones de otros métodos provee una perspectiva más equilibrada y capacita para un diálogo más significativo con los que creen de manera diferente a la nuestra.

Al observar los errores de los que nos han precedido, podemos estar más conscientes de los posibles peligros cuando estemos en tentaciones semejantes. El adagio de Santayana de que "el que no aprende de la historia está condenado a repetirla" es tan aplicable a la esfera de la interpretación como lo es a cualquier otra esfera.

Además, conforme estudiemos la historia de la interpretación veremos que muchos de los grandes cristianos (por ejemplo, Orígenes, Agustín, Lutero) entendieron y prescribieron mejores principios hermenéuticos que los que ellos mismos practicaron. Por lo tanto, debemos recordar que el conocimiento de un principio debe ir acompañado de la aplicación al estudio personal de la Palabra.

Esta introducción histórica hace uso del material hallado en las obras clásicas de hermenéutica, a las cuales podrá acudir el lector para una cobertura más amplia. El libro de Dana (Escudriñad las Escrituras, CBP) tiene una sección excelente sobre la historia. Se indican otras fuentes al final de este capítulo.

Exégesis judía antigua

Un análisis de la historia de la interpretación bíblica comienza por lo general con la obra de Esdras. A su regreso del exilio babilónico, el pueblo de Israel pidió que Esdras les leyera del Pentateuco. Nehemías 8:8 recalca: "Y leían [Esdras y los levitas] en el libro claramente, y ponían el sentido, de modo que entendiesen la lectura."

Debido a que los israelitas probablemente habían perdido su comprensión del hebreo durante el período del exilio, la mayoría de los eruditos suponen que Esdras y sus ayudantes tradujeron el texto hebreo y leyeron en voz alta en arameo, añadiendo explicaciones para hacer más claro el significado. De este modo comenzó la ciencia y el arte de la interpretación bíblica.[1]

Los escribas que siguieron copiaban con gran cuidado las Escrituras, pues creían que cada letra del texto era la inspirada Palabra de Dios. Esa profunda reverencia hacia el texto sagrado tenía ventajas y desventajas. La principal ventaja era que el texto fue cuidadosamente preservado en su trasmisión a través de los siglos. La mayor desventaja era que los rabinos pronto comenzaron a interpretar las Escrituras por métodos distintos a los que se emplean en la interpretación normal de la comunicación. Los rabinos presuponían que, como Dios es el autor de las Escrituras, (1) el intérprete podía esperar hallar numerosos significados

---

1 Los adherentes a la crítica de la redacción sugieren que la interpretación de las Escrituras comenzó mucho antes que Esdras.

en cualquier texto, y (2) tenía importancia cada detalle incidental del texto. El rabino Akiba, en el siglo primero d. C., finalmente extendió eso para mantener que cada repetición, figura retórica, paralelismo, sinónimo, palabra, letra y aun las formas de las letras tenían significados ocultos.[1] Ese "letrismo" (enfoque indebido de las letras de las cuales se componían las palabras de las Escrituras) era llevado muchas veces al extremo que el significado que el autor tenía en mente era pasado por alto y las especulaciones fantásticas de los rabinos tomaban su lugar.

En la época de Jesucristo, la exégesis judía podía clasificarse dentro de cuatro tipos principales: literal, midráshico, pesher y alegórico.[2] El método literal de interpretación, mencionado como *peshat*, al parecer servía de base para otros tipos de interpretaciones. Richard Longenecker, citando a Lowy, sugiere que la razón para la relativa infrecuencia de interpretaciones literalistas en la literatura talmúdica es "que se suponía que este tipo de comentario era conocido por todos; y ya que no había disputas al respecto, no fue registrado."[3]

La *interpretación midráshica* incluye una variedad de dispositivos hermenéuticos que fueron desarrollados considerablemente durante la época de Cristo y que siguió siendo desarrollado durante varios siglos después.

Al rabino Hillel, cuya vida antecede al surgimiento del cristianismo por una generación o más, se le considera como el que desarrolló las reglas fundamentales de la exégesis rabínica que recalcó la comparación de ideas, palabras o frases halladas en más de un texto, la relación de principios generales a casos particulares, y la importancia del contexto en la interpretación.[4]

Con todo, la tendencia hacia una exposición más fantasiosa que conservadora continuó. El resultado de esto era una exégesis que (1) daba significados a textos, frases, y palabras sin consideración al contexto en el cual se trataba de aplicar; (2) combinaba textos que contenían palabras o frases similares fuera que los textos se refirieran o no a la misma idea;

---

1 Milton S. Terry, *Hermenéutica bíblica* (reimpresión ed., Grand Rapids: Zondervan, 1974), p. 609. Publicado en español por CLIE.
2 Richard Longenecker, *Exégesis bíblica en el período apostólico* (Grand Rapids, Eerdmans, 1975), pp. 28-50.
3 Ibid, p. 29
4 Para un análisis más completo de las reglas del rabino Hillel, véase J. Bowker, *El Targum y la literatura rabínica* (Cambridge: University Press, 1969), p. 315; y Longenecker, *Exégesis bíblica en el período apostólico*, pp. 34,35.

y (3) tomaba aspectos incidentales de la gramática y les daba pertinencia interpretativa.[1] Se dan dos ejemplos de tal exégesis en seguida:

> Por el uso superfluo de tres partículas [hebraicas], las Escrituras indican . . . que algo más se incluye en el texto que lo que la aparente declaración podría implicar a simple vista. Esta regla se ilustra en Génesis 21:1, donde se dice "Jehová visitó a Sara", y se supone que la partícula debe mostrar que el Señor visitó a otras mujeres además de Sara.
>
> ....
>
> Las explicaciones se obtienen al reducir las letras de una palabra a su valor numérico, y sustituir esto por otra palabra o frase del mismo valor, o al trasponer las letras. Así, por ejemplo, la suma de las letras del nombre Eliezer, el siervo de Abraham, es equivalente a 318, el número de sus hombres (Génesis 14:14), y, por consiguiente, muestra que Eliezer solo tenía el valor de un ejército.[2]

De ese modo, al concentrarse en la identificación de significados ocultos de detalles gramaticales incidentales y especulaciones numéricas artificiales, la exégesis midráshica con frecuencia pierde el verdadero sentido del texto.

La *interpretación Pesher* existió particularmente entre las comunidades de Qumrán. Esas formas tomaron extensamente de las prácticas midráshicas, pero incluyeron un enfoque escatológico importante. La comunidad creía que todo lo que escribieron los antiguos profetas tenía un significado profético velado que estaba por cumplirse inminentemente por medio de su comunidad del pacto.[3] La interpretación apocalíptica (véase el capítulo 7) era común, junto con la idea de que mediante el Maestro de Justicia, Dios había revelado el significado de las profecías que anteriormente estaban en el misterio. La interpretación Pesher era denotada con frecuencia por la frase "esto es aquello", indicando que "este presente fenómeno es el cumplimiento de aquella antigua profecía".

La *exégesis alegórica* se basaba en la idea de que el verdadero

---

1 Longenecker, *Exégesis bíblica en el período apostólico*, p. 35.
2 Adaptado de Terry, *Hermenéutica bíblica*, p. 608. Se han omitido las palabras hebreas.
3 W.H.Brownlee, "La interpretación bíblica entre los sectarios de los Rollos del Mar Muerto", *El arqueólogo bíblico* 14 (1951): 60-62, en Longenecker, *Exégesis bíblica en el período apostólico*, p. 39.

significado de las Escrituras yacía bajo el significado literal.[1] Históricamente, el alegorismo había sido desarrollado por los griegos para resolver la tensión entre su tradición religiosa mítica y su herencia filosófica.[2] Como los mitos religiosos contenían mucho que era inmoral o inaceptable, los filósofos griegos alegorizaban esas historias; es decir, los mitos no eran entendidos literalmente, sino como leyendas cuyo verdadero significado yacía en un nivel más profundo. En la época de Cristo, los judíos que deseaban permanecer fieles a la tradición mosaica, aunque adoptaban la filosofía griega, se enfrentaban a una tensión similar. Algunos judíos resolvieron esta tensión mediante la alegorización de la tradición mosaica. Se reconoce a Filón (c. 20 a.C. — 50 d.C.) en ese aspecto.

Filón creía que el significado literal de las Escrituras representaba un nivel de comprensión inmaduro; el significado alegórico era para los maduros. Debiera emplearse la interpretación alegórica en los casos siguientes: (1) si la interpretación literal decía algo indigno de Dios, (2) si la declaración parecía contradecir alguna otra declaración de la Escritura, (3) si el relato afirmaba ser alegórico, (4) si las expresiones estaban duplicadas o si se empleaban palabras superfluas, (5) si había una repetición de algo ya conocido, (6) si una expresión es variada, (7) si se empleaban sinónimos, (8) si era posible un juego de palabras, (9) si hubiera algo anormal en número o tiempo (del verbo), o (10) si estaban presentes símbolos.[3]

Como puede verse, los criterios (3) y (10) son indicaciones válidas de que el autor haya tenido la intención de que sus escritos se entendieran de manera alegórica. No obstante, la alegorización de Filón y sus contemporáneos iba más allá de esto, con frecuencia alcanzando proporciones fantásticas. Ramm cita este ejemplo: "El viaje de Abraham a Palestina es *en realidad* la historia de un filósofo estoico que dejó Caldea (la interpretación sensual) y se detuvo en Harán, que quiere decir 'agujeros', y significa el vacío de conocimiento de las cosas mediante los 'agujeros', es decir, los sentidos. Cuando se convierte en Abraham llega a ser un filósofo verdaderamente iluminado. El casarse con Sara es casarse con la sabiduría abstracta."[4]

---

1 Bernard Ramm, *Interpretación bíblica protestante*, 3ra. ed. rev. (Grand Rapids, Baker), p. 24.
2 Ibid., p. 26.
3 Ibid., pp. 27,28: F. W. Farrar. *Historia de la interpretación*, pp. 149-151, en A. Berkeley Mickelsen, *Interpretando la Biblia* (Grand Rapids, Eerdmans, 1963), p. 29.
4 Ramm, *Interpretación bíblica protestante*, p. 28.

En resumen, durante el primer siglo d.C. los intérpretes judíos estaban de acuerdo en que las Escrituras representan las palabras de Dios, y que estas palabras están llenas de significados para los creyentes. La interpretación literal se empleaba en esferas de interés judicial y práctico. La mayoría de los intérpretes emplearon las prácticas midráshicas, particularmente las reglas desarrolladas por Hillel, y muchos usaron suavemente la exégesis alegórica. Dentro de la comunidad judía, sin embargo, algunos grupos fueron en direcciones separadas. Los fariseos continuaron en el desarrollo de la exégesis midráshica con el propósito de vincular su tradición oral más estrechamente con las Escrituras. La comunidad de Qumrán, creyendo que ellos eran el verdadero remanente fiel y los destinatarios de los misterios proféticos, siguieron empleando los métodos midráshicos y pesher para interpretar las Escrituras. Y Filón y los que deseaban reconciliar las Escrituras judaicas con la filosofía griega continuaron desarrollando los métodos de exégesis alegórica.[1]

El uso que el Nuevo Testamento hace del Antiguo

Aproximadamente el diez por ciento del Nuevo Testamento son citas directas, paráfrasis o alusiones al Antiguo Testamento. De los treinta y nueve libros del Antiguo Testamento, sólo nueve no son aludidos expresamente en el Nuevo Testamento.[2] Consecuentemente, hay un conjunto significativo de literatura que ilustra los métodos de interpretación de Jesús y los escritores del Nuevo Testamento.

El uso de Jesús del Antiguo Testamento

Pueden extraerse diversas conclusiones generales de un examen del uso que Jesús hace del Antiguo Testamento. En primer lugar, como se señala en el capítulo 1, Él era consecuente en su trato de las narraciones históricas como registros fieles de hecho.[3] Tal parece que las alusiones a Abel, Noé, Abraham, Isaac, Jacob y David, por ejemplo, tuvieron la intención y fueron interpretadas como referencias a personas reales y a acontecimientos históricos verdaderos.

En segundo lugar, cuando Jesús hacía una aplicación del relato histórico, lo extraía del significado normal, opuesto al sentido alegórico. Él no mostró tendencia alguna a dividir la verdad de las Escrituras en

1 Longenecker, *Exégesis bíblica en el período apostólico*, pp. 48-50.
2 Roger Nicole, "Referencias del Antiguo Testamento en el Nuevo Testamento", en *Hermenéutica*, ed. Bernard Ramm (Grand Rapids: Baker, 1971), pp. 41,42.
3 John Wenham, *Cristo y la Biblia* (Downers Grove, Ill.: InterVarsity, 1972), p. 12.

niveles, un nivel superficial basado en el significado literal del texto y una verdad más profunda basada en algún nivel místico.

En tercer lugar, Jesús denunció el modo en que los líderes religiosos habían desarrollado métodos casuístico para hacer a un lado la misma Palabra de Dios que ellos afirmaban estar interpretando, y la reemplazaban con sus propias tradiciones (Marcos 7:6-13; Mateo 15:1-9).

En cuarto lugar, Los escribas y fariseos, por más que quisieron acusar a Jesús de algún error, nunca lo acusaron de usar alguna parte de las Escrituras de manera antinatural o ilegítima. Aun cuando Jesús repudiaba directamente los agregados y las malas interpretaciones que los fariseos hacían al Antiguo Testamento (Mateo 5:21-48), el relato bíblico nos dice que "la gente se admiraba de su doctrina; porque les enseñaba como quien tiene autoridad, y no como los escribas" (Mateo 7:28,29).

En quinto lugar, cuando a veces Jesús usaba un texto de un modo que no nos parecía natural, por lo general se trataba de un legítimo modismo hebreo o arameo o patrón de pensamiento que no se traduce directamente a nuestra cultura y tiempo. Un ejemplo de esto se halla en Mateo 27:9,10. Aunque el pasaje no es una cita directa de Jesús, ilustra el punto de que lo que pudiera considerarse inexacto por nuestro conjunto de normas culturales era una práctica legítima y hermenéuticamente aceptable en aquellos días. El pasaje dice: "Así se cumplió lo dicho por el profeta Jeremías, cuando dijo: Y tomarán las treinta piezas de plata, precio del apreciado, según precio puesto por los hijos de Israel; y las dieron para el campo del alfarero, como me ordenó el Señor." La cita en realidad es una compilación de Jeremías 32:6-9 y Zacarías 11:12,13. Para nuestra manera de pensar, la combinación de citas de dos personas diferentes haciendo referencia sólo a uno de ellos constituye un error de referencia. Sin embargo, en la cultura judía de los tiempos de Jesús, esta era una práctica hermenéutica aceptada, entendida por el autor y sus lectores. Un procedimiento común era agrupar dos o más profecías y atribuirles todas juntas al más eminente profeta del grupo (en este caso Jeremías). Por tanto, lo que parece ser un error de interpretación es en realidad una aplicación hermenéutica legítima cuando se ve dentro de su propio contexto.

El uso que el Nuevo Testamento hace del Antiguo, y que probablemente origine las mayores preguntas respecto a su legitimidad hermenéutica, son los pasajes de cumplimiento. Al lector actual le puede parecer que el escritor del Nuevo Testamento está dando una interpretación a esos versículos distinta del propósito original del escritor del

Antiguo Testamento. El problema es complejo. El capítulo 7 incluye una explicación detallada de las concepciones hebreas de la historia, la profecía y el cumplimiento tipológico.

El uso que los apóstoles hicieron del Antiguo Testamento

Los apóstoles siguieron al Señor al considerar el Antiguo Testamento como la Palabra inspirada de Dios (2 Timoteo 3:16; 2 Pedro 1:21). En por lo menos cincuenta y seis ocasiones hay una referencia explícita a Dios como el autor del texto bíblico.[1] Al igual que Cristo, ellos aceptaron la exactitud histórica del Antiguo Testamento (por ejemplo, Hechos 7:9-50; 13:16-22; Hebreos 11). Como observa Nicole:

> Cuando se hallan en debate, apelan a las Escrituras; apelan a ellas cuando se les pide que respondan a preguntas; sean serias o capciosas; apelan a ellas con relación a sus enseñanzas hasta con quienes no tendrían la tendencia a presionarlos por otra autoridad más que la de sus propias palabras; apelan a ellas para indicar el propósito de algunas de sus acciones o su conocimiento en el propósito de Dios con relación a tendencias contemporáneas; y apelan a ellas en sus oraciones.[2]

La elevada estima con la cual los escritores del Nuevo Testamento consideran el Antiguo sugiere fuertemente que no habrían interpretado mal, de modo consciente o intencional, las palabras que ellos creían que el propio Dios había hablado.

Habiendo dicho eso, no obstante, hay varias preguntas que surgen sobre el uso que los autores del Nuevo Testamento hicieron del Antiguo. Una de las preguntas más frecuentes es: *Cuando los escritores del Nuevo Testamento citan el Antiguo, con frecuencia modifican las palabras. ¿Cómo puede esa práctica justificarse hermenéuticamente?*

Tres consideraciones son pertinentes en este punto. *Primera*, había varias versiones hebreas, arameas y griegas del texto bíblico en circulación en Palestina en la época de Cristo, algunas de las cuales tenían diferentes palabras que otras.[3] Una cita exacta de una de estas versiones

---

1 Nicole, "Referencias del Antiguo Testamento". p. 44.
2 Ibid., pp. 46,47.
3 Longenecker, *Exégesis bíblica en el período apostólico*, p. 64. Véase también Donald A. Hagner, "El Antiguo Testamento en el Nuevo Testamento", en *Interpretando la Palabra de Dios*, ed. Samuel Schultz y Morris Inch (Chicago: Moody, 1976), pp. 78-104.

tal vez no haya tenido la misma redacción que los textos empleados para hacer nuestras presentes traducciones al español; no obstante, todavía representan una fiel interpretación del texto bíblico disponible para el escritor del Nuevo Testamento.

Segunda, como hace notar Wenham, no era necesario que los escritores citaran los pasajes del Antiguo Testamento palabra por palabra a menos que ellos afirmaran estar citando al pie de la letra, ya que escribían en un idioma distinto del original de los textos del Antiguo Testamento.[1]

Tercera, en la vida cotidiana, la libertad en las citas es por lo general un indicio del dominio que uno tiene del material; cuanto más seguro está un orador del significado de un autor, tanto menos temor tiene de exponer esas ideas en palabras que no sean exactamente las empleadas por el autor.[2] Por esas razones, el hecho de que algunos escritores del Nuevo Testamento algunas veces parafraseen o citen indirectamente del Antiguo Testamento de ninguna manera indica que ellos estuvieran empleando métodos inexactos o ilegítimos de interpretación.

Una segunda pregunta que a veces surge es: *Parece que el Nuevo Testamento a veces usa partes del Antiguo de formas antinaturales. ¿Cómo se justifica hermenéuticamente esa práctica?*

La explicación de Pablo de la palabra *simiente* en Gálatas 3:16 se emplea a menudo como un ejemplo de uso antinatural, y por lo tanto ilegítimo, de un pasaje del Antiguo Testamento. A Abraham se le había dado la promesa de que, por medio de él, todas las naciones de la tierra serían bendecidas (Gálatas 3:8). El versículo 16 dice: "Ahora bien, a Abraham fueron hechas las promesas, y a su simiente. No dice: Y a las simientes, como si hablase de muchos, sino como de uno: Y a tu simiente, la cual es Cristo." Algunos eruditos han supuesto en ese caso que Pablo tomó prestado de los métodos rabínicos ilegítimos para tratar de establecer su argumento, ya que parece imposible que una palabra pudiera tener a la vez una referencia singular y una plural.

Sin embargo, *simiente* puede tener un sentido colectivo en el singular. Pablo está diciendo que las promesas fueron hechas a Abraham y a su descendencia, pero su cumplimiento final se halla sólo en Cristo.[3] En la cultura hebrea de aquel tiempo, la idea de una identidad corporativa (un "complejo de pensamiento en el cual hay una constante oscilación

---

1 Wenham, *Cristo y la Biblia*, p. 92.
2 Ibid., 93.
3 Alan Cole, *La Epístola de Pablo a los Gálatas* (Grand Rapids: Eerdmans, 1965), pp. 102,103.

entre el individuo y el grupo — familia, tribu o nación — a la cual pertenece"[1]) era aun más fuerte que en el sentido colectivo expresado por la idea de descendencia. Había frecuente oscilación entre el rey o alguna figura representativa dentro de la nación, por un lado, y el remanente electo, o el Mesías, por el otro. La naturaleza de la relación no es exactamente traducible a categorías modernas, pero era comprendida rápidamente por Pablo y su auditorio.

En conclusión, la vasta mayoría de las referencias del Nuevo Testamento al Antiguo lo interpretan literalmente; es decir, lo interpretan de acuerdo con las normas comúnmente aceptadas de interpretar todo tipo de comunicación; la historia como historia, la poesía como poesía y los símbolos como símbolos. No hay un intento de separar el mensaje en niveles literales y alegóricos.[2] Los pocos casos donde parece que los escritores del Nuevo Testamento interpretan el Antiguo de manera no natural por lo general se pueden resolver al entender más plenamente los métodos de interpretación de los tiempos bíblicos. De modo que el Nuevo Testamento mismo sienta las bases del método gramático-histórico de la hermenéutica evangélica moderna.

DM2: Diversos eruditos del Nuevo Testamento sostienen que Jesús y los escritores del Nuevo Testamento tomaron prestados los métodos hermenéuticos legítimos y los ilegítimos de sus contemporáneos.

a. ¿Como definiría usted un método hermenéutico ilegítimo?

b. ¿Está de acuerdo en que Jesús y los escritores del Nuevo Testamento tomaron prestados métodos hermenéuticos ilegítimos de sus contemporáneos? ¿Por qué sí o por qué no?

c. ¿Cuáles son las implicaciones de la doctrina de la inspiración sobre esos asuntos?

d. ¿Cuáles son las implicaciones de la cristología suya de ese asunto?

Exégesis patrística (100-600 d.C.)

A pesar de la práctica de los apóstoles, una escuela alegórica de interpretación dominó la iglesia en los siglos siguientes. Esa alegorización nació de un motivo propio, el deseo de entender el Antiguo Testamento como un documento cristiano. Sin embargo, el método alegórico como lo practicaban los padres de la iglesia con frecuencia pasaba por alto completamente el sentido original del autor y la comprensión literal de un texto para desarrollar especulaciones que el autor nunca hubiera

1 Longenecker, *Exégesis bíblica en el período apostólico*, pp. 93,94.
2 Véase el capítulo 6 para una explicación de la alegoría de Pablo en Gálatas 4.

reconocido. Una vez abandonado el sentido del autor, como se expresaba mediante sus palabras y sintaxis, ya no quedaban principios que regularan o rigieran la exégesis.[1]

Clemente de Alejandría (c. 150- c. 215 d.C.)

Un conocido exegeta patrístico, Clemente, creyó que las Escrituras ocultaban su verdadero significado para que nosotros nos convirtiéramos en investigadores, y también porque no era bueno que todos lo entendieran. Él desarrolló la teoría de que había cinco sentidos en las Escrituras (histórico, doctrinal, profético, filosófico y místico), con los significados más ricos sólo a disposición de quienes entendieran el sentido más profundo. Su exégesis de Génesis 22:1-4 (el viaje de Abraham a Moriah para sacrificar a Isaac) da el sabor de sus escritos:

> Al tercer día, cuando Abraham llegó al lugar que Dios le había indicado, levantando los ojos, vio el lugar a distancia. El primer día es aquel que está constituido por la visión de las cosas buenas; y el segundo es el mejor deseo del alma; en el tercero la mente percibe las cosas espirituales, los ojos del entendimiento se abren al Maestro que resucitó al tercer día. Los tres días pueden ser el misterio del sello (bautismo) en el cual se cree de verdad en Dios. Es, en consecuencia, a la distancia que él percibió el lugar. Porque el reino de Dios es difícil de alcanzar, lo que Platón llama el reino de las ideas, al aprender de Moisés que se trataba de un lugar que contenía todas las cosas universalmente. Pero Abraham correctamente lo ve a distancia, ya que él está en los dominios de la generación, y él es inmediatamente iniciado por el ángel. Por eso dice el apóstol: "Porque ahora vemos como por un espejo, borrosamente, pero entonces veremos cara a cara", mediante aquellas exclusivas aplicaciones puras e incorpóreas del intelecto.[2]

Orígenes (185?-254? d.C.)

Orígenes fue el notable sucesor de Clemente. Él creía que las Escrituras son una vasta alegoría en la cual cada detalle es simbólico,[3] y

---

1 K. Fullerton, *Profecía y autoridad*, p. 81, citado en Ramm, *Interpretación bíblica protestante*, p. 31.
2 Citado en Terry, *Hermenéutica bíblica*, p. 639.
3 Daniélou, *Orígenes*, p. 184, citado en Ramm, *Interpretación bíblica protestante*, p. 32.

le dio gran importancia a 1 Corintios 2:6,7 ("hablamos sabiduría de Dios en misterio").

Orígenes creía que así como el hombre consistía de tres partes — espíritu, alma y cuerpo — también las Escrituras poseían tres sentidos. El cuerpo es el sentido literal, el alma el sentido moral y el espíritu el sentido alegórico o místico. En la práctica Orígenes típicamente desacreditaba el sentido literal, rara vez se refería al sentido moral, y constantemente empleó la alegoría, ya que sólo la alegoría conducía al verdadero conocimiento.[1]

Agustín (354- 430 d.C.)

En términos de originalidad y genio, por mucho Agustín es el más grande de esta época. En su libro sobre doctrina cristiana, estableció diversas reglas para la exposición de las Escrituras, algunas de las cuales siguen en uso actualmente. Sus reglas incluían las siguientes, según el resumen de Ramm:

1. El intérprete debe poseer una genuina fe cristiana.
2. Debe tenerse en mucha consideración el significado literal e histórico de las Escrituras.
3. Las Escrituras tienen más de un significado y por tanto el método alegórico es adecuado.
4. Hay significado en los números bíblicos.
5. El Antiguo Testamento es un documento cristiano porque en él se describe a Cristo de principio a fin.
6. La tarea del expositor es entender el sentido del autor, no dar su propio sentido al texto.
7. El intérprete debe consultar el verdadero credo ortodoxo.
8. Un versículo debe estudiarse en su contexto, no aislado de los versículos que lo rodean.
9. Si el significado de un texto no es claro, nada en el pasaje puede constituirse materia de fe ortodoxa.
10. El Espíritu Santo no es un sustituto para el necesario aprendizaje de las Escrituras. El intérprete debe conocer hebreo, griego, geografía y otros asuntos.
11. El pasaje oscuro debe dar preferencia al pasaje claro.
12. El expositor debe tomar en cuenta que la revelación es progresiva.[2]

---

1 Louis Berkhof, *Principios de interpretación bíblica* (Grand Rapids: Baker, 1950), p. 20.
2 Ramm, *Interpretación bíblica protestante*, pp. 36, 37.

En la práctica Agustín abandonó la mayoría de sus propios principios y tendió hacia la excesiva alegorización; esta práctica hizo que sus comentarios fueran de los menos valiosos de sus escritos. Él justificaba sus interpretaciones alegóricas con 2 Corintios 3:6 ("Porque la letra mata, mas el espíritu vivifica"). Él interpretaba que este texto quería decir que una interpretación literal de la Biblia mataba, pero una interpretación alegórica o espiritual daba vida.[1]

Agustín creía que las Escrituras tenían un sentido cuádruple: histórico, etiológico, analógico y alegórico. Su punto de vista llegó a ser el predominante en la Edad Media.[2] Así la influencia de Agustín en el desarrollo de una exégesis científica fue mixta: en teoría expresó muchos de los principios de sana exégesis, pero en la práctica no logró aplicar tales principios en su propio estudio bíblico.

La escuela Siria de Antioquía

Un grupo de eruditos en Antioquía de Siria intentó evitar tanto el literalismo judío como la alegorización de la escuela de Alejandría.[3] Ellos, en particular uno de ellos, Teodoro de Mopsuestia (c. 350-428), defendieron fuertemente el principio gramático-histórico de interpretación, es decir, que el texto debe interpretarse de acuerdo con las reglas de gramática y los hechos de la historia. Evitaron la exégesis dogmática, al asegurar que una interpretación debía justificarse mediante un estudio de sus contextos gramaticales e históricos, y no por una apelación a la autoridad. Criticaron a los alegoristas por haber puesto en duda la historicidad de gran parte del Antiguo Testamento.

La postura de Antioquía sobre la historia difería de la de los alejandrinos. Según los alegoristas, flotando encima del significado histórico de los acontecimientos del Antiguo Testamento estaba otro significado más espiritual. Los de Antioquía, en contraste, creían que el significado espiritual de un acontecimiento histórico estaba implícito dentro del suceso mismo.[4] Por ejemplo, según los alegoristas, la salida de Abraham de Harán significaba su rechazo de conocer las cosas mediante los sentidos; para la escuela de Antioquía, la salida de Abraham de Harán representaba un acto de fe y confianza conforme él obedeció el llamado de Dios para ir de la ciudad histórica de Harán a la tierra de Canaán.

---

1 Ibid., p. 35.
2 Berkhof, *Principios de interpretación bíblica*, p. 22.
3 Ramm, *Interpretación bíblica protestante*, p. 48.
4 Ibid., pp. 49,50.

Los principios exegéticos de la escuela de Antioquía pusieron el fundamento de trabajo de la hermenéutica evangélica moderna. Lamentablemente, uno de los estudiantes de Teodoro, Nestorio, llegó a participar en una de las mayores herejías respecto a la persona de Cristo, y su asociación con la escuela, junto a otras circunstancias históricas, condujeron con el tiempo al fallecimiento de esa prometedora escuela de pensamiento.

Exégesis medieval (600-1500 d.C.)

Durante la Edad Media se hizo muy poca investigación original; la mayoría de los estudiantes se dedicaron al estudio y compilación de las obras de los primeros padres. La interpretación estaba limitada por la tradición, y el método alegórico era notable.

El cuádruple sentido de las Escrituras expresado por Agustín era la norma de la interpretación bíblica. Se creía que esos cuatro niveles de significado, expresados en la siguiente estrofa que circulaba durante ese período, existían en cada pasaje bíblico:

La *letra* nos muestra lo que Dios y nuestros padres hicieron;
La *alegoría* nos muestra donde está oculta nuestra fe;
El significado *moral* nos da reglas para la vida diaria;
La *anagogía* nos muestra donde terminamos nuestra lucha.[1]

Puede usarse la ciudad de Jerusalén para ilustrar esta idea. Literalmente, Jerusalén se refiere a la ciudad histórica; alegóricamente, se refiere a la Iglesia de Cristo; moralmente, indica el alma humana; y anagógicamente, (escatológicamente) señala la Jerusalén celestial.[2]

Durante ese período se aceptaba por lo general el principio de que cualquier interpretación de un texto bíblico debía adaptarse a la tradición y a la doctrina de la iglesia. La fuente de la teología dogmática no era sólo la Biblia, sino la Biblia como era interpretada por la tradición de la iglesia.[3]

Aunque predominaba el método cuádruple de interpretación, se desarrollaban aun otros sistemas. En el transcurso del último período medieval, los cabalistas en Europa y Palestina continuaron en la tradición del primitivo misticismo judío. Llevaron la práctica del literalismo al

---

1 Robert Grant, *Breve historia de la interpretación bíblica* (Nueva York: Macmillan, 1963), p. 119.
2 Ibid., pp. 119,120.
3 George Eldon Ladd, *Teología del Nuevo Testamento* (Grand Rapids: Eerdmans, 1974), p. 13.

punto de lo absurdo. Creían que cada letra, y aun cada posible transposición o sustitución de letras, tenía un significado sobrenatural. En el intento de descubrir misterios divinos, ellos recorrieron los métodos siguientes; sustituir una palabra bíblica por otra que tenía el mismo valor numérico; agregar al texto al considerar cada letra individual de una palabra como la letra inicial de otras palabras; al sustituir nuevas palabras en el texto por un intercambio de alguna de las letras de las palabras originales.[1]

Entre otros grupos, sin embargo, se empleaba un método de interpretación más científico. Los judíos españoles de los siglos doce al quince incentivaron un retorno al método gramático-histórico de interpretación. Los victorinos de la abadía de San Víctor en París, alegaban que el significado de las Escrituras se hallaba en su exposición literal más bien que en la alegórica. Ellos sugirieron que la exégesis debiera dar origen a la doctrina en vez de hacer que el significado de un texto coincidiera con la enseñanza eclesiástica previa.

El individuo que hizo un significativo impacto sobre el regreso a la interpretación literal fue Nicolás de Lira (1270?-1340?). Aunque él estaba de acuerdo en que había cuatro sentidos en las Escrituras, dio decidida preferencia al literal e insistió en que los otros sentidos debían hallarse firmemente fundados en el literal. Se quejaba de que los demás sentidos se usaban para apagar el literal, y aseguraba que sólo el sentido literal debiera usarse como base para la doctrina.[2] Las obras de Nicolás de Lira influyeron profundamente en Lutero, y hay muchos que opinan que sin esa influencia Lutero no hubiera dado inicio a la Reforma.

Exégesis de la Reforma (1500)

En los siglos catorce y quince prevaleció una densa ignorancia respecto al contenido de las Escrituras: había algunos doctores en teología que nunca habían leído toda la Biblia.[3] El Renacimiento llamó la atención a la necesidad de conocer los idiomas originales para entender la Biblia. Erasmo facilitó ese estudio al publicar su primera edición crítica del Nuevo Testamento griego, y Reuchlin al traducir una gramática y un léxico hebreos. El sentido cuádruple de las Escrituras fue

---

1 Berkhof, *Principios de interpretación bíblica*, p. 17.
2 Ibid., p. 25.
3 Ibid.

abandonado gradualmente y fue reemplazado con el principio de que las Escrituras tenían sólo un significado.[1]

Lutero (1483-1546)

Lutero creyó que la fe y la iluminación espiritual eran requisitos previos para un intérprete de la Biblia. Aseguraba que la Biblia debía verse de modo totalmente distinto a como vemos las demás producciones literarias.[2]

Lutero también mantuvo que la iglesia no debía determinar lo que enseñaban las Escrituras, sino más bien las Escrituras debían determinar lo que la iglesia enseña. Rechazó el método alegórico de interpretación de las Escrituras, llamándolo "basura", "escoria" y "un montón de trapos obsoletos".

Según Lutero, una apropiada interpretación de las Escrituras debe proceder de una comprensión literal del texto. El intérprete debe considerar las condiciones históricas, gramaticales y el contexto en su exégesis. Él también creía que la Biblia es un libro claro (la perspicuidad de las Escrituras), en oposición al dogma católico romano de que las Escrituras son tan oscuras que sólo la iglesia puede descubrir su verdadero significado.

Al abandonar el método alegórico que por tanto tiempo sirviera como un medio para hacer del Antiguo Testamento un libro cristiano, Lutero se vio forzado a encontrar otra manera de explicar la pertinencia del mismo para los creyentes del Nuevo Testamento. Él hizo eso al sostener que todo el Antiguo y el Nuevo Testamento señalaban hacia Cristo. Ese principio de organización, que en realidad llegó a ser un principio hermenéutico, hizo que Lutero viera a Cristo en muchos lugares (como algunos salmos que él designó como mesiánicos) donde más tarde los intérpretes no hallaron referencias cristológicas. Ya sea que estemos de acuerdo o no con todas las designaciones de Lutero, su principio cristológico lo capacitó para mostrar la unidad de las Escrituras sin recurrir a interpretaciones místicas del texto del Antiguo Testamento.

Uno de los grandes principios hermenéuticos de Lutero afirmaba que debía distinguirse cuidadosamente entre la ley y el evangelio. Para Lutero, la ley se refiere a Dios en su ira, su juicio y su odio al pecado; el evangelio se refiere a Dios en su gracia, su amor y su salvación. Repudiar

---

1 Ibid., pp. 25,26.
2 Se han resumido de Ramm los materiales sobre Lutero y Calvino, *Interpretación bíblica protestante*, pp. 53-59.

la ley era un error, según Lutero, porque eso conducía a la ilegalidad. La fusión de la ley y del evangelio era también un error, porque conducía a la herejía de agregarle obras a la fe. Así Lutero creía que el reconocer y el mantener la cuidadosa distinción entre la ley y el evangelio era crucial para la apropiada comprensión bíblica. (Véase el capítulo 5 para un análisis más amplio de la ley y el evangelio).

Melanchton, el compañero de Lutero en cuestiones de exégesis, continuó con la aplicación de los principios hermenéuticos de Lutero en su propia exposición del texto bíblico, sustentando y aumentando el impulso de la obra de Lutero.

Calvino (1509-1564)

Es probable que el más grande exegeta de la Reforma fuera Calvino, que en general estaba de acuerdo con los principios expresados por Lutero. Él también creía que la iluminación espiritual es necesaria, y consideraba la interpretación alegórica como una artimaña de Satanás para oscurecer el sentido de las Escrituras.

"La Escritura interpreta a la Escritura" era una frase favorita de Calvino, que aludía a la importancia que él daba al estudio del contexto, la gramática, las palabras y los pasajes paralelos en vez de imponer al texto el sentido del intérprete. En una declaración famosa él afirmó que "la primera tarea de un intérprete es dejar que el autor diga lo que quiere decir, en vez de atribuirle lo que pensamos que debió decir."[1]

Es probable que Calvino sobrepasara a Lutero en armonizar su práctica exegética con su teoría. Él no compartía la opinión de Lutero de que Cristo se halla en todas partes de las Escrituras (por ejemplo, difería de Lutero en cuanto al número de salmos mesiánicos). A pesar de algunas diferencias, los principios hermenéuticos expresados por esos reformadores habrían de convertirse en los más grandes principios rectores para la moderna interpretación protestante ortodoxa.

Exégesis de la post-Reforma (1550-1800)

Confesionalismo

El Concilio de Trento se reunió varias veces desde 1545 hasta 1563 y elaboró una lista de decretos que exponían los dogmas de la Iglesia Católica Romana y criticaban el protestantismo. Como respuesta, los

---

1 Citado en F.W. Farrar, *Historia de la interpretación* (1885: reimpresión ed. Grand Rapids, Baker, 1961). p. 347.

protestantes comenzaron a desarrollar credos para definir su propia postura. Hubo un momento en que casi todas las ciudades importantes tenían su propio credo favorito, a la vez que prevalecían amargas controversias teológicas. Durante esa época los métodos hermenéuticos eran con frecuencia pobres, porque la exégesis llegó a ser la sirvienta de la dogmática, y con frecuencia degeneró en simple prueba de textos.[1] Farrar, al describir a los teólogos de esa época, dice que leían "la Biblia con la mirada feroz y antinatural del odio teológico."[2]

Pietismo

El pietismo surgió como una reacción a la exégesis dogmática y con frecuencia amarga del período confesional. A Felipe Jacobo Spener (1635-1705) se le considera el líder del avivamiento pietista. En un tratado titulado *Anhelos Piadosos*, él pedía el fin de la controversia inútil, y un retorno a los intereses cristianos mutuos y a las buenas obras, mejor conocimiento bíblico de parte de todos los creyentes y mejor capacitación espiritual para los ministros.

A. H. Francke ejemplificó muchas de las cualidades que el tratado de Spener pedía. Además de ser erudito, lingüista y exegeta, fue activo en la formación de muchas instituciones destinadas al cuidado de los desamparados y de los enfermos. Él también participó en la organización del trabajo misionero para la India.

El pietismo hizo significativas contribuciones al estudio de las Escrituras, pero no fue inmune a la crítica. En sus mejores momentos los pietistas combinaron un profundo deseo de entender la Palabra de Dios y apropiarse de ella para sus vidas con una fina apreciación de la interpretación gramático-histórica. No obstante, muchos pietistas posteriores descartaron la base de interpretación gramático-histórica, y dependieron en su lugar de una "luz interior" o "una unción del Santo". Esas exposiciones, basadas en impresiones subjetivas y reflexiones piadosas, con frecuencia resultaban en interpretaciones que se contradecían entre sí y tenían muy poca relación con el sentido del autor.

Racionalismo

El racionalismo, la posición filosófica que acepta la razón como la única autoridad que determina las opciones o el curso de acción de

---

1 Berkhof, *Principios de interpretación bíblica*, p. 29.
2 Farrar, *Historia de la interpretación*, pp. 363-64. Citado en Ramm, *Interpretación bíblica protestante*, p. 60.

alguien, emergió como una postura importante durante ese período y pronto iba a causar un profundo efecto en la teología y la hermenéutica.

Durante varios siglos anteriores a esa época la iglesia había subrayado la racionabilidad de la fe. Se consideraba la revelación como superior a la razón como medio para comprender la verdad; pero a la verdad revelada se le consideraba inherentemente razonable.

Lutero hizo una distinción entre el uso magisterial y el uso ministerial de la razón. Por el uso ministerial de la razón él se refería al uso de la razón humana para ayudarnos a una comprensión más amplia y a la obediencia de la Palabra de Dios. Por el uso magisterial de la razón se refería al uso de la razón humana para juzgar la Palabra de Dios. Lutero afirmó con claridad la primera y desaprobó la segunda.

Durante el período que siguió a la Reforma, el uso magisterial de la razón comenzó a emerger más plenamente que nunca antes. El empirismo, la creencia de que el único conocimiento válido que podemos poseer es aquel obtenido mediante los cinco sentidos, emergió y unió fuerzas con el racionalismo. La combinación del racionalismo con el empirismo significaba que: (1) muchos pensadores renombrados afirmaban que la razón, y no la revelación, era la guía de nuestros pensamientos y acciones, y (2) que la razón debía usarse para juzgar cuáles partes de la revelación se consideraban aceptables (que llegaran a incluir sólo aquellas partes sujetas a las leyes naturales y a la verificación empírica).

Hermenéuticas modernas (1800 hasta el presente)

Liberalismo

El racionalismo en filosofía sentó las bases para el liberalismo en teología. Mientras que en los siglos anteriores la revelación había determinado lo que la razón debía pensar, al final del siglo dieciocho la razón determinaba qué partes de la revelación (si alguna) iban a ser aceptadas como verdad. Mientras que en los siglos anteriores se había dado énfasis a la autoridad divina de las Escrituras, durante ese período el enfoque estaba en su paternidad literaria humana. Algunos autores sugirieron que varias partes de las Escrituras poseían diversos *grados* de inspiración, y podía ser que los grados inferiores (tales como los detalles históricos) contuvieran errores. Otros escritores, como Schleiermacher, fueron más lejos, negando totalmente el carácter sobrenatural de la inspiración. Para muchos *inspiración* dejó de referirse al proceso por el cual Dios guió a los autores humanos a producir un producto bíblico que fuera su verdad.

Al contrario, *inspiración* se refería a la capacidad de la Biblia (producida humanamente) de inspirar experiencias religiosas.

También se aplicó a la Biblia un naturalismo consumado. Los racionalistas alegaban que debía rechazarse todo lo que no estaba en conformidad con la "mentalidad instruida". Eso incluyó doctrinas como la depravación humana, el infierno, el nacimiento virginal, y con frecuencia incluso la expiación vicaria de Cristo. Los milagros y otros casos de las intervenciones divinas con regularidad se explicaban como ejemplos de pensamiento precrítico.[1] Debido a la influencia del pensamiento de Darwin y de Hegel, la Biblia llegó a verse como el registro del desarrollo evolutivo de la conciencia religiosa del pueblo de Israel (y más tarde de la iglesia), más bien que la revelación de Dios de sí mismo al hombre. Cada una de estas presuposiciones tuvo profunda influencia en la credibilidad que los intérpretes daban al texto bíblico, y de ese modo tuvo importantes implicaciones para los métodos de interpretación. Con frecuencia el mismo enfoque de interpretación cambiaba: La pregunta de los eruditos ya no era "¿Qué es lo que Dios dice en el texto?" sino "¿Qué es lo que el texto me dice sobre el desarrollo de la conciencia religiosa de ese primitivo culto hebreo?"

Neoortodoxia

La neoortodoxia es un fenómeno del siglo veinte. Ocupa, en algunos aspectos, la posición intermedia entre el punto de vista liberal y el ortodoxo de las Escrituras. Rompe con el punto de vista liberal de que las Escrituras son sólo un producto de la profundización de la conciencia religiosa del hombre, pero se queda corta de la postura ortodoxa sobre la revelación.

Quienes están dentro de los círculos de la neoortodoxia por lo general creen que las Escrituras son el testimonio del hombre a la revelación de Dios de sí mismo. Ellos sostienen que Dios no se revela en palabras, sino sólo mediante su presencia. Cuando una persona lee las palabras de la Biblia y responde a la presencia de Dios en fe, la revelación ocurre. No se considera la revelación como algo que ocurrió en un punto histórico del tiempo que ahora se nos trasmite en el texto bíblico, sino una experiencia presente que debe estar acompañada de una respuesta personal existencial.

Las posturas neoortodoxas difieren en diversos asuntos de la orto-

---

1 Ramm, *Interpretación bíblica protestante*, pp. 63-69.

doxia tradicional. La infalibilidad no tiene lugar en el vocabulario de la neoortodoxia. Se ven las Escrituras como un compendio de sistemas teológicos a veces conflictivos, acompañados de muchos datos equivocados. Las historias bíblicas acerca de la interacción entre lo sobrenatural y lo natural se consideran mitos; no en el mismo sentido que los mitos paganos, sino en el sentido de que ellos no enseñan historia literal. Los "mitos" bíblicos (como la creación, la caída, la resurrección) procuran introducir verdades teológicas como incidentes históricos. En la interpretación neoortodoxa, la caída, por ejemplo, "nos informa que el hombre inevitablemente corrompió su naturaleza moral". La encarnación y la cruz muestran que el hombre no puede lograr su propia salvación, sino que eso "debe venir de más allá como un acto de la gracia de Dios."[1] La principal tarea del intérprete, entonces, es despojar al mito de su envoltura histórica para descubrir la verdad existencial contenida dentro.

La "nueva hermenéutica"

La "nueva hermenéutica" ha sido ante todo un desarrollo europeo a partir de la Segunda Guerra Mundial. Emergió básicamente de la obra de Bultmann y fue llevada adelante por Ernst Fuchs y Gerhard Ebeling. Mucho de lo que se ha dicho de la posición neoortodoxa se aplica a esta categoría de interpretación igualmente. Basándose en la obra del filósofo Martin Heideger, Fuchs y Ebeling aseguran que Bultmann no avanzó lo suficiente. El lenguaje, sostienen ellos, no es una realidad sino sólo una interpretación personal de la realidad. El uso personal del lenguaje, entonces, es una hermenéutica, es decir, una interpretación. La hermenéutica para ellos ya no es la ciencia que formula principios mediante los cuales puedan interpretarse los textos, sino es más bien la investigación de la función hermenéutica del habla como tal, y de ese modo tiene un campo de acción más amplio y más profundo.[2]

La hermenéutica dentro del cristianismo ortodoxo

Durante los pasados doscientos años siguió habiendo intérpretes que creían que las Escrituras representaban la revelación de Dios de sí mismo — sus palabras y sus acciones — a la humanidad. La tarea del intérprete, según ese grupo, ha sido tratar de entender más plenamente el sentido

---

1 Ibid., pp. 70-79.
2 Ernst Fuchs, "El Nuevo Testamento y el problema hermenéutico", en *La Nueva Hermenéutica*, ed. James M. Robinson y John B. Cobb (Nueva York: Harper & Row, 1964), p. 125. Citado en Ramm, pp. 83-92.

del autor original. Se realizaron estudios de la historia, la cultura, el lenguaje y la comprensión teológica de los destinatarios originales con el propósito de entender lo que la revelación de las Escrituras significaba para ellos. Eminentes eruditos dentro de esta tradición general (y de ninguna manera esta lista es exhaustiva) incluyen E. W. Hengstenberg, Carl F. Keil, Franz Delitzch, H. A. W. Meyer, J. P. Lange, F. Godet, Henry Alford, Charles Ellicott, J. B. Lightfoot, B. F.Westcott, F. J. A. Hort, Charles Hodge, John A. Broadus, Theodore B. Zahn, y otros.[1] Manuales de hermenéutica dentro de esta tradición incluyen los de C.A.G. Keil, Davidson, Patrick Fairbain, A. Immer, Milton S. Terry, Louis Berkhof, A. Berkeley Mickelsen y Bernard Ramm.

Resumen del capítulo

Este capítulo ha procurado proporcionar una visión panorámica muy breve de algunas de las principales tendencias en el desarrollo histórico de la hermenéutica. Estudios más completos se encuentran en los libros señalados más adelante, y el lector que tenga acceso a ellos debe estudiar más a fondo la comprensión histórica de lo que proporciona esta breve explicación.

A través de la historia podemos ver el surgimiento gradual de los presupuestos y prácticas de lo que hoy se conoce como el método de interpretación gramático-histórico. Este método declara que el significado de un texto es el que el autor tenía en mente, y que la intención del autor puede derivarse con un máximo de exactitud al observar los hechos de la historia y las reglas de gramática aplicables al texto bajo estudio. Las principales contribuciones al desarrollo del método gramático-histórico incluyen: (1) el uso predominante de la exégesis literal por Cristo y los escritores del Nuevo Testamento, (2) los principios teóricos (pero no la práctica) de Agustín, (3) la escuela de Antioquía de Siria, (4) los judíos españoles de los siglos doce al quince, (5) las obras de Nicolás de Lira, Erasmo y Reuchlin, (6) las obras de Lutero, de Calvino, y (7) las personas nombradas en la sección anterior.

A través de la historia ha habido un segundo conjunto de presuposiciones y métodos que se han manifestado en una variedad de formas. La premisa fundamental ha sido que el significado de un texto se descubre, no mediante los métodos por lo general usados para la comprensión de

---

1 Esta lista es de A. Berkeley Mickelsen, *Interpretando la Biblia*, pp. 47,48.

la comunicación entre personas, sino mediante el uso de alguna clave especial. El resultado neto del uso de tales claves interpretativas ha sido dar el sentido del lector al texto (*eisegesis*), en vez de extraer el sentido del autor directamente del texto (*exégesis*). Los ejemplos de tales claves interpretativas han incluido: (1) el alegorismo judío y cristiano, (2) la cuádruple exégesis medieval y (3) el literalismo y la numerología de los cabalistas. El liberalismo posterior a la Reforma y la neoortodoxia han suplido claves interpretativas provenientes de sus presupuestos acerca del origen y naturaleza de las Escrituras.

Recursos para lectura adicional

Louis Berkhof, *Principios de hermenéutica bíblica*, capítulos 2 y 3.

F.W. Farrar, *Historia de la interpretación*.

K. Fullerton, *Profecía y autoridad: Un estudio de la historia de la doctrina de la interpretación de las Escrituras*.

Robert M. Grant, *Breve historia de la interpretación bíblica* (ed. rev.).

Richard Longenecker, *Exégesis bíblica en el período apostólico*.

A. Berkeley Mickelsen. *Interpretando la Biblia*, capítulo 2.

Bernard Ramm, *Hermenéutica*, capítulos 3,6 y 9.

Bernard Ramm, *Interpretación bíblica protestante*, (3ra. ed. rev.) capítulo 2.

Milton S. Terry, *Hermenéutica bíblica*, parte 3.

CAPÍTULO TRES

ANÁLISIS HISTÓRICO-CULTURAL Y CONTEXTUAL

Cuando haya completado este capítulo, el lector será capaz de:
1. Definir los términos siguientes:
   a. Análisis histórico-cultural
   b. Análisis contextual
   c. Análisis léxico-sintáctico
   d. Análisis teológico
   e. Análisis literario
2. Describir un modelo de seis pasos que puede usarse para interpretar cualquier texto bíblico.
3. Enumerar y describir tres pasos fundamentales de un análisis histórico-cultural y contextual.
4. Identificar tres métodos de determinar el propósito que un autor tuvo al escribir un libro específico.
5. Enumerar seis pasos secundarios importantes incluidos en el análisis contextual.
6. Aplicar los principios anteriores para identificar las interpretaciones erróneas de textos bíblicos seleccionados y lograr interpretaciones más exactas de ellos.

Comentarios introductorios

El capítulo 1 trató el principio que, basado en la suposición de que un autor es un comunicador que sabe trasmitir sus ideas (como creemos que es Dios), principal presuposición de la teoría hermenéutica debe ser que *el significado de un texto es el que el autor tenía en mente*, en vez de los significados que desearíamos atribuir a sus palabras. Si abandonamos este principio, ya no hay criterios que normen, obliguen y distingan entre interpretaciones válidas e inválidas.

El capítulo 2 investigó las tendencias históricas de la interpretación, al observar que algunos intérpretes habían seguido principios normales de comunicación mientras que otros habían caído en vaguedades de interpretación mediante el desarrollo de principios hermenéuticos no usuales.

Los capítulos 3 al 8 presentan los principios de hermenéutica y muestran cómo aplicarlos a la interpretación de los textos bíblicos. La compleja técnica de interpretación bíblica y la aplicación se divide en seis pasos, que son:

1. El *análisis histórico-cultural* considera el medio histórico-cultural en el cual el autor escribió, para entender sus alusiones, referencias y propósito. El *análisis contextual* considera la relación de un texto determinado con todo el conjunto de escritos del autor, porque el conocimiento de todo el pensamiento del autor resulta en una mejor comprensión de su obra.

2. El *análisis léxico-sintáctico* desarrolla una comprensión de las definiciones de las palabras (lexicología) y su relación con otras (sintaxis) para entender con más exactitud el significado que el autor trató de trasmitir.

3. El *análisis teológico* estudia el nivel de comprensión teológica cuando se dio la revelación para averiguar el sentido del texto para sus destinatarios originales. Así toma en consideración pasajes relacionados, escritos antes o después del pasaje en estudio.

4. El *análisis literario* identifica la forma literaria o el método empleado en un texto determinado para varias formas tales como la narrativa histórica, las cartas, la exposición doctrinal, la poesía y el género apocalíptico. Cada una tiene sus métodos distintivos de expresión e interpretación.

5. La *comparación con otros intérpretes* compara la interpretación tentativa derivada de los cuatro pasos anteriores con el trabajo de otros intérpretes.

6. La *aplicación* es el paso importante de trasladar el significado que un texto bíblico tenía para sus oyentes originales al significado que tiene para los creyentes de un tiempo y cultura diferentes. En algunos casos la trasmisión se logra con facilidad; en otros casos tales como los mandamientos bíblicos que fueron obviamente influidos por

factores culturales (por ejemplo, saludar con un beso santo), la traducción transcultural llega a ser más compleja.

En este procedimiento de seis pasos, los pasos del uno al tres pertenecen a la hermenéutica general. El paso cuatro constituye la hermenéutica especial. El paso seis — trasmisión y aplicación del mensaje bíblico de un tiempo y cultura a otro — no se considera generalmente parte integral de la hermenéutica de por sí; pero se ha incluido en este texto por su obvia pertinencia para el creyente de esta época que está bastante separado tanto del tiempo como de la cultura de los destinatarios originales de las Escrituras.

Análisis histórico-cultural y contextual

No puede interpretarse el significado de un texto con algún grado de certidumbre sin el análisis histórico-cultural y contextual. Los dos ejemplos que siguen muestran la importancia de tal análisis:

DM3: Proverbios 22:28 ordena: "No traspases los linderos antiguos que pusieron tus padres." Este versículo significa . . .

a. No hacer cambios del modo en que siempre hemos hecho las cosas.

b. No robar.

c. No quitar las señales de tránsito que guían a los viajeros de un lugar a otro.

d. Ninguna de las anteriores.

e. Todas las anteriores.

DM4: Hebreos 4:12 afirma: "Porque la palabra de Dios es viva y eficaz, y más cortante que toda espada de dos filos; y penetra hasta partir el alma y el espíritu, las coyunturas y los tuétanos, y discierne los pensamientos y las intenciones del corazón." Este versículo enseña:

a. Que el hombre es un ser tricótomo, ya que habla de una división del alma y el espíritu.

b. Que la verdad contenida por la Palabra de Dios es dinámica y cambiante en vez de muerta y estática.

c. Da una advertencia a los supuestos creyentes.

d. Alienta a los creyentes a usar la Palabra de Dios de manera enérgica en su testimonio y consejería.

e. Ninguna de las anteriores.

La respuesta a **DM3** es (b). Si su respuesta fue la (a) o la (c) es porque se ha acercado al texto preguntando en el subconsciente: "¿Qué significa este texto para mí?" La pregunta importante, sin embargo, es: "¿Qué significaba ese texto para el escritor original y sus lectores?" En ese caso los antiguos linderos se referían a marcas limítrofes que separaban la tierra de una persona de la de su vecino. Sin nuestras técnicas modernas de investigación era relativamente fácil incrementar el terreno propio al mover tales linderos durante la noche. La prohibición está dirigida contra un tipo específico de robar.

La solución a **DM4** será clara al final del capítulo y será contestada entonces. El propósito de esos ejercicios es mostrar que a menos que tengamos un conocimiento del trasfondo del escritor, suplido por el análisis histórico-cultural y contextual, nuestra tendencia es interpretar sus escritos con la pregunta: "¿Qué significa esto para mí?" en vez de preguntar: "¿Qué significaba esto para el autor original?" Hasta que podamos responder a la última pregunta con algún grado de seguridad, no tenemos bases para asegurar que nuestra interpretación es correcta.

El análisis histórico-cultural y contextual puede realizarse al hacer tres preguntas, siendo cada una más específica que la anterior. Las tres preguntas son:

1. ¿Cuál es el medio histórico general en el cual habla el escritor?
2. ¿Cuál es el contexto histórico-cultural específico y el propósito de este libro?
3. ¿Cuál es el contexto inmediato del pasaje bajo consideración?

Se considera en detalle cada una de esas preguntas o pasos en el siguiente análisis.

Determinar el contexto histórico-cultural general

Hay tres preguntas secundarias importantes para determinar el contexto histórico-cultural general. *En primer lugar, ¿cuál es la situación general histórica que enfrenta el autor y sus lectores?* ¿Cuál era la situación política, económica y social? ¿Qué era la principal fuente de vida? ¿Cuáles eran las principales amenazas y preocupaciones? El conocimiento del contexto histórico-cultural es crucial para responder a las preguntas fundamentales acerca de un texto, tales como: "¿Qué le sucede al autor de Lamentaciones? ¿Está sufriendo de una crisis nerviosa o de una reacción de aflicción normal?" o "¿Cuáles son las implicaciones del Cantar de los Cantares para una teología de expresión cristiana sexual?"

En segundo lugar, ¿cuáles son las costumbres cuyo conocimiento aclarará el significado de una acción determinada? En Marcos 7, por ejemplo, Jesús reprende a los fariseos con firmeza por sus conceptos sobre el corbán. En la práctica de corbán un hombre podía declarar que todos sus bienes irían al tesoro del templo cuando muriera, y que, debido a que su dinero le pertenecía a Dios, él ya no era responsable por el mantenimiento de sus padres ancianos. Jesús arguye que esos hombres están usando su tradición farisaica para invalidar la orden de Dios (el quinto mandamiento). Sin un conocimiento de las prácticas culturales del corbán, seríamos incapaces de entender este pasaje.

Es fácil encontrar otros ejemplos del significado adicional que una comprensión de las costumbres culturales pueden dar. La conocida parábola de las diez vírgenes (Mateo 25:1-13) tenía el propósito de imprimir en los oyentes la importancia de la preparación cuidadosa, en contraste con la negligencia, para la venida del Señor. El descuido de las cinco vírgenes necias es más señalado aún al percatarnos de que la espera del novio generalmente tomaba varias horas, y que las lámparas que a menudo se usaban en esas horas de espera eran pequeñas (varias podían caber simultáneamente en la palma de la mano). La necedad de ir a la espera del novio con tales lámparas sin aceite adicional (v. 3) acentuó el punto que Cristo quería señalar.

De igual modo, cuando Cristo envió a dos de sus discípulos a buscar un lugar donde pudieran celebrar la Pascua la noche anterior a la crucifixión, les dio instrucciones inequívocas, un hecho que a menudo escapa a nuestra atención. La hostilidad de los fariseos era tan grande que el secreto era de suma importancia si Él quería terminar su cena con los discípulos sin interrupción. La orden de Cristo (Marcos 14:12-14) era que encontrarían un hombre que llevaba un cántaro de agua y que siguieran a ese hombre al lugar donde celebrarían la Pascua. En la antigua Palestina, el cargar agua era un trabajo de la mujer; por lo general no se veía a ningún hombre cargando un cántaro de agua. Esa información no dejaría duda acerca de qué persona debían ellos seguir. Esa puede haber sido una señal arreglada de antemano, convenida en secreto, que nos da una vislumbre de la tensión y del peligro de esos días anteriores a su crucifixión.[1] El conocimiento de detalles culturales nos alerta sobre la importancia de acciones que de otro modo pudiera escapársenos su comprensión.

En tercer lugar, ¿cuál era la condición espiritual del auditorio? Muchos de los libros de la Biblia se escribieron en tiempos en que el nivel de consagración de los creyentes era bajo debido a la carnalidad,

---

1 G. Ernest Wright, ed. *Great People of the Bible and How They Lived* [Grandes personajes bíblicos y cómo vivieron] (Plesant-ville: Reader's Digest, 1974), p. 11.

el desaliento o la tentación de parte de los no creyentes o los apóstatas. No se puede entender apropiadamente el sentido del texto si lo divorciamos de un conocimiento de esos factores. Por ejemplo, ¿cómo pudiéramos entender a una persona que intencionalmente se casa con una prostituta, tiene tres hijos con ella a los que les da nombres extravagantes, llora por ella al continuar ella en su prostitución e infidelidad, la encuentra después que lo ha abandonado y se ha convertido en una esclava prostituta, la compra de nuevo, y después le habla como si estuviera en un estado mental disociado? ¿Está ese hombre sufriendo de un "complejo de salvador", o es un psicópata? Nada de eso, por supuesto, si examinamos el contexto de la vida de Oseas, dentro del cual esas acciones adquieren poderoso significado e importancia.

En resumen, un primer paso importante en una apropiada interpretación de cualquier pasaje bíblico es determinar el ambiente histórico-cultural en el que escribió el autor. Los buenos comentarios exegéticos a menudo suplen tal información como parte de sus introducciones; las Biblias de estudio proporcionan tal información en forma condensada.

Determinar el contexto histórico-cultural específico y el propósito de un libro

Un segundo paso más específico es determinar el propósito específico de un libro. Varias preguntas secundarias son guías útiles:

1. ¿Cómo era el escritor? ¿Cuál era su trasfondo y experiencia espiritual?
2. ¿A quiénes escribía (por ejemplo, creyentes, no creyentes, apóstatas, creyentes que estaban en peligro de apostatar?
3. ¿Cuál era el propósito (intención) del autor al escribir este libro en particular?

Por lo general se puede descubrir al autor y a sus destinatarios a partir de la información interna (textual) o externa (histórica). En algunos casos la evidencia parece fácilmente conclusiva; en otros casos lo mejor que se puede hacer es deducir una hipótesis estudiada. Un ejemplo es el libro de Hebreos. El libro en sí no contiene evidencia directa respecto a sus destinatarios o a su autor. Se le da el nombre, *a los Hebreos,* sobre las bases de la evidencia deductiva. La epístola contiene numerosas alusiones al Antiguo Testamento que tal vez no tuvieran significado para un pagano común y corriente. Constantemente contrasta el pacto mosaico con el cristiano, mostrando la superioridad del nuevo respecto al antiguo, una manera de razonar que no tendría significado para quienes no profesaran lealtad a la fe hebrea. Por ésas y otras muchas razones adicionales, podemos tener la certeza de que el libro fue escrito principalmente a los judíos y no a los gentiles, y que el nombre *a los Hebreos* es apropiado.

La paternidad literaria de Hebreos es un asunto totalmente distinto. Podemos decir con bastante seguridad que probablemente no fuera Pablo su autor debido a la expresión literaria, las formas de pensamiento y las actitudes hacia la ley mosaica halladas en este libro que difieren significativamente de las que aparecen en los libros de reconocida paternidad literaria paulina. Sin embargo, más allá de esto tenemos muy poca evidencia sólida sobre su autor. La mayoría de las hipótesis ofrecidas son conjeturas sin un apoyo de evidencia fuerte. A fin de cuentas la cuestión de la exacta paternidad literaria del libro no es tan importante como el hecho de que la Iglesia primitiva reconoció su inspiración divina y autoridad y por eso lo incluyó en el canon.[1]

Después que el estudio ha revelado el contexto histórico-cultural específico dentro del cual se ha escrito un libro, se debe determinar el propósito del autor. Hay tres maneras fundamentales[2] para determinar esto:

En primer lugar, note las declaraciones explícitas del autor o la repetición de ciertas frases. Por ejemplo, Lucas 1:1-4 y Hechos 1:1 nos dicen que el propósito de Lucas al escribir era presentar un recuento ordenado del comienzo de la era cristiana. Juan nos dice en Juan 20:31 que su propósito era presentar un relato del ministerio de Cristo de manera que los hombres creyeran. El libro de 1 Pedro es una exhortación a permanecer firme en medio de la persecución (5:12). La repetición de diez veces de la frase "estas son las generaciones de" en el libro de

---

1 En este punto debemos considerar la relación entre la crítica histórica y el análisis histórico-cultural. Algunos creyentes evangélicos pudieran preocuparse con la similitud de procedimientos entre los dos. Como se mencionó en el capítulo 1, la crítica histórica estudia la autoría de un libro, la fecha y las circunstancias históricas que rodearon su composición, la autenticidad de su contenido y su unidad literaria. El análisis histórico-cultural también se ocupa de esas tareas en un intento por comprender el sentido del autor. De modo que los dos términos se entrecruzan de manera significativa.

La crítica histórica, sin embargo, comienza con presuposiciones positivistas y concluye con declaraciones contrarias a la fe cristiana ortodoxa. (El positivismo es la posición filosófica de que los hombres no pueden tener conocimiento de nada más que los fenómenos observables, y por lo tanto deben rechazar toda especulación sobre los orígenes o las causas fundamentales.) El análisis histórico-cultural comienza con presuposiciones ortodoxas bíblicas, un punto de vista radicalmente diferente del de la crítica histórica. Afirmar el valor del análisis histórico-cultural no es afirmar la validez de la crítica histórica.

2 W. C. Kaiser, Jr., Notas de clases tomadas en la Trinity Evangelical Divinity School, Spring, 1974.

Génesis sugiere que el propósito de este libro es registrar el temprano desarrollo de la humanidad y la intervención inicial de Dios en la historia humana.

En segundo lugar, observe la parte parenética (exhortatoria) de su escrito. Ya que las exhortaciones fluyen del propósito, ellas a menudo dan una importante clave sobre la intención del autor. El libro de Hebreos, por ejemplo, está entremezclado con exhortaciones y advertencias, así que hay poca duda de que el propósito del autor era persuadir a los creyentes judíos que estaban bajo persecución (10:32-35) a no retornar al judaísmo sino a mantenerse fieles a su nueva profesión de fe (10:19-23; 12:1-3). Los libros paulinos igualmente están llenos de hechos teológicos seguidos de un "por tanto" y una exhortación. Si el sentido del hecho teológico es incierto, la naturaleza de la exhortación muchas veces será valiosa para entender su significado.

En tercer lugar, observe los puntos que son omitidos o los asuntos que son enfocados. El escritor de 1 y 2 de Crónicas, por ejemplo, no nos da una historia completa de los acontecimientos nacionales durante el reinado de Salomón y el reino dividido. Selecciona acontecimientos que ilustran que Israel podía perdurar sólo si se mantenía fiel a los mandamientos de Dios y a su pacto. En apoyo de eso, vemos que él con frecuencia emplea la frase "hizo lo malo [o lo recto] ante los ojos de Jehová".

Una buena forma de verificar si entendemos o no el propósito de un autor es resumir dicho propósito en una oración. Tenga cuidado de no interpretar un pasaje sin primero entender la intención del autor al escribir el libro que lo contiene.

Desarrollar un entendimiento del contexto inmediato

Como un método de estudio bíblico por lo general se ha menospreciado el uso de textos de prueba porque olvida este paso importante: interpreta los versículos sin dar apropiada atención a su contexto. Algunas cuestiones secundarias ayudan a entender un texto en su contexto inmediato.

En primer lugar, ¿cuáles son los bloques mayores de material y cómo armoniza con un todo? Otra manera de expresarlo sería: ¿Cuál es el bosquejo del autor? (Los bosquejos deben tomar en cuenta el hecho de que algunos escritores bíblicos organizaban sus ideas en forma más estructurada.)

En segundo lugar, ¿cómo contribuye el pasaje al desarrollo del argumento del autor? Es decir, ¿cuál es la conexión entre el pasaje bajo estudio y los bloques de material precedentes y subsiguientes a él? Por lo general hay una conexión lógica y teológica entre cualquiera de los pasajes del contexto. Debe considerarse partes del libro de Proverbios una excepción a eso, pero aún allí la agrupación lógica de ideas es frecuentemente evidente.

En tercer lugar, ¿cuál era la perspectiva del autor? Los autores algunas veces escribieron como si miraran a través de los ojos de Dios (como voceros de Dios), particularmente en asuntos de moral; pero en las secciones narrativas ellos con frecuencia describieron las cosas de la manera en que aparecían desde una perspectiva humana (como reporteros que hablaban fenomenológicamente). Hablamos de la puesta del sol, una metáfora fenomenológica para la más incómoda descripción de una sección de la tierra rotando fuera del alcance de los rayos del sol. Distinguir la intención del autor de que se le vea como un vocero directo de Dios de su intención de hablar como un reportero humano que describe un acontecimiento fenomenológico es importante para una exacta comprensión de lo que quería decir.

Como un ejemplo de la importancia de este principio, considere la cuestión de si el diluvio fue universal o local. Es difícil de determinar del contexto si el lenguaje del Génesis 6 — 9 tenía la intención de que se le entendiera noumenológica (desde la perspectiva de Dios) o fenomenológicamente (desde la perspectiva humana). Si las frases "toda carne murió" y "todos los montes altos fueron cubiertos" son entendidos noumenológicamente, se implica un diluvio universal. Si estas mismas frases se entienden fenomenológicamente, ellas pueden significar "todos los animales que yo pude observar murieron", y "todos los montes que yo pude ver fueron cubiertos". Una descripción fenomenológica pudiera implicar un diluvio universal o un diluvio local.

La interpretación tradicional de esos versículos ha sido noumenológica. Milton Terry cree que debe interpretarse fenomenológicamente la descripción del diluvio. Él declara:

> Es probable que la narración del diluvio sea el relato de un testigo ocular. Lo vívido de las descripciones y la minuciosidad de detalles contiene la prueba más contundente de que eso es así. Es probable que fuera una tradición trasmitida de Sem a sus descendientes hasta que por último se incorporó a los libros de Moisés. Los términos "toda carne", "todos los

montes altos" y "todos los cielos", denotan simplemente todo aquello conocido al observador.[1]

Para el punto de vista de la hermenéutica, el principio importante es que los escritores de la Biblia algunas veces intentaron escribir desde una perspectiva noumenológica y otras desde una perspectiva fenomenológica. Nuestra interpretación de su significado puede errar si fallamos en hacer tal distinción.

En cuarto lugar, ¿es el pasaje una declaración descriptiva o una verdad prescriptiva? Los pasajes *descriptivos* relatan lo que se dijo o lo que sucedió en un tiempo en particular. Lo que Dios dice, es verdad; lo que el hombre dice, puede serlo o no; lo que Satanás dice, por lo general mezcla la verdad con el error. Cuando las Escrituras describen las acciones humanas sin comentarios, no debemos suponer necesariamente que tales acciones sean aprobadas.

Cuando las Escrituras describen una acción de Dios con respecto a los seres humanos en un pasaje narrativo, no debe suponerse que ese sea el modo en que Él siempre obra en la vida de los creyentes en cualquier punto de la historia. Con frecuencia se consideran erróneamente los métodos que Dios usó en los evangelios o en el libro de Hechos como los métodos que Él usa en la vida de todos los creyentes. Sin embargo, Dios ha respondido de diversas maneras a diferentes hombres. ¿Cuál de esas se puede considerar la norma para hoy? ¿Cómo se pudiera escoger un caso en lugar del otro como el incidente normativo?

Se considera que los pasajes *prescriptivos* de las Escrituras expresan principios normativos. Las Epístolas son principalmente prescriptivas; pero a veces contienen casos de prescripciones individuales más bien que universales (por ejemplo, la variedad del gobierno de la iglesia que parece haber prevalecido en las comunidades de la Iglesia primitiva). La diferencia entre varios pasajes prescriptivos sugiere que no se debe universalizar ninguno de ellos, sino aplicar cada uno de acuerdo con la situación. Cuando hay sólo un pasaje sobre un asunto, o cuando varios pasajes prescriptivos coinciden entre sí, por lo general debe considerarse la enseñanza del pasaje como normativa. El análisis contextual es el modo más válido de diferenciar los pasajes descriptivos de los prescriptivos.

En quinto lugar, ¿qué constituye la enseñanza principal del pasaje

---

1 Milton Terry, *Biblical Hermeneutics* (reimpresion e., Grand Rapids: Zondervan, 1974), p. 543.

y cuáles son los detalles incidentales del pasaje? Algunas de las herejías más grandes en la historia de la Iglesia se han apoyado en la exégesis que no ha sabido mantener la distinción anterior. Por ejemplo, una enseñanza importante de la alegoría de Cristo como la vid (Juan 15) es que nosotros derivamos de Cristo el poder para la vida espiritual, y no de nosotros mismos. Empleando un detalle incidental como una enseñanza principal, un grupo de teólogos antiguos (a quienes se les consideró más tarde como herejes) declaró que ya que Cristo es la vid, y las vides son parte del orden creado, se deduce que Cristo es parte de la creación. Los pelagianos de comienzos del siglo quinto hicieron algo similar con la historia del hijo pródigo. Ellos alegaron que, puesto que el hijo pródigo se arrepintió y regresó a su padre sin la ayuda de un mediador, se deduce que nosotros no necesitamos un mediador.

Un ejemplo contemporáneo del fracaso en hacer una distinción entre detalles incidentales y la enseñanza principal de un pasaje fue dado por un educador cristiano en una clase hace algunos años. El debate se centró alrededor de 1 Corintios 3:16: "Vosotros sois el templo de Dios." El asunto principal de Pablo en este versículo es la santidad del cuerpo de Cristo, la iglesia. Concentrándose en un detalle incidental (la estructura del templo del Antiguo Testamento), ese educador afirmó que ya que el templo tenía tres partes (un patio exterior, un patio interior y un lugar santísimo) y puesto que los cristianos son llamados templos, en consecuencia concluyó que el hombre tiene tres partes: cuerpo, alma y espíritu.

Por último, ¿a quién se dirige ese pasaje? Hay un coro popular que dice: "Las promesas del Señor mías son." Aunque pudiera parecer piadoso, el concepto es hermenéuticamente inválido. Por supuesto que no desearíamos reclamar *todas* las promesas de las Escrituras (por ejemplo, Mateo 23:29-33). Tampoco querríamos reclamar todas las órdenes dadas a los creyentes, tales como el mandamiento a Abraham de sacrificar a su hijo (Génesis 22:3). Es bien conocida la anécdota humorística del joven que buscaba frenéticamente la voluntad de Dios para su vida y decidió seguir la orientación bíblica a cualquier costo. El primer pasaje sobre el cual se fijaron sus ojos fue Mateo 27:5 ("Entonces Judas fue y se ahorcó"); el segundo pasaje fue Lucas 10:37 ("Ve y haz tú lo mismo"); y el tercero, Juan 13:27 ("Lo que vas a hacer hazlo más presto").

Aunque nos riamos de la necedad de aplicar un texto sin relación con su contexto, un significativo número de creyentes emplea ese método para determinar la voluntad de Dios para sus vidas. Un procedimiento hermenéutico más válido es hacer las preguntas analizadas anteriormente. ¿Quién habla? ¿Es la enseñanza normativa o está destinada a personas específicas? ¿A quién se dirige el pasaje?

Las promesas y los mandamientos por lo general se dirigían a uno de los tres grupos: la nación de Israel, los creyentes del Antiguo Testamento, los creyentes del Nuevo Testamento. Las promesas normativas y los mandamientos dirigidos a los creyentes del Nuevo Testamento son los que con mayor probabilidad se aplican a los creyentes de esta época. Algunas de las promesas y mandamientos dirigidos a los creyentes del Antiguo Testamento también se aplican, dependiendo del contexto y el contenido (véase capítulo 5). Algunos comentaristas "espiritualizan" las promesas y los mandamientos físicos hechos a la nación de Israel y entonces los aplican también a situaciones actuales; pero esa práctica es difícil de justificar puesto que viola la intención del autor.

Resumen del capítulo

Los pasos siguientes están incluidos en el análisis histórico-cultural y contextual:

1. Determinar el ambiente general histórico y cultural del escritor y sus lectores.
   a. Determinar las circunstancias generales.
   b. Estar atento a las circunstancias culturales y normas que proporcionan detalles para entender mejor determinadas acciones.
   c. Determinar la condición espiritual del auditorio.
2. Determinar el propósito que tenía el autor al escribir su libro.
   a. Observar las declaraciones explícitas o frases repetidas.
   b. Observar las secciones parenéticas o exhortatorias.
   c. Observar los problemas omitidos o enfocados.
3. Entender cómo el pasaje armoniza con el contexto inmediato.
   a. Identificar los principales bloques de material en el libro e indicar cómo armonizan con un todo coherente.
   b. Indicar cómo el pasaje armoniza con el desarrollo del argumento del autor.
   c. Determinar la perspectiva que el autor intenta comunicar: noumenológica (la manera en que las cosas suceden en la realidad) o fenomenológicamente (la manera en que las cosas parecen suceder).

d. Distinguir entre la verdad descriptiva y la prescriptiva.
e. Distinguir entre los detalles incidentales y la enseñanza principal del pasaje.
f. Identificar la persona o categoría de personas a quienes se dirige un pasaje en particular.

Ejercicios

DM4: A estas alturas usted tiene el conocimiento necesario para saber hallar la respuesta correcta a esa pregunta formulada anteriormente en el capítulo. Vea lo que usted puede hacer.

DM5: ¿Ve alguna relación entre la falacia hermenéutica judía del "letrismo" y la interpretación que no logra distinguir entre la enseñanza principal y los detalles incidentales? Si es así, describa la naturaleza de esta similitud.

DM6: Entre los consejeros cristianos hay diferencias de opinión respecto al significado y utilidad de los sueños en el asesoramiento. Eclesiastés 5:7 dice que "donde abundan los sueños, también abundan las vanidades". Haga uso de su conocimiento de la hermenéutica para determinar lo más exactamente que pueda el significado de ese versículo, y entonces explique las implicaciones del significado de ese versículo para su uso de los sueños en el asesoramiento.

DM7: Un autor evangélico consideraba la manera de descubrir la voluntad de Dios para la vida de una persona y señaló que la paz interior era un indicador importante. El único versículo que él empleó para apoyar su argumento fue Colosenses 3:15 ("Y la paz de Dios gobierne en vuestros corazones"). ¿Estaría usted de acuerdo con él, en la forma que empleó ese versículo para probar su argumento? ¿Por qué sí o por qué no?

DM8: Usted está analizando con una persona la necesidad de una relación personal con Jesucristo como el único medio de salvación. Él alega que el vivir una vida moral es lo que Dios espera de nosotros, y le muestra Miqueas 6:8 para confirmar su punto de vista:

> Oh hombre, él te ha declarado lo que es bueno, y qué pide Jehová de ti: solamente hacer justicia, y amar misericordia, y humillarte ante tu Dios.

¿Argüiría usted que ese versículo está de acuerdo con su punto de vista? Si es así, ¿cómo lo haría? Si toma el punto de vista que la salvación era por obras en el Antiguo Testamento (como este versículo parece sugerir), cómo reconciliaría esto con la declaración de Pablo en Gálatas 2:16 que "por las obras de la ley nadie será justificado"?

DM9: Un consejero evangélico muy popular, al hablar acerca del problema que algunos tienen de decir sí cuando quieren decir no y entonces al final revientan de rabia por la frustración reprimida, dice:

Ser siempre una persona afable y luego convertir sus verdaderos sentimientos en úlcera estomacal es derrotarse a sí mismo. Usted puede lograr lo que quería — por el momento — adulando a otros; pero usted no se agrada a sí mismo por eso.

Considere la posibilidad de exteriorizar con franqueza lo que está sintiendo. Como Jesús dice: "Que vuestro sí sea sí, y vuestro no, no." Cualquier otra manera de tratarlos acarrea problemas.[1]

¿Está de acuerdo con el uso que este autor hizo de las Escrituras (parafraseó Mateo 5:33-37) para demostrar su posición? ¿Por qué sí o por qué no?

DM10: Un creyente perdió su empleo durante la recesión económica de 1974-1975. Él y su esposa interpretaron Romanos 8:28 ("todas las cosas les ayudan a bien") en el sentido de que él perdió el empleo a fin de que Dios pudiera darle uno mejor remunerado. En consecuencia él rechazó diversas oportunidades de empleo de menor o igual remuneración al que tenía antes, y permaneció en la condición de desempleado por más de dos años antes de volver a trabajar. ¿Está usted de acuerdo con la forma en que esta persona interpretó el versículo? ¿Diga por qué sí o por qué no?

DM11: Hebreos 10:26, 27 dice: "Porque si pecáremos voluntariamente después de haber recibido el conocimiento de la verdad, ya no queda más sacrificio por los pecados, sino una horrenda expectación de juicio, y de hervor de fuego que ha de devorar a los adversarios." Una persona deprimida acude a usted. Hace una semana que voluntaria y deliberadamente hurtó un artículo de una tienda y ahora, basándose en los versículos anteriores, cree que no hay posibilidad de arrepentimiento y perdón. ¿Cómo la aconsejaría?

DM12: Un versículo predilecto usado en los villancicos de Navidad y en algunas tarjetas de condolencias es Isaías 26:3 ("Tú guardarás en completa paz a aquel cuyo pensamiento en ti persevera") ¿Es válido emplear ese versículo de esa manera?

DM13: Una señora acude a usted a petición del esposo de ella. Dice que tuvo una visión donde recibía instrucciones de dejar a su esposo e hijos, e ir a Bulgaria de misionera. Su esposo ha tratado de razonar con ella diciéndole que esa visión debe de tener alguna otra explicación, que no viene de Dios, toda vez que (1) sus hijos y su esposo la necesitan, (2) Dios no ha dado al resto de la familia un llamado similar, (3) ella no tiene apoyo económico, y (4) las agencias misioneras donde ella ha hecho solicitud no la han aceptado. Su respuesta constante a todo eso ha sido citar Proverbios 3:5,6 ("Fíate de Jehová de todo tu corazón, y no te apoyes en tu propia prudencia. Reconócelo en todos tus caminos, y él enderezará tus veredas"). ¿Cómo la aconsejaría, en particular respecto a ese versículo, ya que parece ser la base de su obsesión?

---

1 David Augsburger, *Caring Enough to Confront* (Glendale: Regal, 1974), p. 32.

DM14: Usted acaba de decirle a alguien que no está de acuerdo con emplear las Escrituras como oráculo (consultar la Biblia abriendo y aplicando las primeras palabras que uno lee como si fueran las instrucciones de Dios para uno), porque eso por lo general interpreta las palabras sin relación con su contexto. Esa persona alega que Dios a menudo ha empleado ese método para darle consuelo y orientación. ¿Cómo le respondería?

CAPÍTULO CUATRO

ANÁLISIS
LÉXICO-SINTÁCTICO

Al completar el estudio de este capítulo, el lector podrá:

1. Identificar dos razones importantes del valor del análisis léxico-sintáctico.
2. Recordar siete pasos incluidos en el análisis léxico-sintáctico.
3. Identificar tres métodos de determinar el significado de palabras antiguas, y comparar la validez de cada método.
4. Recordar cinco métodos de determinar cuál de los diversos posibles significados de una palabra era en realidad el que el autor tuvo en mente en un contexto dado.
5. Identificar y describir los tres principales tipos de paralelismo encontrados en la poesía hebrea.
6. Explicar la diferencia entre paralelos verbales y paralelos verdaderos.
7. Definir los siguientes términos: análisis léxico-sintáctico, sintaxis, lexicología, denotación, connotación y figuras retóricas.
8. Explicar el uso de los siguientes instrumentos léxicos y ser capaz de usarlos:
   a. Concordancias hebrea, griega y española.
   b. Léxicos.
   c. Diccionarios teológicos.
   d. Biblias interlineales.
   e. Léxicos analíticos.
   f. Gramáticas hebrea y griega.

Definición y presuposiciones

El análisis léxico-sintáctico es el estudio del significado de palabras tomadas aisladamente (lexicología) y la manera en que estas palabras están combinadas (sintaxis), a fin de determinar con mayor precisión el significado que el autor pretendía darles.

El análisis léxico-sintáctico no es un incentivo al literalismo ciego: reconoce cuando un autor procura que se entiendan sus palabras literalmente, o de manera figurada o simbólica, y entonces las interpreta como corresponde. De modo que, cuando Jesús dijo "yo soy la puerta", "yo soy la vid" y "yo soy el pan de vida", entendemos esas expresiones como metáforas, como Él quería que se entendieran. Cuando Él dijo: "Guardaos de la levadura de los fariseos y de los saduceos", su intención era que la palabra levadura simbolizara la enseñanza de esos grupos (Mateo 16:5-12). Cuando Él le dijo al paralítico: "Levántate, toma tu cama, y vete a tu casa", Él esperaba que el paralítico obedeciera literalmente, lo que en realidad hizo (Mateo 9:6,7).

El análisis léxico-sintáctico se fundamenta en la premisa de que, aunque las palabras pueden tener varios significados en diferentes contextos en sentido figurado, tienen sólo un significado intencional en cualquier contexto dado en sentido literal. Así sucede con el adjetivo "verde", que puede tener un sentido distinto en contextos diferentes: (1) "una persona muy verde todavía", se refiere a alguien muy joven o sin experiencia, (2) "un viejo verde" es un hombre que conserva inclinaciones galantes con mujeres mucho más jóvenes que él, y (3) "poner verde a alguien" es insultarlo. Aunque las palabras pudieran significar cualquiera de esas tres cosas, por lo general el contexto indicará cuál de esas tres ideas se desea comunicar. El análisis léxico-sintáctico ayuda al intérprete a determinar la variedad de significados que una palabra o grupo de palabras debe tener, y entonces declarar que el significado X es más probable que el significado Y o Z sea el que el autor quiso comunicar en ese pasaje.

La necesidad del análisis léxico-sintáctico

La necesidad de este tipo de análisis se ve en las siguientes citas de dos teólogos renombrados. Alexander Garson ha dicho con acierto:

> Ningún hombre tiene derecho de decir, como algunos acostumbran a hacerlo: "El Espíritu me dijo que tal o cual es el significado de un pasaje." ¿Cómo se está seguro de que es el Espíritu Santo, y no un espíritu de engaño, sino por la evidencia de que la interpretación es el significado legítimo de las palabras?[1]

---

1 Alexander Carson, *Examination of the Principles of Biblical Interpretation* (Examen de los principios de interpretación bíblica) Citado en Ramm, *Protestant Biblical Interpretation* [Interpretación bíblica protestante], p. x-xi.

J. A. Broadus, famoso comentarista, observa:

> Es una triste realidad de que los universalistas . . . [y]
> mormones pueden hallar un apoyo aparente para sus herejías
> en las Escrituras, sin interpretar más vagamente, sin hacer
> más violencia al significado y conexión del texto sagrado que
> el que algunas veces es hecho por los creyentes ortodoxos,
> devotos e incluso inteligentes.[1]

El análisis léxico-sintáctico es necesario porque sin él (1) no tenemos ninguna seguridad válida de que nuestra interpretación sea el significado que Dios quiso comunicar, y (2) no tenemos fundamento para decir que nuestras interpretaciones de las Escrituras sean más válidas que las de los grupos heréticos.

Pasos en el análisis léxico-sintáctico

A veces el análisis léxico-sintáctico es difícil, pero con frecuencia produce resultados emocionantes y significativos. Con el fin de hacer este complejo proceso un tanto más fácil de entender, se ha subdividido en un procedimiento de siete pasos:

1. *Identificar la forma literaria general.* La forma literaria que emplea un autor (prosa, poesía) influye en el modo que él procura que se entiendan sus palabras.

2. *Señalar el desarrollo del tema del autor y mostrar cómo el pasaje armoniza con el contexto.* Este paso, ya comenzado como parte del análisis contextual, da una perspectiva necesaria para determinar el significado de las palabras y la sintaxis.

3. *Identificar las divisiones naturales del texto.* Las principales unidades conceptuales y las declaraciones de transición revelan el proceso de pensamiento del autor y, por tanto, hacen más claro el significado.

4. *Identificar las palabras conjuntivas dentro de los párrafos y oraciones.* Las palabras conjuntivas (conjunciones, preposiciones, pronombres relativos) muestran la relación entre dos o más pensamientos.

5. *Determinar individualmente el sentido de las palabras.* Cualquier

---

1 John A. Broadus, *A Treatise on the Preparation and Delivery of Sermons* (Tratado sobre la predicación) (30th edition).

palabra que sobrevive por mucho tiempo en un idioma comienza a tener gran variedad de significados. Por eso es necesario investigar los diversos significados posibles de las palabras antiguas, y entonces determinar cuál de los varios significados posibles es el que el autor tenía la intención de comunicar en un contexto específico.

6. *Analizar la sintaxis.* La relación de las palabras entre sí se expresa mediante sus formas y arreglo gramaticales.

7. *Colocar los resultados de su análisis léxico-sintáctico en palabras no técnicas y fáciles de entender que trasmitan con claridad el significado que el autor tenía en mente.*

La forma literaria general

La forma literaria de un escrito influye en la manera en que un autor intentaba que se interpretara. Un escritor al componer versos no emplea las palabras de la misma manera que lo hace cuando escribe prosa. Eso adquiere importancia cuando reconocemos que *un tercio* del Antiguo Testamento está escrito en la forma de poesía hebrea. Interpretar esos pasajes como si fueran prosa, una práctica que se hace con frecuencia, es interpretar mal su significado.

Para los fines de nuestro análisis en este punto, basta con referirnos a tres formas literarias generales: prosa, poesía y literatura apocalíptica. Los escritos apocalípticos, encontrados de manera muchísimo más obvia en los pasajes visionarios de Daniel y Apocalipsis, con frecuencia contienen palabras empleadas simbólicamente. La prosa y la poesía emplean palabras de maneras literal y figurada: en la prosa predomina el uso literal; en la poesía se usa con frecuencia el lenguaje figurado.

Es difícil para el lector moderno distinguir entre la poesía hebrea y la prosa, en particular porque la poesía hebrea se caracteriza por el ritmo de las ideas más bien que por el ritmo de las sílabas. (Se dirá más sobre este punto más adelante en este capítulo.) Por esta razón las traducciones más nuevas colocan la poesía en forma de verso para que así pueda distinguirse fácilmente de la prosa, un formato que proporciona una importante ventaja sobre las traducciones más antiguas.

Desarrollo del tema del autor

Este paso, ya comenzado como parte del análisis contextual, es importante por dos razones. En primer lugar, el contexto es la mejor fuente de datos para la determinación de cuál de los diversos significados posibles de una palabra es la que el autor tenía en mente. En segundo lugar, a menos que se ponga el pasaje en la perspectiva de su propio contexto, siempre hay el peligro de llegar a enredarse tanto en los tecnicismos del análisis gramatical que uno pierda la visión de la idea o las ideas fundamentales que en realidad comunican las palabras.

Las divisiones naturales del texto

Las divisiones de versículos y capítulos que hoy constituyen parte de nuestro modo de pensar no eran parte original de las Escrituras; estas divisiones fueron añadidas muchos siglos después que la Biblia fue escrita, como una ayuda para la localización de pasajes. Aunque la división de versículos sirve bien a este propósito, la división del texto versículo por versículo tiene la clara desventaja de dividir el pensamiento del autor de modo antinatural.

En la prosa moderna estamos acostumbrados a la división de los pensamientos en unidades conceptuales mediante el uso de oraciones y párrafos. La primera oración de un párrafo sirve como una transición de un concepto al siguiente o como una tesis que es elaborada en oraciones subsiguientes. Puesto que estamos acostumbrados a entender los conceptos escritos de este modo, algunas de las nuevas traducciones han retenido la numeración de los versículos pero colocando las ideas en estructura de oración y párrafo, haciendo más fácil para el lector moderno seguir el desarrollo del proceso conceptual del autor.

Palabras conjuntivas dentro de párrafos y oraciones

Las palabras conjuntivas que incluyen conjunciones, preposiciones y pronombres relativos con frecuencia ayudan a seguir el progreso del pensamiento del autor. Cuando se emplea un pronombre relativo, es importante preguntar: "¿Cuál es el sustantivo que se está analizando?" Un "por tanto" muchas veces proporciona el eslabón de enlace entre un argumento teórico y la aplicación práctica de ese argumento.

Por vía de ilustración, Gálatas 5:1 dice: "Estad, pues, firmes en la libertad . . . y no estéis otra vez sujetos al yugo de esclavitud." Tomado aisladamente el versículo pudiera tener cualquiera de los siguientes significados: pudiera referirse a la esclavitud humana, a la esclavitud política o a la esclavitud al pecado. El "pues" indica, no obstante, que ese versículo es la aplicación de un punto que Pablo presentó en el capítulo anterior. Una lectura de los argumentos de Pablo (Gálatas 3:1 — 4:30) y de su conclusión (4:31) aclara el sentido del otrora ambiguo texto de 5:1. Pablo está motivando a los gálatas a no volver a esclavizarse al yugo del legalismo (es decir, tratar de ganar la salvación mediante las buenas obras).

Significados de las palabras

En su mayoría, las palabras que sobreviven por largo tiempo en un idioma adquieren muchas denotaciones (significados específicos) y connotaciones (implicaciones adicionales). Al lado de sus significados específicos muchas veces las palabras tienen una variedad de denotaciones populares, es decir, usos que se hallan en la conversación común. Consideremos algunas de las designaciones comunes de la palabra *consumado*.

"Consumado es", frase expresada por Cristo en la cruz y que significa que se había completado su obra de redención.

"Octavio Paz es un poeta consumado", que significa que es un poeta perfecto.

"Es un consumado granuja", que significa "un pillo sin remedio".

Las palabras o frases pueden tener denotaciones populares y técnicas. En un hospital la frase "estar quebrado" pudiera referirse a alguien que padece hernia; en el ámbito comercial pudiera referirse a alguien que se ha declarado en quiebra.

Las denotaciones literales pueden con el tiempo conducir a denotaciones metafóricas. Cuando se emplea en el sentido literal, "verde" designa un color; pero empleado figuradamente el significado puede extenderse del color literal de una manzana sin madurar a una persona que no tiene experiencia.

También las palabras tienen connotaciones, significados emotivos implícitos, no declarados explícitamente. En algunos países "coraje" no tiene la misma connotación que en otros. "Sentir coraje" pudiera tener la connotación negativa de la ira para algunos hablantes, mientras que "tener coraje" pudiera tener un sentido positivo sinónimo a tener valor.

Una palabra que tiene más de una denotación puede también tener más de una connotación. Cuando "verde" se emplea como un color, tiene relativamente connotaciones neutrales para la mayoría de las personas; cuando se emplea figurativamente, recibe una connotación peyorativa.

Métodos para descubrir las denotaciones de palabras antiguas

Para descubrir la variedad de significados que una palabra pueda tener, se emplean comúnmente tres métodos. El primer método es estudiar las maneras en que una palabra se empleaba en otra literatura de la antigüedad: literatura secular, la Septuaginta (la traducción al griego del Antiguo Testamento que se hizo antes de Cristo), y otros escritos bíblicos del mismo o de otro autor.

El segundo método es estudiar sinónimos, buscando puntos de comparación así como contrastes. Los primeros estudiantes de lexicología a menudo establecían distinciones más o menos rígidas entre palabras que tenían significados semejantes pero no exactamente equivalentes. La tendencia actual parece inclinarse a sugerir que algunos sinónimos por lo general tienen ciertos matices de significado que contrastan con el uso general de otras palabras. Por ejemplo, dos de las palabras griegas para amor (*agapao* y *phileo*) generalmente tienen distintos significados (por ejemplo, Juan 21:15-17); sin embargo, de cuando en cuando también parecen haberse empleado como sinónimos (Mateo 23:6; 10:37; Lucas 11:43; 20:46).

El tercer método para determinar los significados de una palabra es estudiar la etimología, considerar el significado de las raíces históricas de la palabra. Hoy se usan menos los estudios etimológicos extensos que antes por dos desventajas: (1) las raíces históricas de las palabras son con frecuencias simples conjeturas, y (2) los significados de las palabras muchas veces cambian radicalmente con el paso del tiempo, de modo que queda poca o ninguna conexión aparente entre el significado original de la raíz de la palabra y su significado algunos cientos de años más tarde.

Algunos ejemplos pueden ilustrar esos cambios. La palabra *entusiasmo* originalmente significaba "poseído por un dios", de acuerdo con su raíz en el griego, y fue así hasta principios del siglo diecinueve. Cuando recojo un diente de león del jardín no estoy literalmente recogiendo el diente de un león, aunque sea ése el significado de la expresión francesa (*dent de lion*) de la cual se deriva.

Así que un autor puede no haber tenido la intención de trasmitir el significado que una palabra tenía dos siglos antes de su tiempo; en realidad, es probable que él no conociera esas anteriores connotaciones. De ahí que una exégesis que dependa mucho de las derivaciones etimológicas tiene una validez cuestionable; como resultado, las derivaciones etimológicas se usan menos que en siglos anteriores.

Un método expositivo relacionado que es menos válido hermenéuticamente que las exposiciones basadas en las derivaciones etimológicas de las palabras hebreas o griegas son las exposiciones basadas en análisis etimológicos de las palabras españolas a las que fueron traducidas las voces hebreas o griegas. Por ejemplo, a veces se oye algún sermón sobre un texto que incluye la palabra *santo* en el cual el predicador hace una exposición etimológica de la raíz latina de la palabra *santo*. Exposiciones semejantes se hacen a veces con la palabra *dunamis* y su conexión histórica con nuestra palabra española *dinamita*. Es obvio que tales exposiciones tienen una validez muy dudosa porque, aunque sean muy interesantes, con frecuencia introducen significados al texto que el autor no tenía en mente. El método más válido para determinar los significados de una palabra es descubrir las varias denotaciones que esa palabra tenía en el tiempo en que el escritor la empleó.

Hay varias clases de léxicos que capacitan al estudiante actual de las Escrituras a averiguar los varios significados posibles de las palabras antiguas. Aunque un conocimiento del hebreo y el griego con seguridad aumenta la capacidad para hacer estudios de palabras, un número cada vez mayor de esos léxicos se están relacionados numéricamente mediante claves, con la *Concordancia exhaustiva* de Strong, haciendo posible que una persona que no conoce hebreo o griego (o cuyo conocimiento está "oxidado") haga estudio de palabras en estos idiomas. Las clases más importantes de léxicos se describen a continuación.

Concordancias. Una concordancia contiene una lista de todas las veces que una palabra determinada aparece en las Escrituras. Para examinar las diversas maneras en que se emplea una palabra hebrea o griega, debe consultarse una concordancia hebrea o griega, en la que aparece una lista de todos los pasajes donde esta palabra aparece.

Una concordancia en español enumera todos los pasajes en los que varias palabras hebreas o griegas fueron traducidas a una determinada palabra española. Por ejemplo, la *Concordancia exhaustiva* de Strong muestra que la palabra *paz* ocurre más de cuatrocientas veces en nuestras Biblias hispanas, y enumera cada referencia. Mediante un sistema de numeración, también identifica las varias palabras hebreas y griegas que han sido traducidos a la palabra española *paz* (hay diez palabras del hebreo y seis palabras del griego). Con el uso del sistema de numeración de Strong es un asunto relativamente simple dirigirse al final de la concordancia y encontrar la raíz hebrea o griega de la palabra empleada en cualquier pasaje en particular. La última parte de la concordancia también incluye definiciones breves del significado de cada palabra hebrea y griega.

Se pueden usar las concordancias en español, hebreo o griego para efectuar estudios de palabras. Por ejemplo, si se desea estudiar una clase de *temor* en particular en un pasaje dado, se pudiera usar el *Strong* para identificar la raíz hebrea o griega. Usando los mismos números del *Strong*, se pudiera ir luego a otras concordancias y buscar una lista de todos los pasajes donde se empleó esa misma palabra hebrea o griega. Al analizar esos pasajes, se pudiera llegar a conclusiones en cuanto a las denotaciones exactas de esa palabra.

Léxicos. Un léxico es un diccionario de palabras hebreas o griegas. Como en un diccionario en español, se registran las diversas denotaciones de cada palabra que se encuentra en él. Muchos léxicos investigan el uso de palabras tanto en la literatura secular como bíblica, dando ejemplos específicos. Se ponen a menudo las palabras en el orden alfabético del hebreo o del griego, de modo que es útil conocer los alfabetos hebreo y griego para poder usar esas herramientas.

Dos de los léxicos hebreos que se usan más ampliamente son:

Brown, Driver y Briggs. *A Hebrew and English Lexicon of the Old Testament.*

Gesenius. *Hebrew and Chaldee Lexicon to the Old Testament.*

Los léxicos en griego de mayor uso son:

Bauer. *A Greek-English Lexicon of the New Testament and Other Early Christian Literature.* Traducido y editado por Arndt y Gringrich.

Moulton y Milligan. *The Vocabulary of the Greek Testament: Illustrated from the Papyri and Other Non-Literary Sources.*

Thayer. *Greek-English Lexicon of the New Testament.*

En medio de un diccionario y un léxico griego están el *Diccionario de expresiones idiomáticas empleadas en la Biblia* de E. W. Bullinger (CLIE) y el *Diccionario expositivo de palabras del Nuevo Testamento* de W.E. Vine. (CLIE). Esos volúmenes enumeran las palabras en el orden alfabético español y debajo de cada palabra se ponen varias palabras griegas traducidas a una palabra española en particular. Con cada palabra griega aparece una breve definición de su significado. Esos volúmenes pueden usarse con poco o ningún conocimiento del idioma griego.

Los que se interesan en el estudio de sinónimos hallarán de utilidad *Sinónimos del Antiguo Testamento* de R. B. Girldestone y *Synonyms of the New Testament* de R. C. Trench. Los dos libros fueron publicados originalmente a fines del siglo diecinueve por lo que no incluyen información de los recientes descubrimientos arqueológicos; sin embargo, se siguen usando ampliamente.

Métodos para descubrir la denotación intencional en un contexto específico

Después de descubrir la variedad de significados que una palabra tenía en su cultura contemporánea, el siguiente trabajo importante es averiguar cuál de estas denotaciones tenía en mente el autor cuando usó la palabra en el pasaje bajo estudio.

Una objeción que se oye algunas veces es que el autor podía haber tenido en mente más de una denotación, y que, por tanto, él estaba comunicando simultáneamente una variedad de significados. No obstante, la introspección personal revela que el empleo simultáneo de más de una denotación de una palabra es contraria a toda comunicación normal (con excepción de los juegos de palabras, que tienen gracia precisamente porque se emplean palabras en dos sentidos al mismo tiempo). También, si forzamos las palabras en todas sus denotaciones, pronto estaremos produciendo exégesis herética. Por ejemplo, la palabra griega *sarx* puede significar:

- La parte sólida del cuerpo con excepción de los huesos (1 Corintios 15:39)
- La sustancia total del cuerpo (Hechos 2:26)
- La naturaleza sensual del hombre (Colosenses 2:18)
- La naturaleza humana dominada por los deseos pecaminosos (Romanos 7:19)

Aunque esta es sólo una lista parcial de sus denotaciones, podemos ver que si todos esos significados se aplicaran a la palabra según se halla en Juan 6:53, donde Cristo habla de su propia carne, el intérprete estaría atribuyendo pecado a Cristo.

DM opcional: Si usted no está todavía convencido de que las palabras no deben entenderse en todas sus denotaciones en cada contexto, realice el siguiente ejercicio:

Escriba un párrafo de tres oraciones similar a las declaraciones que hace regularmente. Entonces, usando un diccionario, escriba cada una de las denotaciones de los sustantivos, verbos, adjetivos y adverbios empleados en esas tres oraciones. Combine esas diversas denotaciones en todos sus posibles arreglos y escriba las oraciones resultantes. ¿Es el significado expresado en las primeras tres oraciones el mismo que la idea expresada por todas las combinaciones?

Hay varios métodos para determinar las denotaciones específicas que un autor tenía en mente en un contexto en particular:

En primer lugar, buscar las definiciones o frases explicativas que los propios autores dan. Por ejemplo, 2 Timoteo 3:16,17 declara que la Palabra de Dios fue dada para que "el hombre de Dios sea *perfecto*". ¿Qué quiere decir el autor con el término "perfecto"? ¿Quiere decir sin pecado, incapaz de cometer error, o incapaz de errar o pecar en algún aspecto específico? La mejor respuesta la proporcionan sus propias frases explicativas que siguen de inmediato: "que el hombre de Dios sea perfecto, enteramente preparado para toda buena obra." En este contexto el significado que Pablo da a esa palabra, traducida como *perfecto*, comunica la idea de estar perfectamente habilitado para una vida piadosa.

En segundo lugar, el sujeto y el predicado de una oración pueden explicarse mutuamente. Por ejemplo, el término griego *moranthei* que aparece en Mateo 5:13 puede significar "volverse loco" o "volverse insípido". ¿Cómo podemos determinar la denotación intentada? En este caso el sujeto de la oración es *sal*, y por eso la segunda denotación ("si la sal pierde su sabor") se selecciona como la correcta.

En tercer lugar, buscar el paralelismo, si ocurre, dentro del pasaje. Como se dijo antes, una tercera parte del Antiguo Testamento (y algunas partes del Nuevo Testamento) es poesía. La poesía hebrea se caracteriza por el paralelismo, un aspecto que puede arrojar luz sobre el significado de las palabras en cuestión.

Se puede clasificar el paralelismo hebreo en tres tipos fundamentales: sinónimos, antitéticos y sintéticos. En el *paralelismo sinónimo* el segundo verso de una estrofa repite el contenido del primero, pero en diferentes palabras. El Salmo 103:10 es un ejemplo:

No ha hecho con nosotros conforme a nuestras iniquidades, ni nos ha pagado conforme a nuestros pecados.

En el *paralelismo antitético* la idea del segundo verso contrasta agudamente con el contenido del primero. El Salmo 37:21 proporciona un ejemplo:

El impío toma prestado, y no paga; mas el justo tiene misericordia, y da.

En el *paralelismo sintético* el segundo verso va más allá o completa la idea del primero. El Salmo 14:2 es un ejemplo:

Jehová miró desde los cielos sobre los hijos de los hombres, para ver si había algún entendido, que buscara a Dios.

Por tanto, si un pasaje es poesía, el reconocimiento del tipo de paralelismo empleado puede dar pistas para el significado de la palabra en cuestión.

En cuarto lugar, determinar si la palabra se emplea como parte de una figura retórica. A veces las palabras o frases se emplean de maneras que se desvían de la forma normal de hablar con la intención de producir una impresión fantasiosa o vívida. A tales frases a menudo se les llama figuras retóricas, y tienen la intención de trasmitir un significado distinto del literal. Si una figura persiste y llega a tener amplia aceptación dentro de una cultura, se le llama expresión idiomática o modismo. Algunos ejemplos de figuras retóricas o modismos, son:

Eso cuesta un ojo de la cara
Llevar uno agua a su molino
Está quebrado
Tomarle el pelo
Echarle leña al fuego
El termómetro está subiendo
Vamos al grano

Los modismos, como puede verse en la lista anterior, son ubicuos, y los empleamos con frecuencia en el lenguaje cotidiano como lo hacían los autores bíblicos. Además, los modismos comunican un significado definido, con tanta seguridad como el lenguaje literal. Decir que algo es un modismo no implica que el significado de la frase sea ambiguo. Los modismos trasmiten un significado intencional único igual que cualquier otro lenguaje.

La interpretación de una figura retórica empleando las denotaciones normales de una palabra dará como resultado un total mal entendido del propósito que el autor tenía en mente. Por ejemplo, si se interpretara literalmente las frases "eso cuesta un ojo de la cara" o "tomarle el pelo", se estarían interpretando de manera totalmente errónea. Por esa razón, los que se enorgullecen de creer literalmente todo lo que la Biblia dice (si por esto quieren decir que ellos no pueden reconocer figuras retóricas y aspectos especiales de la poesía y la profecía) pueden estar prestando un mal servicio a la Biblia misma, la que ellos tienen en alta estima.

Los modismos son comunes en el texto bíblico. Un buen procedimiento a seguir, al hacer un estudio profundo de un pasaje, es consultar el *Diccionario de expresiones idiomáticas empleadas en la Biblia* de Bullinger. El tercer índice del libro de Bullinger indicará si hay algún modismo en el pasaje, y el libro proporcionará una apropiada explicación de ellas. La obra de Bullinger debe usarse con discreción (representa su juicio personal y su conocimiento de las expresiones idiomáticas del hebreo y del griego), porque no da mucha información importante y útil.

En quinto lugar, estudiar los pasajes paralelos. A fin de entender el significado de una palabra o frase oscura, busque información adicional en los pasajes paralelos más claros. Es importante, sin embargo, distinguir entre paralelos verbales y paralelos verdaderos. Los paralelos verbales son los que emplean palabras similares, pero se refieren a conceptos distintos. El concepto de la Palabra de Dios como una espada, hallado en Hebreos 4 y Efesios 6, es un ejemplo de un paralelo verbal, pero no verdadero. Hebreos 4 habla de la función de la Biblia como un divisor que diferencia entre los que son de veras obedientes al mensaje y los que profesan obediencia pero en su interior siguen siendo desobedientes. En Efesios 6, también Pablo se refiere a la Biblia como una espada, pero en ese caso se refiere al arma defensiva que se usa contra las tentaciones de Satanás (v. 11). (Cristo usó la Palabra de este modo cuando fue tentado por Satanás en el desierto.)

Por el contrario, los paralelos verdaderos son los que hablan del mismo concepto o del mismo acontecimiento. Pueden emplear diferentes palabras, y con frecuencia agregan información adicional que no está en el pasaje bajo estudio. Las referencias marginales de la mayoría de las Biblias tienen el propósito de presentar paralelos verdaderos, aunque a veces tales paralelos parecen ser más paralelos verbales que verdaderos. Un cuidadoso examen del contexto es el mejor indicador de si los pasajes son paralelos verbales o verdaderos.

En resumen, cinco maneras de averiguar la denotación intencional específica de una palabra en un pasaje dado son: (1) buscar las definiciones o frases explicativas que el autor da; (2) usar el sujeto y el predicado para explicarse mutuamente, (3) buscar el paralelismo si ocurre en el pasaje; (4) determinar si la palabra o frase tiene la intención de ser una expresión idiomática; y (5) estudiar los pasajes paralelos.

Sintaxis

La sintaxis trata del modo como los pensamientos se expresan mediante formas gramaticales. Cada idioma tiene su propia estructura, y uno de los problemas que hacen difícil aprender otro idioma es que el estudiante debe dominar no sólo las definiciones y pronunciación de la palabra del nuevo idioma, sino también las nuevas formas de arreglar y mostrar la relación de una palabra con otra.

El español es hasta cierto punto un idioma analítico: el orden de las palabras puede ser una guía para el significado. Por ejemplo, los sustantivos normalmente preceden a los verbos. Decimos "el árbol es verde". Sin embargo, por cuestiones de estilo se puede alterar ese orden sin perder el sentido. Se pudiera decir "verde es el árbol", logrando así un énfasis especial. El hebreo también es un idioma analítico, pero menos que el español. El griego en cambio es un lenguaje sintético: el significado se entiende sólo parcialmente por el orden de las palabras y mucho más por las desinencias, es decir, terminación de las palabras o por las desinencias de los casos.[1]

Varios instrumentos son útiles para descubrir la información de sintaxis que pueda contribuir a la comprensión del significado de un pasaje.

Biblias interlineales. Estas Biblias contienen el texto hebreo o griego con la traducción al español impresa entre renglones o líneas (de allí el nombre *interlineal*). Mediante la yuxtaposición de los dos conjuntos de palabras, ayudan a identificar con facilidad las palabras griegas o hebreas que se desean estudiar. (Los que tienen un mejor conocimiento del hebreo o el griego pueden ir directamente a esos textos en vez de recurrir a los interlineales.)

Léxicos analíticos. Muchas veces la palabra que encontramos en el texto es una variación del infinitivo de la palabra. Por ejemplo, en español podemos encontrar varias formas del verbo *decir*:

> digo
> diríamos
> dijeron
> dijéramos

Los sustantivos, de igual modo, pueden tomar formas diferentes y jugar papeles distintos dentro de la oración.

Un léxico analítico hace dos cosas fundamentales: (1) identifica la raíz de la palabra de la cual la palabra en el texto es una variación, e

---

1 Bernard Ramm, *Protestant Biblical Interpretation* [Interpretación bíblica protestante], 3ra. ed. rev. (Grand Rapids: Baker, 1970), p. 136.

(2) identifica qué parte del discurso es una variación. Por ejemplo, si la palabra que se desea estudiar es la palabra griega *thumon*, consultando un léxico griego analítico verificaremos que ese es el acusativo singular de la palabra *thumos*, que significa "rabia" o "ira".

Gramáticas hebrea y griega. Si se desconoce el sentido del término "acusativo singular" que describe la forma de una palabra, será de valor tener un tercer conjunto de auxiliares gramaticales. Las gramáticas hebreas y griegas explican las diversas formas que las palabras pueden tomar en sus respectivos idiomas, y el significado de las palabras cuando aparecen en una de esas formas. La mayoría de los cursos de exégesis que ofrecen los seminarios describen con mayor detalle los procesos anteriores.

Es importante conocer cómo desarrollar con éxito los procedimientos anteriores si hay necesidad de realizarlos. Sin embargo, mucho de ese trabajo ya se ha hecho y compilado. Por ejemplo, los comentarios exegéticos tales como *Imágenes de palabras en el Nuevo Testamento* de A. T. Robertson hacen el análisis léxico-sintáctico de casi cada palabra o frase importante del Nuevo Testamento. Los comentarios expositivos tratan de hacer el análisis léxico-sintáctico y el análisis histórico-cultural/contextual.

Reafirmando lo dicho

Ponga los resultados de su propio análisis léxico-sintáctico en palabras no técnicas, fáciles de entender que comuniquen con claridad el significado que el autor tenía en mente. Siempre hay el peligro de preocuparse tanto en los detalles técnicos del análisis léxico-sintáctico (por ejemplo, los nombres técnicos o los nombres de los casos gramaticales de Bullinger), que perdamos de vista *el propósito del análisis*, es decir, comunicar el sentido del autor lo más claramente posible. Hay también la tentación de impresionar a los demás con la erudición y profundidad de nuestro talento exegético. Hay que alimentar a las personas, no impresionarlas. Debe hacerse el estudio técnico como parte de cualquier exégesis, pero es necesario que sea parte de la *preparación* para la exposición. La mayor parte de ella no necesita aparecer en el producto (salvo en el caso de documentos teológicos o académicos).[1]

---

1 Cuando sea necesario introducir material técnico en un escrito, puede incluirse como notas de pie de página para evitar distraer al lector de la exposición. Sin embargo, las palabras hebreas o griegas pueden introducirse dentro del texto mediante transliteración. La transliteración implica la transformación de una palabra hebrea o griega en caracteres del alfabeto español que tengan el mismo sonido de la palabra original. Cuando se incluye en un escrito una palabra transliterada, por lo general aparece en cursivas.

A menudo el éxito de los laboriosos análisis técnicos es hacer dormir al auditorio. Una buena exposición es fácilmente reconocible, no por sus abundantes análisis técnicos, sino por su "sabor verdadero" — el auditorio percibe que ella armoniza de modo natural con su contexto — y representa una exposición de las ideas del propio autor y no las del intérprete.

Resumen del capítulo

Se recomendaron los siguientes siete pasos para la elaboración de un análisis léxico-sintáctico:

1. Identificar la forma literaria general.
2. Trazar el desarrollo del tema del autor e indicar cómo el pasaje armoniza con el contexto.
3. Identificar las divisiones naturales (párrafos y oraciones) del texto.
4. Identificar las palabras conjuntivas dentro de los párrafos y oraciones e indicar cómo ayudan en el entendimiento de la progresión del pensamiento del autor.
5. Determinar lo que significan las palabras tomadas individualmente.
   a. Identificar los múltiples significados que una palabra tenía en su tiempo y cultura.
   b. Determinar el significado único que el autor tenía en mente en un contexto dado.
6. Analizar la sintaxis para indicar cómo contribuye al entendimiento del pasaje.
7. Poner el resultado del análisis en palabras no técnicas, fáciles de entender que comuniquen con claridad el significado que el lector tenía en mente.

Ejercicios

(Nota: Estos ejercicios y los de los siguientes capítulos incorporan técnicas hermenéuticas aprendidas en los capítulos anteriores)

DM15: Un pastor predicó un sermón empleando 1 Corintios 11:29 como texto preparatorio para la Cena del Señor. Él interpretó la frase "sin discernir el cuerpo del Señor", como una referencia al cuerpo de Cristo, la iglesia. Su mensaje del texto era que no debemos participar de la comunión cuando tenemos sentimientos negativos hacia nuestros hermanos o hermanas sin resolver, porque al hacerlo estaríamos comiendo y bebiendo sin "discernir el cuerpo del Señor". ¿Es válido ese uso del texto?

DM16: Un joven creyente devoto participó activamente en el movimiento carismático. Dentro de ese movimiento oyó a varios oradores poderosos que enseñaban que todo creyente lleno del Espíritu debía poseer todos los dones espirituales (lenguas, interpretación de lenguas, profecía, sanidad, etc.). Él oró fervientemente a Dios para que le diera esos dones para poder ser un cristiano más eficiente. Pasados algunos meses, sin embargo, él todavía no recibía algunos de los dones, y se volvió airado y con amargura en contra de Dios. Emplee sus técnicas hermenéuticas para analizar 1 Corintios 12, y después haga un bosquejo de las enseñanzas de ese pasaje que usaría para aconsejar a esta persona.

DM17: La mayoría de las personas suponen que la muchacha mencionada en Mateo 9:18-26 estaba muerta, pero hay alguna razón para creer que ella estaba en coma y no muerta.

    a. ¿Qué factores léxico-sintácticos consideraría usted al tratar de responder a esta cuestión?

    b. ¿Qué factores sugieren que ella estaba muerta? Evalúe la fuerza de esos factores.

    c. ¿Qué factores sugieren que ella estaba en coma y no muerta? Evalúe la fuerza de esos factores.

    d. ¿Cree usted que ella estaba muerta o en estado de coma?

DM18: Gran parte del debate sobre el tema de la ira se ha basado en Efesios 4:26: ("Airaos . . ."). Analice el significado de este versículo y explique si apoya o no la opinión positiva de la ira normalmente derivada de ese pasaje.

DM19: En Mateo 5:22, Jesús dice que uno que llama a un hermano fatuo, quedará expuesto al infierno de fuego, pero Él les llama "insensatos" a los fariseos en Mateo 23:17-19. En ambos casos se emplea la misma palabra griega *moré*. ¿Cómo explica esa aparente contradicción?

DM20: Se ha debatido mucho respecto a la naturaleza del sentido de culpabilidad "mundano" (¿neurótica?) versus sentido de culpabilidad "piadosa" (2 Corintios 7:10) entre los psicólogos cristianos. Aplicando sus conocimientos de hermenéutica a ese texto en particular, haga una diferencia de las dos lo mejor que pueda.

DM21: Algunos grupos evangélicos sustentan una posición muy fuerte sobre el problema de que la creación tomó seis períodos literales de veinticuatro horas, creyendo que pensar de otra manera sugeriría una adhesión menos que fiel al relato bíblico. Haga un estudio de la palabra hebrea traducida *día* (*yom*) como se emplea en los primeros capítulos de Génesis, y escriba sus conclusiones. ¿Qué indica su estudio de la palabra respecto al punto de si la creación ocurrió en seis días o en seis períodos de duración no especificada?

DM22: Un renombrado psicólogo cristiano publicó en un periódico cristiano de psicología un artículo basado en la tesis de que toda vez que el hombre fue creado a la imagen de Dios, podemos aprender acerca de Dios al estudiar al hombre. Dos años después publicó un segundo artículo usando la tesis de que ya que el hombre es creado a la imagen de Dios, podemos aprender acerca del hombre, al estudiar a Dios. ¿Está de acuerdo con las tesis de ese escritor? ¿Por qué sí o por qué no?

DM23: Empleando Romanos 9:13 como texto ("a Jacob amé, mas a Esaú aborrecí"), un renombrado maestro de la Biblia procedió a hacer un análisis de esos dos hermanos para mostrar por qué Dios aborreció a uno y amó a otro. ¿Es ése un uso válido del texto? ¿Por qué sí o por qué no?

DM24: Un estudiante evangélico estudiaba los efectos psicológicos de la conversión. En su estudio de 2 Corintios 5:17 ("Si alguno está en Cristo, nueva criatura es", o "creación" según la nota marginal de la Biblia de Scofield) él examinó otros empleos bíblicos de la palabra "creación" (*ktisis*) y halló que se empleaba casi siempre esa palabra para referirse a la creación del mundo, implicando la creación de algo partiendo de la nada (creación *ex nihilo*). Si eso es así, razonó, las características psicológicas del nuevo creyente son algo nuevo que no existía antes. Sin embargo, al estudiar la literatura psicológica no halló ninguna evidencia de una nueva dimensión de la personalidad en los creyentes que no estuviera presente en los incrédulos. (Al parecer en algunos casos hay una reorganización de los patrones de personalidad existente, pero no se detectó ninguna dimensión nueva de la personalidad que hubiera sido creada.) ¿Cómo se le pudiera ayudar a reconciliar la información psicológica con su comprensión de 2 Corintios 5:17?

DM25: Hay mucho debate entre los creyentes de hoy acerca de si las Escrituras hablan del hombre como un ser tricótomo (tres partes: cuerpo, alma y espíritu), dicótomo (dos partes: cuerpo y alma-espíritu), u *holístico* (una unidad, con cuerpo, alma y espíritu como diferentes aspectos, diferentes modos de ver esa unidad total). ¿Cuáles son los principios hermenéuticos que deben emplearse al tratar de resolver ese problema?

CAPÍTULO CINCO

ANÁLISIS TEOLÓGICO

Al completar este capítulo, el lector será capaz de:
1. Identificar cinco pasos en el proceso llamado análisis teológico.
2. Definir los términos siguientes:
   a. Análisis teológico
   b. Analogía de los pasajes
   c. Analogía de la fe
3. Identificar las cinco posiciones mayores sobre la naturaleza de la relación de Dios con el hombre, y resumir cada una de ellas en unas cuantas oraciones.
4. Definir su posición personal sobre la naturaleza de la relación divino-humana, resumiendo las razones de esa posición en una o dos páginas.

Dos preguntas fundamentales

La pregunta fundamental que se hace en el análisis teológico es: "¿Cómo armoniza ese pasaje con el modelo total de la revelación de Dios?" De inmediato se hace evidente que primero se debe contestar otra pregunta: "¿Cuál es el modelo de la revelación divina?" Esa pregunta es tan importante (y se hace con tan poca frecuencia) que la mayor parte de este capítulo se dedicará a su explicación. Una vez que se ha analizado el modelo de la revelación divina, la pregunta de cómo armoniza un pasaje en particular con el modelo total se hace más fácil de contestar.

Hay muchas teorías respecto al mejor modo de conceptuar la naturaleza de la relación de Dios con el hombre. Dentro de la historia de la salvación (definida en este libro como la historia de la obra salvadora de la humanidad), algunas teorías observan significativa discontinuidad; otras subrayan la continuidad dentro de la historia de la salvación. Es probable que la mayoría de los dispensacionalistas laicos (pero no necesariamente teólogos dispensacionalistas) vean la naturaleza de la relación de Dios con el hombre como básicamente sin continuidad, con un énfasis secundario en la continuidad; la mayoría de los teólogos del pacto ven la relación divino-humana como primordialmente continua, con un énfasis mínimo en la discontinuidad.

Continuidad y discontinuidad
simultánea

Continuidad primordial Discontinuidad primordial
Continuidad secundaria Discontinuidad secundaria

**Teorías respecto
a la naturaleza
de la relación de
Dios con el hombre**

Continuidad completa Discontinuidad completa

Las hipótesis acerca del modelo de la relación de Dios con el hombre son necesarias, porque proporcionan un cuadro básico organizacional alrededor del cual se puede entender la información bíblica. Sin alguna clase de principios de organización, el volumen de información sería demasiado grande para comprenderse. Sin embargo, hay al menos dos peligros mayores al aceptar un cierto sistema de hipótesis acerca de la naturaleza de la revelación divina. Un primer peligro es el de imponer el sistema personal *a* la información bíblica en vez de derivar el sistema *de* dicha información. F. F. Bruce ha advertido:

> Hay un gran peligro, cuando una vez que nos hemos adherido a una escuela particular de pensamiento o adoptado un sistema particular de teología, de leer la Biblia a la luz de esa escuela o sistema y buscar sus características distintivas en lo que leemos.[1]

Un segundo peligro quizá mayor es el de aceptar una teoría acerca del modelo de la revelación divina sin siquiera reconocerlo como teoría,

---

1 F.F. Bruce, "prólogo", en *God's Strategy in Human History* [La estrategia de Dios en la historia de la humanidad], ed. R. Foster y V. Marston (Wheaton: Tyndale, 1973), p. vii.

o sin buscar otras teorías para ver cuál teoría acomoda mejor la informa-ción. Con frecuencia, por ejemplo, los que han recibido la enseñanza en una iglesia que adopta una de esas posiciones no están al tanto que la posición es una teoría o que hay otros modos de organizar la información bíblica.

La primera parte de este capítulo presenta cinco de los más comunes sistemas conceptuales que se han propuesto para explicar la naturaleza de la relación de Dios con el hombre. Después de eso hay una recomen-dación; una metodología para decidir si los métodos de Dios de tratar con el hombre han sido primordialmente continuos o discontinuos. La parte final del capítulo identifica los pasos y principios con los que se hace el análisis teológico.

La pertinencia del debate sobre continuidad-discontinuidad

El capítulo 3 recalcó la importancia de averiguar los destinatarios de un pasaje o un mandamiento dado. Los que entienden la historia de la salvación como primordialmente continua por lo general ven todas las Escrituras como pertinentes para el creyente de la actualidad, ya que ven una unidad fundamental entre ellos y los creyentes de la historia del Antiguo y el Nuevo Testamento. Los que ven la historia de la salvación como primordialmente discontinua tienden a considerar que sólo el libro de Hechos y las epístolas a la iglesia poseen primordial importancia para la iglesia de hoy día, ya que el resto de las Escrituras se dirigió a personas que estaban bajo una dispensación bíblica diferente.[1] Como las epístolas conforman sólo el diez por ciento de la Biblia, es de sumo interés el asunto de si el noventa por ciento restante posee importancia primordial para los creyentes contemporáneos.

Muchos asuntos teológicos importantes, así como muchos asuntos importantes de consejería cristiana, son también afectados por el modo en que uno resuelve este asunto. Ejemplos específicos del efecto de esta cuestión en la teoría de la consejería cristiana se hallan en dos obras recientes. El libro de Bruce Narramore y William Counts *Guilt and Freedom* [Culpa y libertad], se basa en el supuesto de que la ley y la gracia representan dos sistemas antitéticos de salvación. El libro desa-rrolla dos contrastes psicológicos respecto a la relación de Dios con el

---

1 Lewis Sperry Chafer, en *Dispensationalism* [Dispensacionalismo] (Dallas: Dallas Seminary Press, 1951) p. 34, declara que las únicas Escrituras dirigidas específicamente a los creyentes son el Evangelio según San Juan (en particular el discurso del aposento alto), el libro de Hechos y las Epístolas.

hombre basados en esas suposiciones. Los que ven esta relación entre la ley y la gracia de manera diferente tendrán un punto de vista correspondiente de las implicaciones psicológicas de esos conceptos bíblicos. Dwight Small, en su libro *The right to Remarry* [El derecho a volver a casarse], postula una discontinuidad entre el contexto en el cual se dio el mandato de Cristo sobre el divorcio y la situación actual de los creyentes. Por lo tanto, sus conclusiones sobre el divorcio, basadas en su postulado, son diferentes de las conclusiones de quienes ven una continuidad fundamental entre los dos contextos.

En un nivel más general la actitud que uno asume hacia el asunto de la continuidad-discontinuidad afecta significativamente la enseñanza de la Escuela Dominical y la predicación. En contraste con las teorías de discontinuidad, los que creen que hay básicamente una continuidad entre el Antiguo y el Nuevo Testamento tienden (1) a usar el Antiguo Testamento con mayor frecuencia en la enseñanza y la predicación, y (2) a encontrar más ejemplos de principios del Antiguo Testamento que poseen continua pertinencia para los creyentes de hoy.

Sistemas teóricos representativos

El modelo de "teologías pero no teología"

Los teólogos liberales, como se mencionó en los primeros capítulos, ven típicamente las Escrituras como un producto del desarrollo evolutivo de la religión de Israel. A medida que la conciencia religiosa de Israel se volvió más complicada, así se volvió su teología. Consecuentemente los teólogos liberales ven en las Escrituras una variedad de teologías, escritos que reflejan distintos niveles de complicación teológica, algunas veces en conflicto entre ellas. En vez de ver la Biblia como la verdad revelada de Dios al hombre, ellos creen que las Escrituras son los pensamientos del hombre acerca de Dios. Como los pensamientos del hombre cambian con el tiempo, ellos creen que las Escrituras revelan una serie de ideas y movimientos teológicos en desarrollo, en vez de una teología unificada. Por tanto, tienden a ver la historia bíblica como discontinua, con menor énfasis en la continuidad (aunque ninguna generalización es válida dentro de ese grupo). El libro de E. W. Parson *The Religion of the New Testament*, es un ejemplo de la aplicación de ese tipo de teoría al Nuevo Testamento.

La teoría dispensacional

Otra teoría que coloca su énfasis primario en la discontinuidad y menos énfasis en la continuidad, aunque por razones muy diferentes a las del movimiento "teologías pero no teología", es la teoría dispensacional. Mientras los teólogos liberales ven la discontinuidad en el relato bíblico como un reflejo de las luchas del hombre para entender a Dios, los dispensacionalistas son casi siempre ortodoxos en su punto de vista de la inspiración, creyendo que cualquier discontinuidad en el modelo de la historia de la salvación es porque Dios quiso que así fuera.

El dispensacionalismo es una de esas teorías que la gente o la toma o la deja; pocos son los que toman una posición neutral. Se le ha llamado "la clave para dividir bien las Escrituras",[1] y por otra parte "la más peligrosa herejía que se halla en la actualidad en círculos cristianos."[2]

Una dispensación fue definida por Scofield como "un período de tiempo durante el cual el hombre es probado respecto a su obediencia a alguna revelación *específica* de la voluntad de Dios."[3] El modelo de la historia de la salvación se ve como tres pasos regularmente recurrentes: (1) Dios da al hombre una cantidad específica de responsabilidades o patrones para que obedezca, (2) el hombre falla en vivir de acuerdo con estas responsabilidades, y (3) Dios responde en misericordia al dar una cantidad diferente de responsabilidades, es decir, una nueva dispensación.

Los dispensacionalistas reconocen entre cuatro y nueve dispensaciones: el número usual es siete (u ocho si se considera el período de la tribulación una dispensación aparte). La siguiente descripción de las siete dispensaciones, resumidas por Charles C. Ryrie,[4] es típica, pero hay muchas variantes dentro de esta escuela.

La dispensación de la inocencia o libertad. Esta dispensación incluye el tiempo en que Adán y Eva estaban en un estado de inocencia, antes de la caída, y terminó cuando ellos pecaron mediante la desobediencia. Se describe en Génesis 1:28 — 3:6.

Dispensación de la conciencia. Durante ese período la "obediencia a los dictados de la conciencia era la principal responsabilidad de mayordomía del hombre". Terminó cuando el hombre incrementó cada

---

1 C.I. Scofield, *Rightly Dividing the Word of Truth* [Trazando bien la palabra de verdad] (Findlay, Ohio: Dunham, 1956).

2 John W. Bowman, "The Bible and Modern Religions, II. Dispensationalism" [La Biblia y las religiones modernas, II. Dispensacionalismo], *Interpretation* [Interpretación] 10 (abril 1956): 172.

3 La *Biblia anotada de Scofield* (Nueva York: Oxford University Press, 1917), p. 5. Los escritores dispensacionalistas más recientes subrayan el concepto de varias dispensaciones en lugar de períodos de tiempo.

4 Charles C. Ryrie, *Dispensationalism Today* [Dispensacionalismo actual] (Chicago: Moody Press, 1965), pp. 57-64.

vez más su maldad y Dios le envió juicio mediante el diluvio. Esa dispensación se describe en Génesis 4:1 — 8:14.

La dispensación del gobierno civil o humano. Durante esta dispensación Dios dio al hombre el derecho de la pena capital, implicando con esto el derecho a desarrollar el gobierno humano. En vez de diseminarse y llenar la tierra, el hombre expresó su rebelión al edificar la torre de Babel. El juicio de Dios llegó mediante la confusión de las lenguas. Ese período se describe en Génesis 8:15 — 11:19.

La dispensación de la promesa. Ese intervalo cubrió la época de los patriarcas y recibe ese nombre por la promesa de Dios a Abraham de una tierra y de subsecuentes bendiciones. La desobediencia de Jacob al dejar la tierra prometida e irse a Egipto resultó en esclavitud. Se describe ese período en Génesis 11:10 — Éxodo 18:27.

La dispensación de la ley mosaica. Ese período se extiende desde Moisés hasta la muerte de Cristo. Durante ese tiempo Dios dio mandamientos que cubrían todas las fases y actividades de la vida. La falla de Israel de permanecer en tales mandamientos llevó a la división del reino y a la esclavitud. La dispensación de la ley se describe en Éxodo 18:28 — Hechos 1:26.

La dispensación de la gracia. Durante ese período (que incluye el presente) la responsabilidad del hombre es aceptar el don de justicia de Dios. Esta edad terminará con el rechazo del hombre del don de gracia de Dios, conduciendo a la tribulación. La dispensación de la gracia se describe en Hechos 2:1 — Apocalipsis 19:21.

La dispensación del milenio. Durante el reino milenario, la responsabilidad del hombre será la obediencia al gobierno personal de Cristo. Al final de ese período estallará una rebelión y finalizará en el juicio final. El pasaje mejor conocido que describe ese período es Apocalipsis 20.

Un diagrama de las dispensaciones como las presenta Edwin Hartill (páginas 106-107) varía un poco de la descripción de Ryrie, quien no considera la tribulación como una dispensación separada. Las dos descripciones muestran las semejanzas y las diferencias entre los varios escritores dispensacionalistas.

Uno de los puntos de diferencia es si las regulaciones dispensacionales representan varios medios de salvación o si son directrices para la vida de obediencia *después* de la salvación. Una creencia común entre los laicos dispensacionalistas es que la dispensación de la ley y la de la gracia representan distintos medios de salvación. Esta creencia se basa, en parte, en alguna de las notas de la *Biblia anotada de Scofield*. Por ejemplo, la nota que acompaña a Juan 1:17, declara:

> Como una dispensación, la gracia comienza con la muerte y resurrección de Cristo (Romanos 3:24-26; 4:24,25). El punto de prueba ya no es la obediencia legal como la *condición* de salvación, sino la aceptación o el rechazo de Cristo, con buenas obras como el fruto de la salvación [énfasis añadido].

Sin embargo, la mayoría de los dispensacionalistas estarían de acuerdo con Ryrie en que:

> La *base* de la salvación en todas las dispensaciones es la muerte de Cristo; el *requisito* en cada dispensación es la fe; el *objeto* de la fe en cada dispensación es Dios; el *contenido* de la fe cambia en las diversas dispensaciones [cursivas del autor].[1]

Para la mayoría de los teólogos dispensacionalistas el cambio primario entre las dispensaciones no está en los medios de salvación, sino en las especificaciones para la vida obediente que sigue a las personas que se comprometen a aceptar la salvación de Dios.

Otro punto de desacuerdo, y a menudo de mucha ambigüedad, es el grado de pertinencia que los mandamientos dados en una dispensación tienen para los creyentes de otra dispensación. En un extremo pudiera estar el punto de vista de Charles C. Cook:

> En el Antiguo Testamento no hay una sola oración que se aplique al creyente como una regla de fe y conducta; no hay un solo mandamiento que se aplique a él, como no hay una sola promesa dada para él de primera mano, salvo lo que se incluyó en el amplio Plan de Redención como se enseñó en símbolo y profecía.[2]

Aunque muchos otros escritores dispensacionalistas han hecho declaraciones similares, probablemente la mayoría de los teólogos dispen-

---

1 Ibid., p. 123.
2 Charles C. Cook, *God's Book Speaking for Itself* [El Libro de Dios hablando por sí mismo] (Nueva York: Doran, 1924), p. 31.

DIAGRAMA DE LAS

DESIGNACIÓN	INOCENCIA	CONCIENCIA	GOBIERNO HUMANO
MENCIÓN	Gn 1:26-28; 2:23.	Gn 3:8 y 23.	Gn 8:1.
LIMITACIÓN	Desde la creación hasta la caída.	Desde la caída del hombre hasta el diluvio.	Desde el diluvio hasta la torre de Babel.
DURACIÓN	Desconocida	1656 años	427 años
CONDICIÓN	Inocencia (no ignorancia).	En pecado (Gn 6:5,6).	Noé, el líder justo.
OBLIGACIÓN	No comer del árbol del conocimiento del bien y del mal.	Hacer el bien (Gn 4:6,7).	Gobernar para Dios (Gn 9:5,6).
TRANSGRESIÓN	Desobedecieron y comieron. Deseos de la carne y de los ojos.	Hicieron lo malo (Mt 24:37,38,39).	Edificaron la torre de Babel (Gn 11:4).
CONDENACIÓN	Maldición sobre los seres humanos (Gn 3:14-19).	Dios destruyó toda carne (Gn 6:13).	Confusión de lenguas (Gn 11:7).
CULMINACIÓN	Expulsión del huerto (Gn 3:24).	Diluvio, y ocho salvados.	El pueblo esparcido (Gn 11:8).
PREDICCIÓN	Promesa del Redentor (Gn 3:15).	Arca de salvación (Gn 6:18). Nuevo pacto con Noé.	Confusión en el gobierno.
CORRECCIÓN O INSTRUCCIÓN	No serían como Dios (como dijo Satanás).	La conciencia no es suficiente para llevar al hombre a Dios.	No hay esperanza alguna en el gobierno humano.

Edwin Hartill, *Principles of Biblical Hermeneutics* (Grand Rapids; Zondervan, 1947), p. 18.

OCHO DISPENSACIONES

PROMESA	LEY	GRACIA	TRIBULACIÓN	REINO
Gn 12:1; Éx 19:8.	Éx 19:8	Jn 1:17	Dn 12:1; Jer 30:7.	Ef 1:1.
Desde el llamamiento de Abraham hasta el éxodo.	Desde el éxodo hasta la cruz. Desde el Sinaí hasta el Calvario.	Desde la venida del Espíritu Santo hasta la segunda venida de Cristo.	Desde el arrebatamiento de la iglesia hasta la venida de Cristo.	Desde la venida de Cristo hasta el Gran Trono Blanco.
430 años	1491 años	1900 años	7 años	1000 años
La idolatría y la nación dispersa.	Esclavitud a la obediencia y desobediencia.	Todos son culpables delante de Dios.	Sufrimiento intenso.	Vida en el reino de gloria.
Permanecer en la tierra de la promesa (Gn 12:5).	Guardar la ley.	Aceptar a Cristo.	Adorar a Dios y negarse a adorar la bestia.	Someterse al Hijo.
Fueron a Egipto.	No guardaron la ley.	No aceptaron a Cristo.	No se arrepintieron. Adoraron la bestia.	Fingieron obediencia.
Esclavitud.	División de los reinos del Norte y del Sur (1 R 11:29-40).	Juicio y condenación eterna.	Batalla de Armagedón. Destrucción.	El fuego los consume (Ap 20:9).
En Egipto bajo el faraón.	El Calvario. Cristo cumplió la ley.	Arrebatamiento de la iglesia del mundo.	Armagedón.	Echados en el lago de fuego.
Promesa de la simiente por medio de Abraham. Más definida ahora (Gn 22:18).	Isaías 9:6,7: "Porque un niño nos es nacido."	1 Ts 4:16,17.	Mt 24:29-31.	Nuevos cielos y nueva tierra.
Dios no abandonó al mundo cuando escogió a Abraham.	La ley no salvará.	Ef 2:8-9.		

sacionalistas contemporáneos vean más continuidad entre las dispensaciones que Cook.

H. P. Hook declara: "La mayoría de los teólogos que sostienen esta posición [dispensacional] afirman que en el progreso de la revelación la voluntad de Dios se manifiesta en diversos sistemas de gobierno. En vez de acabarse como un principio, más bien se desarrollan o evolucionan en el próximo sistema."[1] En mi forma de ver, uno de los mayores desafíos que enfrentan los dispensacionalistas hoy es el desarrollo de una posición que especifique con claridad cómo los mandamientos de una dispensación anterior se aplican a los creyentes en las sucesivas. Es claro que si la teoría dispensacional es correcta entonces representa una poderosa herramienta hermenéutica, y una herramienta crucial si uno va a interpretar las promesas bíblicas y los mandamientos correctamente. Por otra parte, si la teoría dispensacional es incorrecta, entonces la persona que enseña tales distinciones pudiera estar en serio peligro de traer el juicio de Mateo 5:19 sobre sí. La segunda sección de este capítulo presenta evidencia bíblica que se relaciona con esta cuestión.

Para lectura adicional sobre esta importante teoría, los siguientes libros contienen mucha información útil. Los primeros tres están escritos por autores que sostienen la teoría dispensacional, los últimos tres presentan críticas a esta teoría.

Lewis Sperry Chafer. *Dispensationalism* [Dispensacionalismo].

C.C. Ryrie. *Dispensacionalismo actual.*

C.I. Scofield, *Righlty Dividing the Word of Truth* [Traza bien la palabra de verdad].

Louis Berkhof, *Teología sistemática*, pp. 290-301.

William E. Cox. *An Examination of Dispensacionalism* [Examen del dispensacionalismo].

George Eldon Ladd. *Crucial Questions about the Kingdom of God* [Preguntas cruciales acerca del reino de Dios].

La teoría luterana

Lutero creyó que para una apropiada comprensión de las Escrituras debemos distinguir cuidadosamente entre dos verdades de las Escrituras, paralelas y siempre presentes: la ley y el evangelio. Como se mencionó en el capítulo 2, la *ley* se refiere a Dios en su aborrecimiento del pecado,

---

1 H.P. Hook, "Dispensations" [Dispensaciones] en *Zondervan Pictorial Encyclopedia of the Bible* [Enciclopedia ilustrada Zondervan de la Biblia], ed. Merrill Tenney (Grand Rapids: Zondervan, 1975), 2:144.

su juicio, su ira. El *evangelio* se refiere a Dios en su gracia, su amor y su salvación.

Un modo de distinguir entre la ley y el evangelio es preguntar: "¿Está esto hablándome de juicio?" Si es así, eso es ley. En contraste, si un pasaje trae consuelo, es evangelio. Empleando ese criterio, determine si los siguientes pasajes debieran considerarse ley o evangelio:

1. Génesis 7:1: "Dijo luego Jehová a Noé: Entra tú y toda tu casa en el arca; porque a ti he visto justo delante de mí en esta generación."

2. Mateo 22:37: "Amarás al Señor tu Dios con todo tu corazón, y con toda tu alma, y con toda tu mente."

3. Juan 3:36: "El que cree en el Hijo tiene vida eterna; pero el que rehúsa creer en el Hijo no verá la vida, sino que la ira de Dios está sobre él."

(Respuestas: (1) evangelio, (2) ley, y (3) evangelio; ley)

Para los teólogos luteranos, la ley y el evangelio revelan dos aspectos integrales de la personalidad de Dios: su santidad y su gracia. De ese modo ellos ven la ley y el evangelio como partes inseparables del plan de la historia de la salvación, desde la historia del pecado de Adán y Eva hasta el final del milenio.

La ley y el evangelio tienen propósitos continuos en la vida de los creyentes y los no creyentes. Al que no es creyente la ley lo condena, acusa, y le muestra su necesidad del Señor. Al creyente la ley le sigue mostrando la necesidad de la gracia y le da directrices para la vida diaria. El evangelio le muestra al no creyente un camino para escapar de la condenación; al creyente le sirve como una motivación para guardar la ley moral de Dios.

La cuidadosa distinción entre la ley y el evangelio, pero el mantenimiento de los dos ha sido una importante herramienta y distintivo de la predicación ortodoxa luterana. La posición luterana pone un fuerte énfasis en la continuidad. Dios continúa respondiendo al hombre con la ley y con la gracia como lo ha hecho desde el comienzo de la historia de la humanidad. La ley y la gracia no son dos diferentes épocas en los tratos de Dios con el hombre, sino partes integrales de todas sus relaciones. Para lectura adicional sobre la posición luterana, se recomiendan los dos libros siguientes:

P. Althaus. *The Theology of Martin Luther* [La teología de Martín Lutero].

C. F. Walther. *The Proper Distinction Between Law and Gospel* [La apropiada distinción entre ley y evangelio].

La teoría del pacto

Otra teoría que se enfoca sobre la continuidad más bien que sobre la discontinuidad en la historia de la salvación es la teoría del pacto. Los teólogos del pacto ven toda la historia bíblica como cubierta por dos pactos: un pacto de obras hasta la caída y un pacto de gracia desde la caída hasta el presente.[1] El pacto de obras se describe como el acuerdo entre Dios y Adán que le prometió a Adán vida por su obediencia y muerte como el castigo por la desobediencia. El pacto de gracia es el acuerdo entre Dios y un pecador en el cual Dios prometió salvación mediante la fe, y el pecador prometió una vida de fe y obediencia.[2] Todos los creyentes del Antiguo Testamento así como los creyentes contemporáneos son parte del pacto de gracia.

Una acusación en contra de la teología del pacto es que resulta una simplificación exagerada clasificar el Antiguo y el Nuevo Testamento en una misma categoría: el pacto de gracia. Varios versículos de las Escrituras parecen indicar un pacto más antiguo y otro más nuevo, correspondiendo al Antiguo y al Nuevo Testamento. Por ejemplo, Jeremías 31:31, 32 dice:

> He aquí que vienen días, dice Jehová, en los cuales haré nuevo pacto con la casa de Israel y con la casa de Judá. No como el pacto que hice con sus padres el día que tomé su mano para sacarlos de la tierra de Egipto; porque ellos invalidaron mi pacto, aunque fui yo un marido para ellos, dice Jehová.

Varios versículos de la Epístola a los Hebreos parecen hacer una distinción similar:

> Pero ahora tanto mejor ministerio es el suyo, cuanto es mediador de un mejor pacto, establecido sobre mejores promesas . . . Al decir: Nuevo pacto, ha dado por viejo al prime-

---

1 Algunos teólogos reformados hablan de un tercer pacto — el pacto de la redención — que fue formado en la eternidad pasada. Ese fue un acuerdo entre el Padre y el Hijo, en el cual el Padre proclamó al Hijo como la Cabeza y el redentor de los elegidos, y el Hijo voluntariamente aceptó morir por aquellos que el Padre le había dado.

2 Louis Berkhof, *Systematic Theology* [Teología sistemática], 4a. ed. rev. y aumentada (Grand Rapids: Eerdmans, 1941), pp. 211-218, 265-271.

ro; y lo que se da por viejo y se envejece, está próximo a desaparecer (Hebreos 8:6,13).

Los teólogos del pacto responden a ese asunto señalando varios puntos: En primer lugar, los creyentes del Antiguo Testamento fueron salvados mediante la gracia al igual que los del Nuevo Testamento; por lo tanto, se les puede considerar correctamente como parte del pacto de la gracia. En segundo lugar, la muchas comparaciones entre el Antiguo y el Nuevo Testamento en el libro de Hebreos nunca los describe como antitéticos. La relación se ve como la que hay entre un buen pacto y uno aún mejor. Los israelitas idólatras habían rechazado el buen pacto que Dios había ofrecido en el Antiguo Testamento (un pacto de gracia). Dios lo reemplazó con un nuevo pacto de gracia, con mayor gracia que el anterior. La relación se describe más adelante como la que hay entre un sistema que mira hacia su cumplimiento y el cumplimiento mismo. La sangre de los toros y los cabríos nunca podía quitar el pecado definitiva y absolutamente, pero simplemente actuó como un anticipo hasta que Cristo viniera como el perfecto sacrificio (expiación) (Hebreos 10:1-10). Por lo tanto, los teólogos del pacto concluyen que los pactos del Antiguo y del Nuevo Testamento son sintéticos en vez de antitéticos. Los dos son pactos de gracia, uno construye sobre las promesas de gracia de su predecesor.

Un segundo cargo achacado a la teoría del pacto es que el Antiguo Testamento habla de varios pactos: un pacto noético antes del diluvio (Génesis 6:18), un pacto noético posterior al diluvio (Génesis 9:8-17), un pacto abrahámico (Génesis 15:8,18; 17:6-8), un pacto mosaico (Éxodo 6:6-8), un pacto davídico (Salmo 89:3,4,26-37) y un nuevo pacto (Jeremías 31:31-34). A la luz de eso, ¿es apropiado hablar de un pacto de gracia en vez de pactos específicos? Si hay varios pactos, ¿no es la teoría del pacto casi la misma que la teoría dispensacional?

Aunque los teólogos del pacto reconocen cada uno de estos pactos individuales, hay varias diferencias fundamentales entre las concepciones del pacto y la dispensacional sobre la historia de la salvación. En respuesta al primer asunto anterior, la concepción del pacto de la historia de la salvación recalca la continuidad; un pacto general de gracia que cubre cada uno de los pactos específicos. Los seres humanos han sido llamados por gracia, justificados por gracia, y adoptados en la familia de Dios por gracia incluso desde la caída. Por lo tanto, los teólogos del pacto creen que es exacto agrupar esos pactos individuales bajo el encabezado general del pacto de gracia.

Los teólogos dispensacionales ponen relativamente mayor énfasis en la discontinuidad. Aunque la mayoría de ellos estaría de acuerdo en que la salvación ha sido siempre por gracia, también creen que hay importantes cambios respecto a los mandamientos de Dios para la vida obediente que ocurren a través de las dispensaciones. Aunque los teólogos dispensacionalistas contemporáneos subrayan ahora la continuidad entre las dispensaciones, los teólogos de esa escuela recalcaron las diferencias entre las dispensaciones. Las responsabilidades humanas dentro de cada dispensación eran vistas como un diferente tipo de prueba de las anteriores. Así cuando los seres humanos no fueron obedientes a Dios al dárseles la responsabilidad de seguir la conciencia (segunda dispensación), Dios les dio la responsabilidad de obedecer mediante el gobierno.

Los teólogos del pacto ponen relativamente mayor énfasis en la naturaleza aditiva en vez de la disyuntiva de los pactos. Por ejemplo, el pacto noético posterior al diluvio era consecuente con el pacto anterior al diluvio; simplemente llenó en más detalles las relaciones de gracia. De modo similar, el pacto mosaico no abolió el pacto abrahámico; más bien, el pacto mosaico agregó al pacto abrahámico (Gálatas 3:17-22). Así, partiendo de la misma información bíblica y con muy similares puntos de vista sobre la inspiración y la revelación, los teólogos dispensacionales y los del pacto han arribado a diferentes puntos de vista de la naturaleza de la historia de la salvación, puntos de vista que son consecuentemente reflejados en sus análisis teológicos de todos los pasajes de las Escrituras.

Los cuatro libros siguientes presentan información adicional sobre la teoría del pacto: los primeros tres son escritos por teólogos del pacto y el cuarto es una crítica de este punto de vista:

Louis Berkhof. *Teología sistemática.*

J. Oliver Buswell, Jr. *Teología sistemática*, 1.

E.W. Hengstenberg. "The New Covenant", en *Classical Evangelical Essays in Old Testament Theology* ["El Nuevo Pacto" en Ensayos evangélicos clásicos sobre la teología del Antiguo Testamento], ed. W.C. Kaiser, Jr.

C.C. Ryrie. *Dispensacionalismo actual.*

El modelo epigenético

La teoría epigenética[1] ve la revelación divina como análoga al crecimiento de un árbol desde una semilla, a una planta de vivero, a un arbolito y luego a un árbol completamente crecido. Se puede contrastar ese concepto con uno que semeja la revelación divina a la construcción de una catedral pieza por pieza. Una catedral cuando está a medio construir es una catedral imperfecta. Un árbol cuando está a la mitad de su crecimiento es un árbol perfecto. La teoría epigenética ve el autodescubrimiento de Dios como nunca siendo imperfecto o errado, aun cuando posteriores manifestaciones puedan agregar posterior información.

No se ha empleado ampliamente el término *teoría epigenética* para describir ese concepto de la revelación divina. Se menciona frecuentemente con otros términos, tales como la *unidad orgánica* de las Escrituras,[2] donde *orgánica* se refiere al concepto del crecimiento vivo.

El concepto de la revelación progresiva, que es sostenida casi unánimemente por los eruditos evangélicos, es muy consecuente con la teoría epigenética. La revelación progresiva es el concepto de que la revelación de Dios gradualmente incrementó en claridad y plenitud como fue revelada con el tiempo, como un árbol incrementa su tronco, sus raíces y sus ramas con el tiempo.

Como el tronco y las ramas de un árbol pueden crecer en varias direcciones a la vez, así también los conceptos de Dios, Cristo, salvación, y la naturaleza del hombre crecen concurrentemente conforme progresa la revelación de Dios.

En algunos aspectos puede verse el modelo epigenético como un camino intermedio entre el dispensacionalismo y la teología del pacto. Los teólogos del pacto a menudo critican a los dispensacionalistas por minimizar la unidad esencial de las Escrituras. Los dispensacionalistas alegan que los teólogos del pacto no logran mantener distinciones importantes que deben mantenerse (por ejemplo, la diferencia entre Israel y la Iglesia). Un modelo que responda a ambas críticas debiera recalcar la unidad de la historia de la salvación, pero también permitir

---

1 N.R. La epigénesis es una teoría de la biología que sugiere que el individuo se desarrolla mediante una elaboración estructurada del óvulo no estructurado más bien que de un simple aumento de la célula.

2 Véase, por ejemplo, Louis Berkhof, *Principles of Biblical Interpretation* [Principios de interpretación bíblica] (Grand Rapids: Baker, 1950), p. 134; J.I. Packer, *Fundamentalism and the Word of God* [El fundamentalismo y la Palabra de Dios] (Grand Rapids: Eerdmans, 1958), p. 52; Jophn Wenham, *Christ and the Bible* [Cristo y la Biblia] (Downers Grove, Ill.: InterVarsity, 1972), pp. 19, 103-104.

las diferencias válidas. El modelo epigenético, con su tronco unificado pero con su variedad de ramas, proporciona ese equilibrio.

Kaiser sugiere que el concepto de la *promesa* de Dios debe servir como el concepto organizativo central dentro del modelo epigenético. Él describe la promesa como el compromiso de Dios de hacer o ser algo por los israelitas del Antiguo Testamento, luego por los futuros israelitas, y con el tiempo por todas las naciones. La promesa entonces se extiende del pasado al presente y al futuro.

La promesa llega a ser más definida y diferenciada. Las ramas de la promesa incluyen: (1) bendiciones materiales para todos los hombres y los animales; (2) una semilla especial para la humanidad; (3) una tierra para la nación elegida; (4) bendiciones espirituales para todas las naciones; (5) una liberación nacional de la esclavitud; (6) una dinastía permanente y un reino que algún día alcanzará dominio universal; (7) un perdón del pecado; y otras.[1]

La doctrina de la promesa no es el único principio organizativo central que pudiera sugerirse por el modelo epigenético. Los luteranos probablemente querrían sugerir que Cristo es el concepto central. J. Barton Payne pudiera haber sugerido "el testamento de Dios" como un candidato.[2] Otros pudieran sugerir la gracia de Dios, en todas sus manifestaciones, como una posibilidad.

Una metodología para decidir entre los modelos

¿Cuál de estos cinco modelos o hipótesis acerca de la naturaleza de la revelación divina refleja con más exactitud la información bíblica? Nadie duda de que hay movimiento del Antiguo al Nuevo Testamento. Los creyentes del Antiguo Testamento vieron hacia adelante a la promesa del Redentor; los creyentes del Nuevo Testamento lo vieron personalmente o vieron hacia atrás al Redentor. El nuevo pacto era superior al antiguo. Los judíos rechazaron el evangelio y eso abrió la puerta a los gentiles. Y así la cuestión sigue en pie: ¿Los métodos de Dios para tratar con la humanidad han sido primordialmente continuos o discontinuos? ¿Es la naturaleza de estas varias épocas dentro de la historia de la humanidad básicamente disyuntiva o aditiva?

---

1 Walter C. Kaiser, Jr., *Toward an Old Testament Theology* [Hacia una teología del Antiguo Testamento] (Grand Rapids: Zondervan, 1978), p. 14.
2 J. Barton Payne, *The Tehology of the Old Testament* [Teología del Antiguo Testamento] (Grand Rapids: Zondervan, 1962), pp. 71-96.

Es difícil ver objetivamente los méritos de nuestra posición o de otras posiciones desde el centro de nuestra posición. Un método alternativo de evaluar los varios modelos es organizar primero la información bíblica alrededor de los varios conceptos clave (conceptos que son independientes de los métodos en comparación), y entonces analizar cada modelo en términos de cuán bien armonizan con la cantidad total de información.

Algunos de los conceptos más importantes hallados en las Escrituras incluyen: *los principios de Dios*, manifestados mediante sus leyes; (2) *la gracia de Dios*, manifestada en su respuesta a la humanidad que repetidamente quebranta sus principios; (3) *la salvación de Dios*, manifestada por su provisión de un medio de reconciliación entre la humanidad y Él mismo; y (4) *la obra de Dios en las personas*, manifestada mediante el ministerio del Espíritu Santo. Cada uno de esos conceptos se analizarán en las páginas siguientes, comenzando con la gracia de Dios. Al final del capítulo se le pedirá al lector que saque su propia conclusión acerca de cuál modelo de la relación de Dios con el hombre explica más adecuadamente la información bíblica.

El concepto de la gracia

Un concepto común de muchos creyentes evangélicos es que la ley y la gracia revelan aspectos opuestos de la naturaleza de Dios. La ley revela la ira, el carácter severo de Dios, el aspecto del Antiguo Testamento. La gracia revela la misericordia y el amor, el aspecto que el Nuevo Testamento presenta de Él.

Muchos se sorprenden al hallar que la gracia y el evangelio son conceptos arraigados en el Antiguo Testamento. Al hablar de los israelitas del Antiguo Testamento que fueron llevados de Egipto a Canaán por Moisés, Hebreos 4:1-2 dice: "Temamos, pues, no sea que permaneciendo aún la promesa de entrar en su reposo, alguno de vosotros parezca no haberlo alcanzado. Porque también a vosotros se nos ha anunciado la buena nueva como a ellos; pero no les aprovechó el oír la palabra, por no ir acompañada de fe en los que la oyeron."

De modo similar, hallamos que el evangelio fue predicado a Abraham. Pablo dice en Gálatas 3:8-9: "Y la Escritura, previendo que Dios había de justificar por la fe a los gentiles, dio de antemano la buena nueva a Abraham, diciendo: En ti serán benditas todas las naciones. De modo que los de la fe son bendecidos con el creyente Abraham." Pablo menciona en otra epístola que Abraham y David fueron ejemplos de hombres que fueron justificados por la fe (Romanos 4:3-6).

Pero ¿se refieren esos pasajes al mismo evangelio por el cual somos salvos hoy? Aunque la palabra griega (*evangelion*) para evangelio es la misma en todas las referencias, ¿pudiera estar refiriéndose a un evangelio diferente al pacto del Nuevo Testamento? Pareciera posible que ese fuera el caso, porque hay varios títulos descriptivos en la Biblia, tales como: "evangelio de la paz" (Efesios 6:15), "evangelio de Cristo" (1 Corintios 9:12), "evangelio de la gracia de Dios" (Hechos 20:24); "este evangelio del reino" (Mateo 24:14), y "un evangelio eterno" (Apocalipsis 14:6). Puesto que hay diferentes títulos descriptivos, ¿hay diferentes evangelios?

Pablo responde en Gálatas 1:6-9 con un rotundo *no*.

> Estoy maravillado de que tan pronto os hayáis alejado del que os llamó por la gracia de Cristo, para seguir un evangelio diferente. No que haya otro, sino que hay algunos que os perturban y quieren pervertir el evangelio de Cristo. Mas si aun nosotros, o un ángel del cielo, os anunciare otro evangelio diferente del que hemos anunciado, sea anatema. Como hemos dicho, también ahora lo repito: Si alguno os predica diferente evangelio del que habéis recibido, sea anatema.

Es difícil escapar de la conclusión de que Pablo creía con toda firmeza que sólo había un evangelio, con la inferencia resultante de que los títulos mencionados anteriormente son descripciones del mismo evangelio.[1] Abraham y David miraron hacia el cumplimiento del evangelio así como nosotros vemos hacia atrás a su cumplimiento en Cristo. Eso no quiere decir que los creyentes del Antiguo Testamento entendieran la expiación de Cristo con la misma claridad que nosotros, sino que ellos tenían fe de que Dios les proveería reconciliación, y Dios honró su fe al concederles la redención.

Tal vez haya evangelio en el Antiguo Testamento; pero ¿y qué de la gracia? ¿No es el Dios del Antiguo Testamento un Dios severo de juicio en contraste con el Dios de gracia del Nuevo Testamento? Esa cuestión

---

1 Para un análisis del punto de vista de que hay cuatro formas del evangelio, véase la nota sobre Apocalipsis 14:6 en la *Biblia anotada de Scofield*. La parte 3 de esta nota asevera que las varias formas del evangelio no están identificadas una con otra. La nota paralela de La Nueva Biblia de Referencia Scofield (en inglés) modifica la posición anterior, al decir que hay sólo un evangelio de salvación, con varios aspectos.

nos trae a uno de los más hermosos conceptos del Antiguo Testamento, y uno de los menos entendidos.

Hay evidencia de la gracia de Dios en cada dispensación. Cuando Adán y Eva pecaron, Dios intervino misericordiosamente, prometió un Redentor, e hizo provisión inmediata para aceptarlos delante de Él en su condición pecaminosa. En la dispensación de la conciencia Noé halló gracia ante los ojos de Dios (Génesis 6:8); Dios intervino con gracia, salvando a Noé y a su familia. En la dispensación del gobierno civil o humano el hombre se rebeló edificando la torre de Babel. Dios no destruyó la creación, sino que continuó trabajando en el corazón de hombres como Abraham y Melquisedec al extender una promesa de gracia de que Él bendeciría a todo el mundo por medio de Abraham. En la dispensación de la ley mosaica, Dios continuó tratando con gracia a Israel a pesar de muchos y continuos períodos de decadencia y apostasía. En la dispensación de la gracia Él continúa sus tratos de gracia con la humanidad.[1]

Muchas otras evidencias muestran que el Dios del Antiguo Testamento es un Dios de gracia. Los Salmos 32 y 51 nos recuerdan que un adúltero y asesino puede hallar perdón con Dios. El Salmo 103 canta la misericordia y el amor permanente de Dios en palabras que no tienen paralelo en las Escrituras. Así el Dios del Antiguo Testamento no es un ser que carezca de gracia. Su gracia, misericordia y amor son tan evidentes en el Antiguo Testamento como lo son en el Nuevo.

El concepto de ley

Un concepto estrechamente relacionado con el de la gracia es el concepto de la ley. Así como algunos creyentes creen que la naturaleza fundamental de Dios revelada en el Antiguo Testamento es muy distinta de su naturaleza revelada en el Nuevo, así también algunos creyentes creen que los medios de ganar la salvación en el Antiguo Testamento difieren de los del Nuevo Testamento. El punto de vista más común es que la salvación era mediante la ley en el Antiguo Testamento y mediante la gracia en el Nuevo.[2]

---

1 Charles C. Ryrie, *Dispensationalism Today* [Dispensacionalismo actual] (Chicago: Moody Press, 1965), pp. 57-64.

2 Se ha citdo en este capítulo la conocida nota en la Biblia anotada de Scofield (Juan 1:17) que parece sugerir que había dos caminos de salvación. Puede resultar de interés para el lector que esta nota y otras que parecen sugerir dos caminos de salvación han sido significativamente modificadas en la versión en inglés de la Nueva Biblia de Referencia Scofield. La notas de la edición revisada de Scofield son en general consecuentes con el punto de vista de que la salvación ha sido siempre por gracia, aunque la reglas de la vida obediente pueden cambiar en las distintas dispensaciones.

Contexto de la entrega de la ley. El examen del contexto en que la ley fue dada proporciona claves respecto a su propósito. En primer lugar, se dio la ley en un contexto de un pacto de gracia: Dios había hecho un pacto de gracia con Abraham, un pacto al cual la entrega de la ley no anularía (Gálatas 3:17). En segundo lugar, Dios había rescatado a Israel por gracia de Egipto y providencialmente sustentó a su pueblo con maná y otros milagros durante su jornada en el desierto. En tercer lugar, la ley fue dada después que Israel, como un cuerpo de creyentes, había hecho un compromiso de servir al Señor (Éxodo 19:8). De ese modo, la ley fue dada, no como un medio de justificación, sino como una guía para la vida después del compromiso de Israel de servir al Señor.

¿Fue la ley dada aun hipotéticamente como un medio de justificación (salvación)? El Nuevo Testamento nos informa que la ley nunca podría servir como un medio de salvación. Pablo nos enseña que nadie puede ganar la justicia delante de Dios por las obras de la ley (Gálatas 3:11, 21, 22).[1] Romanos 4:3 enseña que Abraham fue salvo por su fe, no por sus obras, y los versículos subsecuentes (13-16) enseñan que la promesa fue extendida a la descendencia de Abraham, no basándose en sus obras, sino debido a su fe.[2]

¿Cómo, pues, entendemos la enseñanza de Pablo de que ya no estamos bajo el dominio de la ley (Romanos 6:14; 7:4) pero hemos sido liberados de ella (Romanos 7:6) porque Cristo ha cumplido la justicia de la ley en nosotros? Se puede entender la respuesta a eso a la luz de la enseñanza bíblica sobre los aspectos y propósitos de la ley.

Tres aspectos de la ley. Ezequiel Hopkins ha sugerido que pudiera dividirse la ley del Antiguo Testamento de manera comprensiva en tres aspectos: el *ceremonial* (aquellas observancias rituales que señalan hacia el sacrificio final en Cristo), el *judicial o civil* (aquellas leyes que Dios prescribió para nosotros en la ley del gobierno civil de Israel), y *moral*

---

1 Véase también Romanos 11:6; Gálatas 2:15,16,21; 5:3,4; Efesios 2:8,9; Filemón 3:9.
2 Para posterior sustentación de la idea de que la ley nunca fue ofrecida como un medio de salvación, véase Geerhardus Vos, *Biblical Theology* [Teología bíblica] (Grand Rapids: Eerdmans, 1948), p. 143; Walter C. Kaiser, Jr., "Levítico 18:5 y Pablo: 'Hagan esto y vivirán eternamente?' " *Journal of the Evangelical Theological Society* [Revista de la Sociedad Teológica Evangélica], 14 (1971): 19; James Buswell, Jr. *Systematic Theology* [Teología sistemática] (Grand Rapids: Zondervan, 1962), 1:313; Anne Lawton, "Cristo: el fin de la ley. Un estudio de Romanos 10:4-8", *Trinity Journal* [Revista Trinidad] (Spring, 1974): 14-30. Para un punto de vista alternativo, véase Richard Longenecker, *Paul: Apostle of Liberty* [Pablo: apóstol de la libertad] (Nueva York: Harper and Row, 1964), p. 121; Charles Hodge, *Systematic Theology* [Teología sistemática] (Grand Rapids: Eerdmans, 1946), 2:117-122.

(ese cuerpo de preceptos morales que poseen aplicación universal permanente para toda la humanidad).[1]

Algunos han argüido contra la validez de las anteriores distinciones sobre las bases de que los israelitas del Antiguo Testamento no entendieron su ley de acuerdo con estas tres categorías, y el Nuevo Testamento no hace explícitamente tales distinciones. Los creyentes del Antiguo Testamento probablemente no dividieran su ley de acuerdo con esas categorías; tales divisiones habrían sido superfluas ya que los tres aspectos de la ley se aplicaban a ellos. Como creyentes neotestamentarios debemos decidir si el Nuevo Testamento hace válida o no esas distinciones. Además, mientras que el Nuevo Testamento tal vez no haga *explícitamente* tales distinciones, mucho de nuestro estudio teológico implica el hacer explícito lo que está implícito en el relato bíblico. David Wenham dice:

> Debemos distinguir esas leyes que pueden haberse dicho señalando hacia Cristo y que por tanto son innecesarias después de su venida (por ejemplo, las leyes ceremoniales según Hebreos) y las leyes morales, que no tan obviamente señalaban hacia Cristo (aunque Él las explicó más plenamente) y que continúan siendo verdades morales para los creyentes. Las leyes morales se "cumplen" en Cristo en un sentido muy diferente de las leyes ceremoniales: ellas no son sustituidas, sino más bien incluidas en el nuevo marco de referencia cristiano. De modo que, aunque el Nuevo Testamento puede no deletrear la distinción entre la ley moral y la ceremonial, en la práctica parece reconocerla.[2]

El *aspecto ceremonial* de la ley abarca los diversos sacrificios y ritos ceremoniales que sirvieron de figuras o tipos que señalaban la venida del Redentor (Hebreos 7 — 10). Varios textos del Antiguo Testamento confirman que los israelitas tenían algunos conceptos de la importancia espiritual de estos ritos y ceremonias (Levítico 20:25,26; Salmo 26:6; 51:7,16,17; Isaías 1:16). Varios textos del Nuevo Testamento diferencian el aspecto ceremonial de la ley y señalan su cumplimiento en Cristo (por

---

1 Ezekiel Hopkins, "Understanding the Ten Commandements" [Comprendiendo los Diez Mandamientos] en *Classical Evangelical Essays in Old Testament Interpretation* [Ensayos evangélicos clásicos en la interpretación del Antiguo Testamento], ed. Walter C. Kaiser, Jr., (Grand Rapids: Baker, 1972), p. 43.
2 David Wenham, "Jesus and the Law: An Exegesis on Matthew 5:1-23" [Jesús y la ley: una exégesis de Mateo 5:1-20], *Themelios* 4 (abril 1979): 95.

ejemplo, Marcos 7:19; Efesios 2:14-15; Hebreos 7:26-28; 9:9-11; 10:1,9).

Respecto a los aspectos ceremoniales de la ley, un pasaje del Nuevo Testamento (Hebreos 10:1-4) suscita una pregunta importante que merece consideración aquí. El pasaje dice:

> Porque la ley, teniendo la sombra de los bienes venideros, no la imagen misma de las cosas, nunca puede, por los mismos sacrificios que se ofrecen continuamente cada año, hacer perfectos a los que se acercan. De otra manera cesarían de ofrecerse, pues los que tributan este culto, limpios una vez, no tendrían ya más conciencia de pecado. Pero en estos sacrificios cada año se hace memoria de los pecados; porque la sangre de los toros y de los machos cabríos no puede quitar los pecados.

A primera vista ese pasaje parece contradecir ciertos pasajes del Antiguo Testamento que indican que los creyentes del Antiguo Testamento fueron en realidad perdonados sobre la base del arrepentimiento y ofrendas apropiadas. Quizá ese problema pueda explicarse más fácilmente mediante una analogía moderna. Los sacrificios del Antiguo Testamento se pueden comparar con un cheque bancario con el que se paga una factura. En un sentido, se paga la factura cuando se extiende el cheque al remitente; pero en otro sentido, no se paga la factura hasta que se hace la transferencia del efectivo del cual el cheque es un símbolo. De una manera similar los sacrificios del Antiguo Testamento limpiaban a los creyentes de sus pecados, pero sólo recibieron los oferentes su purificación final cuando Cristo murió y liquidó el saldo sobre el cual los sacrificios del Antiguo Testamento eran sólo notas de pago. Es importante subrayar que la ley ceremonial fue cumplida, no anulada ni abolida (Mateo 5:17-19).

El *aspecto civil o judicial* de la ley abarca los preceptos dados a Israel para el gobierno de su estado civil. Aunque muchos gobiernos gentiles han adoptado principios de esta porción de la ley por su propia cuenta, las leyes civiles parecen haber sido dadas para el gobierno del pueblo judío, y a los creyentes de otras naciones se les manda ser obedientes a las leyes civiles de sus propios gobiernos.[1]

---

1 Hopkins, "Understanding the Ten Commandements" [Comprendiendo los Diez Mandamientos], p. 46.

El *aspecto moral* de la ley refleja la naturaleza moral y la perfección de Dios. Toda vez que la naturaleza moral de Dios permanece sin cambio, la ley moral permanece sin cambio y es tan pertinente para el creyente de hoy como lo fue para los creyentes a los que les fue dada. El creyente está muerto al poder condenatorio de la ley (Romanos 8:1-3), pero todavía hay mucho bajo sus mandamientos de obediencia que son una guía para vivir rectamente delante de Dios (Romanos 3:31; 6:1; 1 Corintios 5; 6:9-20).

El propósito de la ley. Varios pasajes hablan del propósito de la ley. Gálatas 3:19 enseña que la le fue dada "a causa de las transgresiones". Así uno de los propósitos primarios de la ley fue hacer que los seres humanos estuvieran conscientes de las distinciones entre lo bueno y lo malo, entre lo recto y lo incorrecto.

Una segunda razón relacionada con la primera se halla en 1 Timoteo 1:8-11, que enseña que la ley es buena si uno la usa legítimamente. Del contexto se hace evidente que un uso legítimo de la ley era la restricción de la maldad. Así al alertar a los seres humanos que algunas acciones son moralmente incorrecta, la ley sirve al menos en algún grado como un inhibidor de la maldad.

Un tercer propósito de la ley es actuar como custodio para llevar a las personas a Cristo (Gálatas 3:22-24). Al mostrarles su pecaminosidad, la ley sirve como guía o tutor. Les muestra que su única esperanza de justificación es por medio de Cristo.

Un cuarto propósito de la ley es servir de guía para la vida piadosa. El contexto original de la entrega de la ley siguió inmediatamente al compromiso de los israelitas de ser fieles a la verdad de Dios. La ley fue una guía para revelar cómo ellos podían permanecer fieles a su compromiso mientras que eran rodeados por todos lados por la idolatría y las naciones inmorales.

En el Nuevo Testamento igualmente, nunca se considera la obediencia como algo opcional en la vida del creyente. Jesús dijo: "Si me amáis, guardad mis mandamientos" (Juan 14:15). En Juan 15:10 se le cita diciendo: "Si guardareis mis mandamientos, permaneceréis en mi amor" 1 Juan 3:9 enseña que un verdadero creyente no hace del pecado la práctica de su vida, y toda la epístola de Santiago es dedicada a enseñar que la fe verdadera resultará en una conducta piadosa. El motivo de la obediencia es el amor en vez del temor (1 Juan 4:16-19), pero la salvación por gracia de ninguna manera quita el hecho de que la obediencia a la ley moral de Dios es un resultado *intrínseco* de la fe salvadora.

Al conocer los aspectos y propósitos de la ley, podemos entender mejor los escritos de Pablo sobre la ley. El argumento de Pablo en Gálatas no era contra la ley, sino contra el *legalismo*; la perversión de la ley, que decía que la salvación podía obtenerse al guardar la ley. Los judaizantes estaban tratando de persuadir a los gálatas a mezclar la salvación por gracia con la salvación por ley; dos sistemas mutuamente incompatibles. Pablo trazó la historia de Israel, mostrando que los creyentes desde Abraham habían sido salvos por gracia, y que nadie podía salvarse guardando la ley, ya que la ley no tenía la intención de traer salvación. Por otra parte, Pablo arguyó fuertemente por el uso correcto de la ley, como un indicador de los patrones morales de Dios, como un freno contra la maldad, como un custodio para llevar a las personas a Cristo, como una guía para que los creyentes vivan piadosamente.

El creyente neotestamentario no esta "bajo la ley" en tres sentidos: (1) él no está bajo la ley ceremonial porque ésta se ha cumplido en Cristo, (2) él no está bajo la ley civil judía porque esa no estaba destinada a él, y (3) él no está bajo la condenación de la ley porque su identificación con la muerte vicaria de Cristo lo libra de ella.

En resumen, entonces, la ley continúa desarrollando la misma función en el Nuevo Testamento que la que desarrolló en el Antiguo. El malentendido de que la ley era en realidad un segundo medio de gracia se basa en que los israelitas mismos entendieron mal la ley de manera similar, y desviaron la ley de su propósito correcto hacia el legalismo, tratando de ganar la salvación al guardarla. La evidencia bíblica parece apoyar la creencia luterana de que la ley y la gracia permanecen como partes continuas e inseparables de la historia de la salvación desde Génesis a Apocalipsis.

El concepto de salvación

La salvación a través del Antiguo y el Nuevo Testamento ya se ha mencionado varias veces en el análisis sobre la ley y la gracia, de modo que esta sección funcionará básicamente como un resumen de los puntos señalados en esas secciones. En el Antiguo Testamento como en el Nuevo, la expiación se produce mediante el derramamiento de sangre (Levítico 17:11; Hebreos 9:22). El derramamiento de la sangre de animales en el Antiguo Testamento tenía eficacia porque señalaba al sacrificio final sobre el Calvario (Hebreos 10:1-10).

Los creyentes en el Antiguo Testamento fueron justificados mediante la fe al igual que los creyentes en el Nuevo Testamento (Gálatas 2:15 — 3:29) y son llamados santos (es decir, los santificados) al igual que los creyentes del Nuevo Testamento (Mateo 27:52).

Dios reveló la ley y la gracia a través del Antiguo y del Nuevo Testamento simultáneamente, no como medios mutuamente exclusivos de la salvación, sino como aspectos complementarios de su naturaleza. La ley revela la naturaleza moral de Dios, la que Él no puede transigir y seguir siendo un Dios moral; la gracia revela su plan amoroso de proporcionar un medio de reconciliar a la humanidad consigo mismo aunque los hombres sean imperfectos, sin poner en entredicho su propia naturaleza.

La fe en la provisión de Dios de un sacrificio sigue siendo la base de la salvación en el Antiguo y el Nuevo Testamento. La exactitud de la concepción de los creyentes del Antiguo Testamento del objeto de la fe cambió a través del tiempo — desde la primera oscura comprensión de Eva hasta la concepción más completa de Isaías, hasta la comprensión posterior a la resurrección de los apóstoles —; pero el objeto final de la fe, Dios el Redentor, sigue siendo el mismo a través de los miles de años de historia del Antiguo Testamento. En la religión judeocristiana como en ninguna otra, la salvación siempre permanece como un don de Dios, no una obra del hombre. Así es probablemente exacto concluir que la salvación a través de la Biblia es básicamente continua, con sólo un énfasis secundario en la discontinuidad.

El ministerio del Espíritu Santo

Un cuarto tema que tiene implicaciones para la cuestión general de continuidad versus discontinuidad a través del Antiguo y el Nuevo Testamento es el ministerio del Espíritu Santo: ¿Es su obra la misma en ambos testamentos, o ha sido diferente desde Pentecostés?

Los teólogos están en un considerable desacuerdo en este asunto. Paul K. Jewett ejemplifica una perspectiva discontinua al decir; "A la era de la iglesia se le puede llamar la era del Espíritu, y al tiempo que la precede se le puede llamar como un tiempo en que el Espíritu no 'había sido dado' (Juan 7:39). La diferencia entre la manifestación del Espíritu antes y después de Pentecostés era tan grande que puede expresarse en términos absolutos, aunque no deben presionarse literalmente tales absolutos."[1]

---

1 Paul K. Jewett, "Holy Spirit" [Espíritu Santo], en *Zondervan Pictorial Encyclopedia of the Bible* [Enciclopedia ilustrada Zondervan de la Biblia], ed. Merrill Tenney (Grand Rapids: Zondervan, 1976), 3:186.

En contraste, Walters concluye que el ministerio del Espíritu Santo muestra continuidad a través del Antiguo y el Nuevo Testamento. Él dice:

No hay una antítesis irreconciliable, como algunos han sugerido, entre la enseñanza del Antiguo Testamento y la enseñanza del Nuevo en este asunto. Así como no hay dicotomía entre el énfasis del Antiguo Testamento sobre la naturaleza providencial de Dios con los hombres y la enseñanza del Nuevo Testamento respecto a su gracia, o entre la actividad creadora del Logos preencarnado, por un lado, y la obra de redención del Hijo encarnado, por otra, es igual con la enseñanza de las Escrituras con respecto al Espíritu Santo. Es el mismo Padre y el mismo Hijo que están activos en ambos testamentos, y es el mismo Espíritu Santo que obra a través de las edades. En realidad, tenemos que esperar la revelación del Nuevo Testamento antes que se nos dé una imagen detallada de su actividad. Pero esta enseñanza más completa dada por nuestro Señor y sus apóstoles no está en ningún conflicto con lo que aprendemos de los escritores del Antiguo Testamento.[1]

Muchos creyentes evangélicos ven el Espíritu Santo como un miembro más bien inactivo de la Trinidad a través del Antiguo Testamento, uno que no tuvo intervención importante en los asuntos humanos hasta Pentecostés.[2] Hay, en realidad, varios pasajes que parecen indicar un cambio importante en la actividad del Espíritu Santo después de Pentecostés. Juan 7:39 dice que no se había dado el Espíritu Santo en la época del ministerio terrenal de Cristo. Juan 14:26 emplea el tiempo futuro al hablar de la venida del Espíritu Santo. En Juan 16:7 Cristo dice que el Espíritu Santo no vendría a menos que Él (Cristo) se fuera, y en Hechos 1:4-8 Él mandó a sus discípulos que esperaran en Jerusalén hasta que el Espíritu Santo viniera sobre ellos.

Hay, por otra parte, varios pasajes que hablan de un ministerio activo del Espíritu Santo en el Antiguo Testamento. Por ejemplo, el Espíritu Santo habitó entre los israelitas en los días de Moisés (Isaías 63:10-14). El

---

1 G. Walters, "Holy Spirit" [Espíritu Santo] en *The New Bible Dictionary* [El nuevo diccionario bíblico], ed. J. D. Douglas (Grand Rapids: Eerdmans, 1962), p. 531.

2 Varios teólogos evangélicos han sugerido que la razón por la que Dios no reveló el concepto de la trinidad en el Antiguo Testamento en el grado que lo hace en el Nuevo fue que el antiguo Israel estaba rodeado por naciones y cultos politeístas. La introducción del concepto habría permitido la rápida asimilación de la religión politeísta pagana en la adoración de Israel del único Dios verdadero.

Espíritu Santo habitó en Josué (Números 27:18); Él capacitó y guió a Otoniel (Jueces 3:10); Él dio a los artífices su destreza (Jueces 13:25; 14:6; 15:14); Él movió al rey Saúl a profetizar (1 Samuel 10:9-10); y Él habitó en David (Salmo 51:11). Todos los profetas (escritores) del Antiguo Testamento profetizaron como lo hicieron por la fortaleza del Espíritu Santo (1 Pedro 1:10-12; 2 Pedro 1:21). El Espíritu Santo habitó entre los israelitas que regresaron de la cautividad babilónica (Hageo 2:5).

Hay varias referencias a la actividad del Espíritu Santo antes de Pentecostés en el Nuevo Testamento también. Juan el Bautista fue lleno del Espíritu Santo desde el vientre de su madre (Lucas 1:15). Zacarías, su padre, fue lleno del Espíritu Santo, resultando en la profecía hallada en Lucas 1:67-79. El Espíritu Santo estaba en Simeón (el tiempo implica continuidad), inspirándolo a profetizar cuando el presentó al niño Jesús (Lucas 2:25-27). Jesús les dijo a sus apóstoles en la última cena que ellos conocían al Espíritu Santo, porque Él ya habitaba con ellos (Juan 14:17). En una de sus apariciones posteriores a la resurrección antes de Pentecostés, Jesús les concedió el Espíritu Santo a sus apóstoles (Juan 20:22)

¿Cómo, entonces, podemos reconciliar esos versículos, que indican que el Espíritu Santo estaba activo antes de Pentecostés en la vida de los creyentes del Antiguo y el Nuevo Testamento, con el mandamiento de Cristo de que los apóstoles esperaran en Jerusalén la venida del Espíritu Santo sobre ellos (Hechos 1:4-5)? La aparente contradicción puede hacerse más evidente si yuxtaponemos varios versículos para compararlos:

GRUPO 1	GRUPO 2
1. Juan 7:39: El Espíritu Santo no había sido dado todavía.	1. Juan 14:17: El Espíritu Santo estaba (ya) habitando entre ellos.
2. Juan 16:7: El Espíritu Santo no vendría a menos que Cristo se marchara.	2. Juan 20:22: Cristo sopló el Espíritu Santo sobre ellos mientras estaba todavía con ellos.
3. Hechos 1:4-8: Los apóstoles debían esperar en Jerusalén hasta que el Espíritu Santo viniera.	

Por lo menos se han sugerido tres métodos para reconciliar esas aparentes contradicciones. El primer método propone que la actividad del Espíritu Santo antes de Pentecostés era similar a su actividad después de Pentecostés, pero que su acción en la vida de los hombres era esporádica más bien que constante. Una de las mayores dificultades con ese punto de vista es que en algunos de los ministerios del Espíritu Santo (en la entrega de destreza de artesanía, o más importante, en el proceso del crecimiento del creyente) se requiere un ministerio constante más bien que esporádico.

Un segundo método que distingue entre el ministerio del Espíritu Santo de estar "sobre" (o "entre") y "en" el pueblo de Dios. Según este punto de vista, el Espíritu Santo estaba entre y sobre los creyentes antes de Pentecostés, pero no habita en ellos hasta Pentecostés (Juan 14:17). Una dificultad mayor con esta hipótesis, por supuesto, es la cuestión de si la santificación de los creyentes puede lograrse con sólo una obra externa esporádica del Espíritu o si el proceso de crecimiento espiritual requiere de una relación interna más continua entre el creyente y el Espíritu Santo.

Un tercer método se enfoca en el significado de "ir" y "venir" cuando se aplican a Dios. Cuando se refieren a Dios (exceptuando a Cristo en su estado terrenal) el concepto de ir y venir no se refiere al movimiento de un lugar físico a otro, porque Dios es un ser espiritual omnipresente. Por ejemplo, cuando Isaías dijo: "¡Oh, si rompieses los cielos, y descendieras, y a tu presencia se escurriesen los montes" (Isaías 64:1), el contexto muestra que Isaías sabía que Dios estaba dentro de él en su ministerio, y que él le estaba pidiendo a Dios una manifestación especial de su presencia. De modo similar, cuando David pidió a Dios que viniera en el Salmo 144:5, el contexto indica que David sabía que Dios lo protegía a él de los que buscaban su vida, pero David necesitaba una manifestación especial de la liberación de Dios. Otros versículos podrían citarse, pero tanto la evidencia bíblica como la lógica respecto a la existencia de Dios como una entidad espiritual (un Ser para quien los parámetros de tiempo y espacio no significan lo mismo que lo que significan para nosotros) indican que los conceptos acerca del ir y venir de Dios no se refieren a que Él se mueva de un lugar a otro. Más bien, "venir" aplicado a Dios a menudo se refiere a la manifestación de Dios de sí mismo en algún modo especial.

De modo que, cuando Cristo ordenó a sus apóstoles que esperaran la venida del Espíritu Santo, podemos entender que ese es un mandamiento a esperar la manifestación especial de la presencia del Espíritu Santo, una manifestación que los capacitaría para iniciar el programa misionero para esta era. (Bautizándolos y *viniendo sobre* ellos son términos empleados como sinónimos en este caso: Hechos 1:5,8.)

Esa manera de entender la palabra *venir* también nos ayuda a reconciliar los pasajes que indican que los discípulos ya habían recibido el Espíritu Santo (Juan 20:22) con el hecho de que ellos debían todavía esperar su venida. Ellos debían esperar todavía una manifestación especial de su presencia que los transformaría de discípulos cobardes en apóstoles valerosos, aun cuando el Espíritu ya estaba presente en la vida de ellos.

Esta interpretación puede también usarse para entender el significado de Juan 7:37-39. Ese difícil pasaje dice:

> En el último y gran día de la fiesta, Jesús se puso en pie y alzó la voz, diciendo: Si alguno tiene sed, venga a mí y beba. El que cree en mí, como dice la Escritura, de su interior correrán ríos de agua viva. Esto dijo del Espíritu que habían de recibir los que creyesen en él; pues aún no había venido el Espíritu Santo, porque todavía Jesús no había sido glorificado.

¿Qué quiere decir el versículo 39 con la frase: "aún no había venido el Espíritu Santo?" Juan 14:17 enseña que Él estaba habitando entre los discípulos entonces. El contexto nos da la clave más importante respecto al significado de esa frase. El versículo 39 declara que el suceso no ocurriría hasta que Jesús fuera glorificado. En el Evangelio según San Juan la glorificación de Jesús se refiere a su entrega en la cruz y el cumplimiento de su obra terrenal. El pasaje sugiere que el Espíritu Santo no se había manifestado de una manera que pudiera llamarse un río de agua viva fluyendo del corazón de los creyentes, y no se manifestaría de ese modo hasta que Cristo hubiera terminado su ministerio en esta tierra.

La metáfora "ríos de agua viva" sugiere, en un país desértico como Palestina, una razón para regocijarse y alabar. La referencia más parecida al cumplimiento de este pasaje es la manifestación especial del Espíritu Santo el día de Pentecostés. Cabe la metáfora, porque las primeras expresiones glosolálicas fueron de alabanza (Hechos 2:11). Si este análisis es correcto, entonces ese pasaje no enseña que el Espíritu Santo no estaba presente en ese tiempo (una interpretación que contradiría otros pasajes bíblicos como se ha mostrado anteriormente), sino más bien que el Espíritu Santo no se manifestaría de ese modo especial hasta que Cristo hubiera sido glorificado. Un análisis similar puede hacerse con el pasaje de Juan 16.

Para el propósito del análisis teológico la pregunta es: "¿Es la obra del Espíritu Santo en el Antiguo y en el Nuevo Testamento primordialmente continua, aumentando tal vez en cantidad pero permaneciendo cualitativamente igual, o es su obra básicamente discontinua, cambiando después de Pentecostés? La evidencia bíblica parece sugerir que el Espíritu Santo ministró de modo similar en los dos testamentos, convenciendo a las personas de pecado, llevándolas a la fe, guiándolas y dándoles poder, inspirándolas a hablar o escribir profecías, dándoles dones espirituales, y regenerándolas y santificándolas.[1]

Otros factores

Otros dos factores tienen implicaciones en este asunto de la continuidad versus discontinuidad. El primero los constituyen las citas colectivas, es decir, citas que han sido tomadas de varios pasajes del Antiguo Testamento para probar un argumento. Tales citas se hallan, por ejemplo, en Romanos 3:10-18, y Hebreos 1:5-13; 2:6-8,12,13. El fenómeno de las citas colectivas tienen más sentido si la historia de la salvación es una unidad más bien que una serie de teologías discontinuas.

La segunda es la enseñanza de 2 Timoteo 3:16,17. Este pasaje parece más consecuente con un punto de vista continuo de la historia de la salvación que con un punto de vista discontinuo. Compare la enseñanza de Pablo con una paráfrasis de varias declaraciones de fe usadas por diversas iglesias:

2 Timoteo 3:16,17	*Declaración de fe*
Toda la Escritura es inspirada por Dios, y útil para enseñar, para redargüir para corregir, para instruir en justicia, a fin de que el hombre de Dios sea perfecto, enteramente preparado para toda buena obra.	Toda la Escritura es inspirada por Dios y el Nuevo Testamento es útil para enseñar, para redargüir . . .

La diferencia entre estas declaraciones es interesante porque el joven pastor para quien fue dirigida 2 Timoteo tenía una Biblia compuesta por treinta y nueve libros en el Antiguo Testamento y cuatro libros en el Nuevo.[2] No obstante, Pablo le dijo que todos esos libros eran útiles para

---

1 Para un análisis de los dones del Espíritu manifestados a través del Antiguo Testamento, véase Arnold Bittlenger, *Gifts and Graces* [Dones y gracias], trad. Herbert Klassen (Grand Rapids: Eerdmans, 1967), pp. 27-53; para un análisis de la regeneración y la santificación de los creyentes del Antiguo Testamento, véase John Stott, *El bautismo y la plenitud del Espíritu Santo* (Downers Grove, Ill.: InterVarsity, 1964), pp. 15-16.

2 Victor Walter, "The Measure of our Message" [La medida de nuestro mensaje], *Trinity Journal* [Revista Trinidad], 3 (Spring, 1974): 72.

la enseñanza cristiana, la corrección y el adiestramiento en la justicia. Es importante volver a pensar en nuestra actitud hacia el Antiguo Testamento a la luz de la enseñanza de Pablo en este pasaje.

Resumen del capítulo

El análisis teológico hace la pregunta: "¿Cómo armoniza este pasaje con el modelo total de la revelación de Dios?" Antes de contestar esa pregunta debemos tener algún entendimiento del modelo de la historia de la revelación.

Se han presentado varios puntos de vista, desde los que destacan una mayor discontinuidad dentro de la historia bíblica y los que destacan casi la total continuidad. Se identificaron y analizaron cinco de tales teorías con relación al concepto que se tiene de continuidad-discontinuidad.

También se analizaron cuatro conceptos bíblicos principales — la gracia, la ley, la salvación y el ministerio del Espíritu Santo — en el contexto del asunto continuidad-discontinuidad, y se motiva al lector a que dedique algún tiempo a estas alturas para sacar sus propias conclusiones acerca de la naturaleza de la historia de la salvación. Este proceso forma las bases para hacer el análisis teológico.

Los pasos en el análisis teológico son:

1. *Determine su propio punto de vista de la naturaleza de la relación de Dios con el hombre.* La colección de la evidencia, la formulación de las preguntas y la comprensión de ciertos textos presentados en este capítulo están sin duda prejuiciadas por las concepciones del autor de un punto de vista bíblico de la historia de la salvación. La conclusión de ese paso es tan importante que nadie debe aceptar la idea de otra persona sin su propia consideración cuidadosa de la evidencia, y haciéndolo en oración.

2. *Identifique las implicaciones de este punto de vista para los pasajes en estudio.* Por ejemplo, una posición sobre la naturaleza de la relación de Dios con el hombre que es primordialmente discontinua verá el Antiguo Testamento como menos pertinente para los creyentes de hoy que el Nuevo Testamento.

3. *Evalúe la extensión de conocimiento teológico al alcance de las personas de ese tiempo.* ¿Qué conocimiento se les había dado? (A veces se menciona ese conocimiento en algunos textos de hermenéutica como la "analogía de las Escrituras".) Buenas obras de teología pueden ser de utilidad en ese asunto.

4. *Determine el significado que el pasaje tuvo para sus destinatarios originales a la luz de su conocimiento.*
5. *Identifique el conocimiento adicional acerca de este tema que está a nuestro alcance gracias a la revelación posterior.* (Eso a veces se menciona en obras de hermenéutica como "la analogía de la fe".) Las obras de teología sistemática con frecuencia son de utilidad para hallar este tipo de información.

RESUMEN DE LA HERMENÉUTICA GENERAL

Análisis histórico-cultural y contextual

1. Determinar el ambiente general histórico y cultural del escritor y sus lectores.
   a. Determinar las circunstancias históricas generales.
   b. Estar atento a las circunstancias culturales y normas que agregan significado a determinadas acciones.
   c. Determinar la condición espiritual del auditorio.
2. Determinar el propósito que tenía el autor al escribir su libro.
   a. Observar las declaraciones explícitas o frases repetidas.
   b. Observar las secciones parenéticas o exhortatorias.
   c. Observar los problemas omitidos o enfocados.
3. Entender cómo el pasaje armoniza con el contexto inmediato.
   a. Identificar los principales bloques de material en el libro e indicar cómo armonizan con un todo coherente.
   b. Indicar cómo el pasaje armoniza con el desarrollo del argumento del autor.
   c. Determinar la perspectiva que el autor intenta comunicar: noumenológica (la manera en que las cosas suceden en la realidad) o fenomenológicamente (la manera en que las cosas parecen suceder).
   d. Distinguir entre la verdad descriptiva y la prescriptiva.
   e. Distinguir entre los detalles incidentales y la enseñanza principal del pasaje.
   f. Identificar la persona o categoría de personas a quienes se dirige un pasaje en particular.

Análisis léxico-sintáctico

1. Identificar la forma literaria general.
2. Trazar el desarrollo del tema del autor e indicar cómo el pasaje armoniza con el contexto.
3. Identificar las divisiones naturales (párrafos y oraciones) del texto.

4. Identificar las palabras conjuntivas dentro de los párrafos y oraciones e indicar cómo ayudan en el entendimiento de la progresión del pensamiento del autor.
5. Determinar lo que significan las palabras tomadas individualmente.
   a. Identificar los múltiples significados que una palabra tenía en su tiempo y cultura.
   b. Determinar el significado único que el autor tenía en mente en un contexto dado.
6. Analizar la sintaxis para mostrar cómo contribuye al entendimiento del pasaje.
7. Poner el resultado del análisis en palabras no técnicas, fáciles de entender que comuniquen con claridad el significado que el lector tenía en mente.

Análisis teológico
1. Determinar su propio punto de vista de la naturaleza de la relación de Dios con el hombre.
2. Identificar las implicaciones de este punto de vista para los pasajes en estudio.
3. Evaluar la extensión de conocimiento teológico al alcance de las personas de ese tiempo.
4. Determinar el significado que el pasaje tuvo para sus destinatarios originales a la luz de su conocimiento.
5. Identificar el conocimiento adicional acerca de este tema que está a nuestro alcance gracias a la revelación posterior.

Ejercicios

DM26: Piense con cuidado sobre el asunto de la continuidad-discontinuidad, usando el libro de texto, las lecturas recomendadas y sus propios recursos para examinar más la cuestión. Escriba un resumen de su propia posición. Su posición probablemente sea tentativa a estas alturas, abierta a modificaciones conforme nueva información esté disponible.

DM27: Una pareja con profundos conflictos acude a usted en busca de orientación sobre cierto asunto. El esposo dice que ellos necesitan un automóvil y que un hermano está dispuesto a concederles un préstamo para comprarlo. Su esposa, basando su argumento en Romanos 13:8 ("no debáis a nadie nada"), cree que es malo pedir prestado dinero para comprar el auto. El esposo dice que él no cree que esos versículos se refieran a su situación, y quiere saber lo que usted piensa. ¿Qué haría usted?

DM28: Por lo menos una denominación evangélica se niega a tener ministros a sueldo sobre la base de 1 Timoteo 3:3. ¿Está usted de acuerdo con la base bíblica de su postura? ¿Por qué sí o por qué no?

DM29: Un matrimonio al que usted ha estado aconsejando revela que el esposo ha estado implicado en asunto amorosos. El esposo profesa ser creyente, así que usted le pide que reconcilie su conducta con la enseñanza bíblica de la fidelidad marital. Él replica que ama a ambas personas, y justifica su conducta apelando a 1 Corintios 6:12 ("todo me es lícito"). ¿Qué diría usted?

DM30: Usted es parte de un grupo de estudio bíblico en el cual alguien ofrece un punto basado en un pasaje del Antiguo Testamento. Otra persona responde: "Eso es del Antiguo Testamento, y por tanto no se aplica a nosotros los creyentes." Como líder del grupo esa noche, ¿cómo manejaría la situación?

DM31: Un sincero creyente joven asistió a una serie de enseñanzas basadas en el Salmo 37:4 ("Deléitate asimismo en Jehová, y él te concederá las peticiones de tu corazón") y Marcos 11:24 ("todo lo que pidiereis orando, creed que lo recibiréis, y os vendrá"). Basado en la enseñanza, él comenzó a girar cheques "por fe", y casi se desmayó cuando fueron devueltos por falta de fondos. ¿Cómo aconsejaría a ese joven respecto a la enseñanza que había recibido sobre esos versículos?

DM32: Un primo suyo, que ahora asiste a un seminario neoortodoxo, alega en contra del enfoque hermenéutico que considera con cuidado los análisis histórico, cultural, contextual y gramatical porque "la letra mata, pero el Espíritu vivifica" (2 Corintios 3:6). Él afirma que las interpretaciones deben estar en armonía con el "espíritu del cristianismo", y que el método suyo de interpretación a menudo resulta en exégesis que no es consecuente con el espíritu de gracia de Cristo. ¿Cómo respondería usted?

DM33: Algunos escritores han sugerido que hay una inconsecuencia entre la doctrina de Pablo (como se encuentra en Gálatas 2:15-16; Romanos 3:20,28) y la doctrina de Santiago (como aparece en Santiago 1:22-25; 2:8,14-17,21-24). ¿Cree usted que estos versículos puedan ser reconciliados? Si es así, ¿cómo los reconciliaría?

DM34: La experiencia de Pablo en Romanos 7:7-25 ha sido una fuente de polémica entre los cristianos con importantes implicaciones para los consejeros. La cuestión principal ha sido: Es su experiencia la lucha de un creyente o es sólo una lucha previa a la conversión? Empleando su conocimiento de hermenéutica, compare los argumentos de cada interpretación. Usted puede presentar una interpretación alternativa si ésta puede justificarse exegéticamente. ¿Cuáles son las implicaciones de su interpretación para la salud mental cristiana y la consejería?

CAPÍTULO SEIS

RECURSOS LITERARIOS ESPECIALES

Símiles, metáforas, proverbios, parábolas y alegorías

Después de completar este capítulo el lector será capaz de:
1. Describir en varias oraciones cada uno de los términos literarios mencionados en el subtítulo del capítulo.
2. Identificar estos recursos literarios cuando ocurren en el texto bíblico.
3. Describir los principios de interpretación necesarios para determinar el significado que el autor tenía en mente cuando empleó alguno de los recursos literarios anteriores.

Definición y comparación de los recursos literarios

En los capítulos 3, 4 y 5 se han analizado los métodos empleados en la interpretación de todos los textos, y generalmente llamados "hermenéutica general". Este capítulo y el siguiente concentran su atención en la hermenéutica especial, que estudia la interpretación de formas literarias especiales. Los buenos oradores emplean diversos recursos literarios para ilustrar, aclarar, recalcar y mantener el interés del público. Los escritores y los oradores bíblicos también emplearon tales recursos. Algunos de sus métodos comunes incluyeron símiles, metáforas, proverbios, parábolas y alegorías.

E.D. Hirsch comparó varios tipos de expresión literaria con juegos: para entenderlos apropiadamente es necesario saber en qué juego se está participando. También es necesario conocer las reglas del juego. Los desacuerdos en la interpretación surgen porque (1) hay una pregunta sobre cuál juego se está realizando, o (2) hay una confusión sobre las reglas apropiadas para llevar a cabo ese juego.[1] Afortunadamente para el estudiante moderno de la Biblia, el cuidadoso análisis literario ha conducido a un cuerpo substancial de conocimiento respecto a las características de estas formas literarias y los principios necesarios para interpretarlas apropiadamente.

Dos de los recursos literarios más sencillos son los símiles y las metáforas. El *símil* es simplemente una comparación expresada, y por lo regular emplea las palabras *como* o *semejante* (por ejemplo, "el reino de los cielos es semejante . . ."). El énfasis es en algunos puntos de similitud entre dos ideas, grupos, acciones, etc. El sujeto y aquello con lo que se compara se mantienen separados (es decir, no "el reino de los cielos *es* . . ." sino más bien "el reino de los cielos es semejante . . .").[2]

Una *metáfora* es una comparación no expresada: no emplea las palabras *como* o *semejante*. El sujeto y aquello con lo que se compara están entrelazados en lugar de mantenerse separados. Jesús empleó metáforas cuando dijo: "Yo soy el pan de vida", y "Vosotros sois la luz del mundo". Aunque el sujeto y su comparación se identifican como uno, el autor no ha intentado que sus palabras se entiendan literalmente: que Cristo no es más que un pedazo de pan y que los creyentes son una fuente de luz. Tanto en los símiles como en las metáforas, debido a su naturaleza compacta, el autor por lo general trata de resaltar un punto (por ejemplo, que Cristo es la fuente de sustento para nuestra vida espiritual, o que los creyentes deben ser ejemplo de una vida piadosa en un mundo impío).

Se entiende por *parábola* un símil extendido. Se expresa la comparación. Se mantienen separados el sujeto y lo que se compara con él. La comparación se explica más ampliamente. De igual manera, se entiende por *alegoría* una metáfora extendida. No se expresa la comparación, y están entremezclados el sujeto y lo que se compara con él.

Una parábola procede generalmente al mantener la historia y la aplicación distintas una de otra: por lo general la aplicación sigue a la historia. Las alegorías entremezclan la historia y su aplicación de modo que una alegoría lleva su aplicación dentro de ella. El siguiente ejemplo de una parábola y una alegoría ilustran esa distinción:

---

1 E. D. Hirsch, *Validity in Interpretation* [Validez en la interpretación] (New Haven: Yale University Press, 1967), p. 70.
2 Muchos de los puntos analizados aquí y posteriores en este capítulo se recibieron del doctor Walter C. Kaiser, Jr., profesor de Antiguo Testamento en Trinity Evangelical Divinity School, primavera de 1974.

Parábola Isaías 5:1-7

1 Ahora cantaré por mi amado el cantar de mi amado a su viña.

Tenía mi amado una viña en una ladera fértil.

2 La había cercado y despedregado y plantado vides escogidas; había edificado en medio de ella una torre, y hecho también en ella un lagar; y esperaba que diese uvas, y dio uvas silvestres.

3 Ahora, pues, vecinos de Jerusalén y varones de Judá, juzgad ahora entre mí y mi viña.

4 ¿Qué más se podía hacer a mi viña, que yo no haya hecho en ella? ¿Cómo, esperando yo que diese uvas, ha dado uvas silvestres?

5 Os mostraré, pues, ahora lo que haré a mi viña: Le quitaré su vallado, y será consumida; aportillaré su cerca, y será hollada.

6 Haré que quede desierta; no será podada ni cavada, y crecerán el cardo y los espinos; y aun a las nubes mandaré que no derramen lluvia sobre ella.

7 Ciertamente la viña de Jehová de los ejércitos es la casa de Israel, y los hombres de Judá planta deliciosa suya. Esperaba juicio, y he aquí vileza; justicia, y he aquí clamor.

Alegoría (Salmo 80:8-16)

8 Hiciste venir una vid de Egipto;
   echaste las naciones, y la plantaste.
9 Limpiaste sitio delante de ella,
   e hiciste arraigar sus raíces, y llenó la tierra.
10 Los montes fueron cubiertos de su sombra,
   y con sus sarmientos los cedros de Dios.
11 Extendió sus vástagos hasta el mar,
   y hasta el río sus renuevos.
12 ¿Por qué aportillaste sus vallados,
   y la vendimian todos los que pasan por el camino?
13 La destroza el puerco montés,
   y la bestia del campo la devora.
14 Oh Dios de los ejércitos, vuelve ahora;

mira desde el cielo, y considera, y visita esta viña,
15 La planta que plantó tu diestra,
y el renuevo que para ti afirmaste,
16 Quemada a fuego está, asolada;
perezcan por la reprensión de tu rostro.

En la parábola la historia se halla en los versículos uno al seis y la aplicación en el versículo siete. En la alegoría la historia y su aplicación están entremezcladas y se desarrollan juntas.

Puede interpretarse un *proverbio* como una parábola o alegoría comprimida, algunas veces participando de las características de ambas. Una esquemática relación entre esas cinco figuras literarias se presenta a continuación:

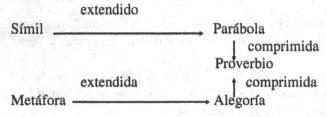

Para resumir: En los símiles y las parábolas las comparaciones son expresadas y se mantienen separadas, mientras que en las metáforas y alegorías ellas no están expresadas y se entremezclan. En una parábola hay una separación consciente de la historia y su aplicación, mientras que en una alegoría hay un entremezclamiento de las dos. Pueden verse los proverbios como parábolas o alegorías comprimidas. Las siguientes secciones tratarán sobre la naturaleza e interpretación de los proverbios, las parábolas y las alegorías con mayor extensión.

Proverbios

Walter C. Kaiser ha descrito los proverbios como refranes "tersos, breves, un poco punzantes, y tienen un poco de sal también."[1] Muchos ven los proverbios como lemas bonitos, que pueden ponerse como rótulos en la pared. Pocos reconocen la tremenda belleza y sabiduría que a menudo contienen esos refranes.

---

1 W.C. Kaiser, Jr., *The Old Testament in Contemporary Preaching* [El Antiguo Testamento en la predicación contemporánea] (Grand Rapids: Baker, 1973), p. 119. Esta sección de Proverbios se toma en gran parte de su análisis, pp. 118-120.

Uno de los mayores problemas de la religión es la falta de integración práctica entre nuestras creencias teológicas y la vida cotidiana. Es posible divorciar nuestra vida religiosa de las decisiones prácticas que tomamos a diario. Los proverbios pueden proporcionar un antídoto importante, porque muestran la verdadera religión en términos específicos, prácticos y significativos.

El enfoque general del libro de Proverbios es el aspecto moral de la ley, regulaciones éticas para la vida diaria expresadas en términos de universal permanencia. Los enfoques específicos incluyen sabiduría, moralidad, castidad, control de la lengua, asociación con otros, holgazanería y justicia. "Así como Deuteronomio predica la ley, los libros de sabiduría la ponen en frases cortas y entendibles que son citables y fácilmente digeribles."[1]

Muchos de los proverbios tienen que ver con la sabiduría, un concepto que proporciona el contexto para todos ellos. La sabiduría en las Escrituras no es sinónimo de conocimiento. Comienza con "el temor del Señor". El temor del Señor no es el temor normal, ni siquiera el tipo más profundo conocido como "temor numénico", sino que es básicamente un estado, una actitud del corazón que reconoce nuestra recta relación con el Dios Creador. La sabiduría y la vida sabia proceden de ese estado apropiado, este reconocimiento de nuestro lugar correspondiente delante de Dios. Dentro de ese contexto los proverbios ya no permanecen como rótulos piadosos para colgar en la pared, sino que llegan a ser modos intensamente prácticos y significativos de inspirar un andar más cercano con el Señor.

Desde un punto de vista interpretativo es bueno reconocer que, debido a su forma muy condensada, por lo general los proverbios tienen un solo punto o principio de verdad que comunicar. Forzar un proverbio en todos sus puntos incidentales por lo general resulta en ir más allá de la intención de su autor. Por ejemplo, cuando el rey Lemuel dijo que la mujer virtuosa "es como nave de mercader" (Proverbios 31:14), es probable que no tratara de que esa fuera una declaración acerca de la cintura de ella. Es como nave de mercader porque ella va a varios lugares a juntar alimento para las necesidades de su hogar. De modo que los proverbios (como los símiles y las metáforas) por lo general comunican un solo pensamiento o comparación intencional.

---

1 Ibid., p. 119

Parábolas

Nuestra palabra *parábola* está relacionada con la palabra griega *paraballo* que significa "lanzar o colocar al lado de". De modo que la parábola es algo colocado al lado de otra cosa con el propósito de hacer una comparación. La parábola típica emplea un suceso común y corriente de la vida natural para destacar o aclarar una verdad espiritual importante.

Jesús, el gran Maestro, empleó las parábolas con regularidad al enseñar. La palabra griega para parábola ocurre cerca de cincuenta veces en los evangelios sinópticos con relación a su ministerio, sugiriendo que las parábolas eran unas de sus herramientas favoritas de enseñanza.

El propósito de las parábolas

Las Escrituras revelan dos propósitos fundamentales de las parábolas. El primero de esos es revelar la verdad a los creyentes (Mateo 13:10-12; Marcos 4:11). Las parábolas pueden causar una impresión duradera a menudo más eficaz que el discurso común y corriente. Por ejemplo, Cristo pudo haber dicho: "Ustedes deben ser persistentes en su vida de oración." Es probable que tal declaración no hubiera impresionado a sus oyentes, los cuales habrían olvidado rápidamente. En vez de eso, Él les habló de una viuda que continuó rogando a un juez injusto que la ayudara, hasta que el juez decidió finalmente contestar la petición de ella para detener sus quejas. Cristo entonces enseñó la lección de la parábola: si un juez injusto que no tenía ningún cuidado por la viuda puede conmoverse por el ruego persistente, cuánto más contestará un Padre celestial amoroso a quienes persistentemente oran a Él. De igual manera, Cristo pudo haber dicho: "Ustedes deben ser humildes cuando oran." En vez de eso, Él les relató a sus oyentes la historia del fariseo y el recaudador de impuestos que fueron al templo a orar (Lucas 18:9-14). La ridiculez del orgullo del fariseo y la autenticidad de la humildad del recaudador de impuestos enseña la lección de Cristo de una manera sencilla e inolvidable.

Como sirven para recalcar una verdad, también se emplean con eficacia las parábolas en las Escrituras a fin de confrontar a los creyentes que hacen el mal. Si un creyente básicamente posee normas sanas de moralidad sólo a nivel cognoscitivo, y no vive de acuerdo con esos niveles en algún aspecto de su vida, una parábola puede ser un medio eficaz de señalar esa discrepancia. Considere el caso de David y Natán según se cuenta en 2 Samuel 12:1-7. El contexto de este incidente es que

David acababa de mandar asesinar a Urías para poder casarse con Betsabé, la esposa de Urías. El texto dice:

> Jehová envió a Natán a David; y viniendo o él, le dijo: Había dos hombres en una ciudad, el uno rico, y el otro pobre. El rico tenía numerosas ovejas y vacas; pero el pobre no tenía más que una sola corderita, que él había comprado y criado, y que había crecido con él y con sus hijos juntamente, comiendo de su bocado y bebiendo de su vaso, y durmiendo en su seno; y la tenía como a una hija. Y vino uno de camino al hombre rico; y éste no quiso tomar de sus ovejas y de sus vacas, para guisar para el caminante que había venido a él, sino que tomó la oveja de aquel hombre pobre, y la preparó para aquel que había venido a él.
>
> Entonces se encendió el furor de David en gran manera contra aquel hombre, y dijo a Natán: Vive Jehová, que el que tal hizo es digno de muerte. Y debe pagar la cordera con cuatro tantos, porque hizo tal cosa, y no tuvo misericordia.
>
> Entonces dijo Natán a David: Tú eres aquel hombre.

David, un hombre de principios morales, se identificó fácilmente con el gran mal que se le había hecho al hombre pobre de la historia, y cuando la parábola fue aplicada a su propia conducta, él rápidamente se arrepintió de su maldad.

Las parábolas tienen un segundo propósito además de aclarar y recalcar las verdades espirituales para los creyentes, y parece diametralmente opuesto al primero. Una parábola esconde la verdad de los que endurecen su corazón contra ella (Mateo 13:10-15; Marcos 4:11-12; Lucas 8:9-10). Puede parecer difícil de reconciliar este propósito con nuestra concepción de Dios como un Ser amoroso que anuncia la verdad en vez de esconderla.

Tal vez la solución a ese aparente dilema se halle en los pasajes bíblicos considerados en conexión con los factores espirituales en el proceso de percepción (capítulo 1). Tal vez un hombre que resiste la verdad y cede al pecado sea cada vez menos capaz de comprender la verdad espiritual. Así la misma parábola que ilumina al creyente fiel carece de sentido para los que endurecen el corazón en contra de la verdad. Tal interpretación de los dos versículos mencionados anteriormente es compatible con una cuidadosa exégesis de ellos, y quita cualquier responsabilidad a Dios de la ceguera espiritual de los fariseos.

Principios para la interpretación de parábolas

Análisis histórico-cultural y análisis contextual

Para interpretar parábolas, debe emplearse el mismo tipo de análisis que se empleó en la interpretación de pasajes narrativos y expositivos. Como las parábolas se emplearon para aclarar o recalcar una verdad que se consideraba en una situación histórica específica, el examen de los temas en consideración en el contexto inmediato de un pasaje a menudo arroja valiosa luz sobre el significado.

Por ejemplo, la parábola de los labradores de la viña (Mateo 20:1-16) ha tenido muchísimas interpretaciones, y muchas de ellas tienen poca o tal vez ninguna relación con el contexto en el que se pronunció la parábola. Inmediatamente antes que Jesús dijera esa parábola, el joven rico había acudido a Jesús para preguntarle qué debía hacer para heredar la vida eterna. Jesús percibió que el mayor obstáculo que impedía a este joven rendirse totalmente a Dios eran sus riquezas, y le dijo que diera todo lo que tenía y se hiciera su discípulo. El joven se alejó triste, sin querer separarse de sus riquezas.

Pedro le dijo al Señor: "Nosotros hemos dejado todo y te hemos seguido, ¿que habrá para nosotros?" Jesús le aseguró a Pedro que ellos serían ampliamente recompensados por su servicio, pero luego pasó a contar la parábola de los labradores. En ese contexto puede verse que la historia de Jesús fue una represión amable a Pedro, una represión a la actitud de autojustificación que dice: "Mira cuánto he hecho (no me negué a dejarlo todo y seguirte como lo hizo el joven rico). Con seguridad alcanzaré una gran recompensa por mi gran sacrificio." Jesús estaba reprendiendo suavemente a Pedro por tener la actitud de mercader — "¿Cuánto voy a obtener de esto?" — en vez de reconocer que el motivo para servir en el reino debe ser el amor.[1] Las interpretaciones de la parábola que no consideran la ocasión histórica dentro de la cual ocurre pueden ofrecer hipótesis interesantes; pero es casi seguro que no declaran lo que Jesús tenía en mente.

---

1 R. C. Trench, *Notes on the Parables of Our Lord* [Notas sobre las parábolas de nuestro Señor] (reimpreso, Grand Rapids: Baker, 1948), pp. 61-66.

A veces el significado intencional se declara explícitamente en la introducción de la parábola, sea por Cristo o por algún autor bíblico. Otras veces el propósito se comunica mediante la aplicación que se hace de la parábola (véase Mateo 15:13; 18:21,35; 20:1-16; 22:14; 25:13; Lucas 12:15,21; 15:7,10; 18:1,9; 19:11 por ejemplo). Otras veces, la ubicación de la parábola dentro de la cronología de la vida de Jesús agrega significado adicional. El propósito de la parábola de los labradores malvados (Lucas 20:9-18) es positivamente obvio, pero sin duda debió de haber tenido mayor intensidad cuando Jesús la relató poco antes de su crucifixión.

Además de las claves histórica y contextual, el conocimiento de detalles culturales arroja luz importante sobre el significado de la parábola. Por ejemplo, las cosechas, las bodas y el vino eran símbolos judaicos para el fin del siglo. La higuera era un símbolo del pueblo de Dios. Se ponían las lámparas debajo del almud para apagarlas; de ese modo encender una lámpara y ponerla debajo de un almud significa encender una luz y apagarla de inmediato.[1] El libro de J. Jeremías, *Las parábolas de Jesús*, abunda en información sobre detalles culturales como ése, y explica el significado que estas historias y símbolos tenían para Jesús y sus oyentes originales.[2]

Análisis léxico-sintáctico

Deben aplicarse a las parábolas las mismas reglas del análisis léxico-sintáctico que se aplican a otras formas de prosa. Las mismas herramientas mencionadas en el capítulo 4 — léxicos, concordancias, gramáticas y comentarios exegéticos — pueden usarse con provecho en la exposición de las parábolas.

Análisis teológico

Hay tres preguntas teológicas principales que un expositor debe contestar antes que pueda interpretar la mayoría de las parábolas que empleó Jesús. Ante todo, debe definir, basado en la evidencia disponible, los términos "reino de los cielos" y "reino de Dios", y luego decidir si esos términos son o no sinónimos. Como un gran porcentaje de las

---

1 Ramm, *Protestant Biblical Interpretation* [Interpretación bíblica protestante], p. 282.

2 J. Jeremías, *The Parables of Jesus* [Las parábolas de Jesús], ed. rev. (Nueva York: Scribner's, 1971). Muchos eruditos evangélicos han puesto en tela de juicio el análisis literario de Jeremías sobre la naturaleza de las parábolas. Sin embargo, su obra sigue teniendo valor debido a su rico conocimiento de la cultura y las costumbres hebreas.

enseñanzas de Jesús, incluso sus parábolas, se refiere a esos reinos, es de importancia la identificación apropiada de tales términos.[1]

Los que creen que esos dos reinos deben distinguirse entre sí, sostienen varias posiciones respecto a la identidad de tales reinos. Un punto de vista común es que el reino de Dios se refiere a todos los seres inteligentes que profesan lealtad a Dios, pudiendo esa profesión ser genuina o no.[2]

Por lo general quienes interpretan esos términos como sinónimos explican también el uso de esas dos frases de la manera siguiente: Mateo, al escribir primordialmente a los judíos, prefirió el término "reino de los cielos" como un término respetuoso equivalente a "reino de Dios", debido a la tendencia dentro del judaísmo de evitar el uso directo del nombre de Dios. Marcos y Lucas, al escribir a los gentiles, emplearon la frase "reino de Dios" porque comunica mejor la idea a sus lectores.[3]

Varios pasajes paralelos dentro de los evangelios sinópticos emplean el término "reino de Dios" cuando se refieren a un incidente en particular y el término "reino de los cielos" cuando se refieren a un incidente muy similar mencionado en uno de los otros evangelios. La siguiente lista da algunos ejemplos:

Motivo de las parábolas	Mateo 13:10-15; cf. Marcos 4:10-12 y Lucas 8:9-10
Grano de mostaza	Mateo 13:31-32; cf. Marcos 4:30-32 y Lucas 13:18-19
Levadura	Mateo 13:33; cf. Lucas 13:20-21
Las bienaventuranzas	Mateo 5:3;. cf. Lucas 6:20

Si esos dos son en realidad reinos separados, entonces Jesús estaría atribuyendo dos significados totalmente diferentes a parábolas muy pareci-das pronunciadas en ocasiones distintas. Tal vez lo haya hecho; pero no parece probable, en particular en el primer grupo de comparaciones.

El paralelismo de Mateo 19:23-24 también apoya la hipótesis de que Jesús quiso que esos dos términos se entendieran como el mismo reino. Aquí se consigna que Él dijo:

---

1 "La erudición moderna es totalmente unánime en la opinión de que el reino de Dios era el mensaje central de Jesús." George E. Ladd, *A Theology of the New Testament* [Teología del Nuevo Testamento] (Grand Rapids: Eerdmans, 1974), p. 57.

2 Véase la nota sobre Mateo 6:33 en la *Biblia anotada de Scofield* para un ejemplo de una posición que claramente diferencia el reino de Dios del reino de los cielos. La nota correspondiente en la edición revisada declara que estos dos términos son en muchos casos empleados como sinónimos, pero deben distinguirse en algunos casos.

3 H. Ridderbos, "Kingdom of Heaven" ["Reino de los cielos"] *The New Bible Dictionary* [El nuevo diccionario bíblico], ed. J. D. Douglas (Grand Rapids: Eerdmans, 1962), p. 693.

De cierto os digo, que difícilmente entrará un rico en el reino de los cielos. Otra vez os digo, que es más fácil pasar un camello por el ojo de una aguja, que entrar un rico en el reino de Dios.

Por esa y otras razones, la mayoría de los expositores evangélicos han entendido esos términos como sinónimos. Se puede hallar un estudio adicional excelente sobre el reino de Dios en el *El nuevo diccionario bíblico* y en las obras de George Eldon Ladd. *Crucial Questions about the Kingdom* [Preguntas cruciales sobre el reino] y *A Theology of the New Testament* [Teología del Nuevo Testamento] (capítulo 4).

Una segunda cuestión que tiene que ver con el reino (y la interpretación de las parábolas) es casi unánimemente aceptada por los eruditos evangélicos. Es que en algunos sentidos el reino ha venido, en otros sentidos sigue viniendo, y en algunos sentidos no vendrá hasta el cumplimiento escatológico de esta época.[1]

Cristo enseñó que en cierto sentido el reino ya estaba presente durante su peregrinaje en la tierra (Mateo 12:28 y paralelos; Lucas 17:20-21), que se podía entrar a él mediante el nuevo nacimiento (Juan 3:3), y que a él estaban entrando los recaudadores de impuestos y las prostitutas porque se arrepentían y creían (Mateo 21:31).

Las parábolas también hablan del ministerio continuo del reino. Hablan de sembrar y cosechar, las semillas pequeñas que crecen hasta convertirse en árboles magníficos, de una gran red lanzada al mar y que no será recogida hasta el fin de los siglos, y del trigo y la cizaña que crecen juntos. Hablan de compromisos sabios y necios, y del uso industrioso versus el uso indolente de las capacidades.

En un tercer sentido, muchas parábolas miran hacia su cumplimiento final, cuando el gobierno del reino de Dios sea plenamente realizado, no sólo en el corazón de los creyentes, sino en su triunfo completo sobre el mal. Nunca más se acercará Dios al hombre en la forma de siervo, sino como un Gobernante, el Juez supremo, el Distribuidor final.

Un tercer asunto teológico que afecta la interpretación personal de las parábolas se relaciona con la teoría del *reino pospuesto*. Esa teoría sugiere que Jesús tenía el propósito de instituir el reino terrenal, y que sus primeras enseñanzas (por ejemplo, Mateo 1—12) eran instrucciones

---

1 Véase Bernard Ramm, *Protestant Biblical Interpretation* [Interpretación bíblica protestante], 3a. ed. rev. (Grand Rapids: Baker, 1970), pp. 280-28391.

respecto a ese reino. Según la teoría del reino pospuesto, fue sólo a mediados de su ministerio de enseñanza que Jesús reconoció que Él sería rechazado y finalmente sería llevado a la cruz.

Si la teoría del reino pospuesto es correcta, puede argüirse que las parábolas que Jesús pronunció antes de darse cuenta de que sería rechazado tenían la intención de ser reglas para gobernar su reino terrenal. Ya que se ha pospuesto ese reino terrenal hasta la era del futuro reino milenario, las instrucciones y parábolas que Él expuso antes de Mateo 13 no deben considerarse pertinentes para los creyentes de la época de la iglesia.

El punto de vista que contrasta con la teoría del reino pospuesto es que Jesús no tenía ilusiones acerca de establecer un reino terrenal. La profecía de Simeón (Lucas 2:34-35) y la profecía mesiánica de Isaías (Isaías 53), de la que Cristo estaba consciente, dejarían pocas dudas en la mente de Jesús de que su ministerio terrenal terminaría en su muerte expiatoria más bien que en el establecimiento de un reino terrenal (cf. Juan 12:27). Quienes creen que Jesucristo dedicó todo su ministerio consciente de que iba a la cruz por lo general creen que todas sus enseñanzas y parábolas estaban dirigidas a los creyentes del Nuevo Testamento, y no esperan una aplicación futura en el reino milenario. La necesidad de tomar una decisión sobre la teoría del reino pospuesto es obvia, entonces, en el proceso de interpretar las primeras parábolas de Jesús.

Hay otro aspecto más en el análisis teológico que es importante en la interpretación de las parábolas. Las parábolas pueden servir al propósito importante de fijar la doctrina en nuestra memoria de una manera particularmente admirable. Sin embargo, los expositores ortodoxos reconocen unánimemente que ninguna doctrina debe basarse en una parábola como su primera o única fuente. El razonamiento para ese principio es que los pasajes más claros de las Escrituras se usan siempre para aclarar los pasajes más oscuros, nunca a la inversa. Las parábolas son naturalmente más oscuras que los pasajes doctrinales. Por eso la doctrina debe desarrollarse a partir de los pasajes claros en prosa de las Escrituras, y las parábolas emplearse para ampliar o recalcar esa doctrina.

La historia de la Iglesia ilustra las herejías de quienes no observaron esa precaución. Un ejemplo basta para mostrar que tan fácilmente puede ocurrir esto. Fausto Socino alegó en cuanto a la parábola del Siervo Inmisericorde (Mateo 18:23-25) que, así como el rey perdonó a su siervo basándose exclusivamente en su petición, de la misma manera Dios, sin requerir sacrificio o intercesor, perdona a los pecadores basándose en sus oraciones.[1] Socino convirtió esa parábola en la base de su doctrina en vez de interpretarla a la luz de la doctrina. Trench hace notar una segunda precaución — que es importante en la interpretación de toda la Biblia, incluso de las parábolas —, es decir, que "no debemos esperar, en cualquier lugar, que el círculo completo de verdad cristiana se declare plenamente, y que no se puede sacar ninguna conclusión de la ausencia en un pasaje de una doctrina que está declarada con claridad en otro lugar."[2]

Análisis literario

A través de la historia una pregunta central respecto a las parábolas ha sido: "¿Cuánto es significativo?" Crisóstomo y Teofilacto alegaron que hay sólo un punto central en una parábola; todo el resto es cortina u ornamento. Agustín, aunque estaba de acuerdo con este principio, en la práctica a menudo extendió su interpretación hasta detalles mínimos de la narración. En tiempos más recientes Coceio y sus seguidores afirmaron enfáticamente que *cada* parte de una parábola es significativa.[3] Por eso ha habido eruditos en ambos lados de la cuestión a lo largo de la historia.

Afortunadamente para nosotros, en las primeras dos ocasiones registradas en las que Jesús pronunció parábolas, Él interpretó su significado (El sembrador: Mateo 13:1-23; El trigo y la cizaña: Mateo 13:24-30,36-43). Su interpretación parece estar en medio de los puntos de vista extremos mencionados antes: en el propio análisis de Jesús es posible determinar tanto una idea central o focal, y un énfasis significativo en detalles *según están relacionados con la idea focal*. El análisis de Jesús de los detalles de la parábola contrasta con la práctica de quienes les dan significado a los detalles de manera tal que los detalles enseñan lecciones adicionales sin relación con el punto central de la parábola.

Por ejemplo, el concepto central en la parábola del sembrador es que la Palabra de Dios se topará con una diversidad de recepciones en diferentes personas. Los detalles ilustran: (1) la persona que no logra entender, (2) el entusiasta que pronto pierde su júbilo, (3) la persona cuya capacidad para responder es sofocada por el cuidado mundanal y las riquezas, y (4) la persona que oye, responde y se convierte en miembro productivo del reino de Dios. El punto focal en la parábola del trigo y la cizaña es que dentro del reino estarán codo a codo hombres regenerados

---

1 Trench, *Notes on the Parables of Our Lord* [Notas sobre las parábolas de nuestro Señor] (reimpreso, Grand Rapids: Baker, 1948, p. 41.
2 Ibid., pp. 17-18.
3 Ibid., pp. 15,33.

e imitadores durante esta época; pero el juicio final de Dios es seguro. Los detalles dan información adicional acerca del origen y de la naturaleza de tales imitadores y la relación del creyente con ellos.

Por lo tanto, si se puede sacar algunas inferencias de la interpretación de Cristo de sus propias parábolas, son que (1) hay un punto central o focal de enseñanza en las parábolas de Cristo, y (2) los detalles tienen importancia según estén relacionados con la enseñanza focal. Los detalles no están para tener significado independiente de la enseñanza principal de la parábola.

Los intérpretes han comparado la enseñanza focal de una parábola con el eje de una rueda, y sus detalles con los rayos. Cuando se ha encontrado la recta interpretación, resulta en una simetría natural y lógicamente se llega al fin del asunto.

Trench, en su obra clásica sobre las parábolas, dice:

> Una interpretación, aparte de estar de acuerdo con su contexto, debe ser tal sin el uso de ningún medio violento. En general, la interpretación debe ser fácil, si no siempre fácil de descubrirse, una vez descubierta debe ser fácil. Porque aquí ocurre como en las leyes de la naturaleza; se necesita genio para descubrir la ley, pero al ser descubierta arroja luz sobre sí misma, y se recomienda a sí misma a todos. Además, como la prueba de una ley es que explica *todos* los fenómenos, así, es tolerable evidencia de que hemos hallado la recta interpretación de una parábola si ella no deja sin explicación ninguna de las circunstancias principales.[1]

Trench y otros comentaristas sugieren que la correcta interpretación de una parábola se recomienda a sí misma porque armoniza con facilidad y naturalidad, y porque explica todos los detalles principales. Las falsas interpretaciones se traicionan solas al no armonizar con algunos de los detalles importantes de la parábola o de su contexto.

Fuentes para lectura adicional

R. C. Trench. *Notes on the Parables of our Lord* [Notas sobre las parábolas de nuestro Señor].

M. S. Terry. *Hermenéutica bíblica* pp. 276-301.

---

1 Ibid., p. 17.

J. Jeremías. *The Parables of Jesus* [Las parábolas de Jesús].
Bernard Ramm. *Protestant Biblical Interpretation* [Interpretación bíblica protestante], 3a. edición rev. pp. 276-288.

Alegorías

Así como la parábola es un símil extendido, la alegoría es una metáfora extendida. Una alegoría difiere de una parábola, como se notó antes, en que una parábola típicamente conserva la historia distinta de su interpretación o aplicación, mientras que una alegoría mezcla la historia y su significado.

Interpretativamente, las parábolas y las alegorías difieren en otros puntos mayores: en una parábola hay un enfoque, y los detalles son importantes sólo en cuanto se relaciona con ese punto; en una alegoría hay generalmente varios puntos de comparación, no necesariamente centrados alrededor del punto principal. Por ejemplo, en la parábola de la semilla de mostaza (Mateo 13:31-32) el propósito central es mostrar el esparcimiento del evangelio desde un grupo minúsculo de cristianos (la semilla de mostaza) a un cuerpo mundial de creyentes (el árbol completamente crecido). La relación entre la semilla, el árbol, el campo, el nido y las aves es fortuita; y tales detalles adquieren importancia sólo con relación al árbol que crece. Sin embargo, en la alegoría de la armadura cristiana (Efesios 6) hay varios puntos de comparación. Cada parte de la armadura cristiana tiene importancia, y cada una es necesaria para que el creyente esté "completamente armado".

Principios de interpretación de alegorías

1. Usar los análisis histórico-contextual, léxico-sintáctico y teológico como en los otros tipos de prosa.
2. Determinar los *múltiples* puntos de comparación que el autor quiso hacer mediante el estudio del contexto y de los puntos que él subraya.

Análisis literario de una alegoría

En la Biblia hay muchas alegorías. La alegoría de Cristo como la vid verdadera (Juan 15:1-17) se analiza aquí para mostrar la relación de los diversos puntos de comparación con el sentido del pasaje. Hay tres enfoques en esta alegoría. El primero es la vid como un símbolo de Cristo.[1] Todo el pasaje pone de relieve la importancia de la vid: los

---

1 Se puede hallar un análisis de esos puntos en A. B. Mickelsen, *Interpreting the Bible* [Interpretando la Biblia] (Grand Rapids: Eerdmans, 1963), pp. 232-234.

pronombres *yo, mí* ocurren cerca de treinta y ocho veces en los diecisiete versículos, y la palabra *vid* tres veces, señalando la centralidad de Cristo en la vida fructífera espiritual de un creyente. Este enfoque se resume en el versículo 4: "Como el pámpano no puede llevar fruto por sí mismo, si no permanece en la vid, así tampoco vosotros, si no permanecéis en mí."

El segundo enfoque de la alegoría es el Padre, simbolizado como el agricultor. En esta ilustración el Padre está activamente interesado con la producción de fruto. Él poda algunas ramas que pueden ser más fructíferas, y elimina las que no producen fruto.

El tercer enfoque de la alegoría se halla en las ramas, los discípulos mismos. "Permanecer" habla metafóricamente de relación, y el tiempo presente habla de una relación *continua* como una necesidad para *llevar fruto*. El obedecer los mandamientos de Dios es una parte necesaria de la relación, y el amar a nuestro compañeros creyentes es parte integral de esa obediencia. La alegoría describe la necesidad de una relación viva y continua con el Señor Jesús, acompañada de obediencia a su Palabra, como la esencia del discipulado y del llevar fruto.

El problema de la alegorización de Pablo

Uno de los pasajes que han causado mucha perplejidad para los evangélicos es la alegorización de Pablo en Gálatas 4. Los teólogos liberales se han apresurado a emplear este pasaje como una ilustración de que Pablo adoptó métodos ilegítimos de su tiempo. Los evangélicos a menudo responden con un silencio embarazoso, porque parece que en estos versículos Pablo empleó métodos ilegítimos de alegorización. Si Pablo en realidad empleó alegorización ilegítima, ésta tendría ciertamente consecuencias significativas para nuestra doctrina de inspiración.

En este pasaje varios eruditos evangélicos han tomado posiciones similares a la de G. W. Meyer, quien en su *Critical Commentary on Galatians* [Comentario crítico sobre Gálatas] dice:

> En la conclusión de la porción teórica de la epístola, Pablo
> agrega una muy extraña... disertación — un argumento
> rabínico-alegórico derivado de la propia ley — calculado para
> aniquilar la influencia de los falsos apóstoles con sus propias
> armas, y desarraigarlos en su propio terreno.[1]

---

1 G. W. Meyer, *Critical Commentary on Galatians* [Comentario crítico sobre Gálatas] (Grand Rapids: Zondervan, 1974), p. 321.

Así es que Meyer considera que Pablo empleó la alegorización, no para darle legitimidad como un método de exégesis, sino como un *argumento ad hominem* contra sus opositores, que empleaban esos mismos métodos para transformar el uso correcto de la ley en un sistema legalista.

Alan Cole parafrasea ese pasaje de la siguiente manera:

> Díganme, ¿no oyen ustedes, que quieren estar bajo la ley como un sistema, lo que dice la ley? Las Escrituras dicen que Abraham tuvo dos hijos, uno con la esclava y el otro con la esposa libre. El hijo de la esclava tuvo un nacimiento perfectamente natural, pero el hijo de la libre nació en cumplimiento de una promesa de Dios. Todo eso puede verse como una figura simbólica (una alegoría) porque esas dos mujeres pudieran representar los dos pactos. La primera (es decir, la esclava) podía representar el pacto hecho en el Monte Sinaí; todos sus hijos (es decir, los que están bajo ese pacto) están en esclavitud espiritual. Eso es Agar para ustedes. Así el carácter espiritual de "Agar" pudiera también ser para el Monte Sinaí en Arabia. El Monte Sinaí está en la misma categoría que la Jerusalén que conocemos, porque ella sin duda está en esclavitud, junto con sus "hijos". Pero la Jerusalén celestial representa a la esposa libre, y ella es la "madre" de todos nosotros. Porque las Escrituras dicen:

> > Alégrese la mujer que no da a luz; irrumpa en gritos de triunfo, ustedes que no están de parto; porque la esposa abandonada tiene más hijos que la que tiene esposo.

> Ahora bien, ustedes compañeros creyentes, son hijos nacidos en el cumplimiento de la promesa de Dios, como fue Isaac. Como en aquellos días el hijo que nació en el curso normal de la naturaleza intimidaba al que nació de manera sobrenatural, así también sucede hoy. ¿Pero qué dicen las Escrituras al respecto? "Expulsa a la esclava y a su hijo; porque el hijo de la esclava ciertamente no participará de la herencia con el hijo de la libre." Así que concluyo diciendo que los creyentes no somos hijos de la esclava, sino de la libre. Cristo nos ha dado la libertad; permanezcan firmes, y no

permitan ustedes mismos ser atraídos de nuevo al yugo que significa la esclavitud.[1]

Pablo inmediatamente diferenció su método del típicamente alegorista al reconocer la validez gramático-histórica de los acontecimientos. En los versículos 21-23 él indica que Abraham tuvo dos hijos, uno de la mujer esclava y el otro de la mujer libre.

Pablo siguió diciendo que esas cosas podían ser alegorizadas, y entonces desarrolló una serie de correspondencias:

corresponde a

a	1. Agar, la esclava = Antiguo Pacto	La Jerusalén actual
	2. Sara, la libre = Nuevo Pacto	La Jerusalén de arriba
b	1. Ismael, hijo de la carne	Los que están esclavizados a la ley
	2. Isaac, hijo de la promesa	Nosotros, los creyentes (v.28)
c	1. Ismael persiguió a Isaac	Igualmente los legalistas persiguen a los creyentes
	2. La Escritura dice: Echa fuera a la esclava y a su hijo	Yo digo (5:1): No estáis otra vez sujetos al yugo de esclavitud (legalismo)[2]

Lotto Schmoller, en *Lange's Biblework [Commentary on the Holy Scriptures,* ed. John Peter Lange] [Comentario sobre las Sagradas Escrituras de Lange], observa:

> Pablo con toda certeza alegoriza aquí, porque él mismo lo dice. Pero por el mismo hecho de que él mismo lo dice, la gravedad de la dificultad hermenéutica desaparece. Él *pretende*, por lo tanto, dar una alegoría, no una exposición; él no procede como un exegeta, y no quiere decir (según la manera

---

1 Alan Cole, *The Epistle of Paul to the Galatians, Tyndale New Testament Commentaries* [La Epístola de Pablo a los Gálatas, Comentario Tyndale del Nuevo Testamento], ed. R.V.G. Tasker (Grand Rapids: Eerdmans, 1965), pp. 129-130.
2 M.S. Terry. *Hermenéutica bíblica,* p. 322.

de alegorización de los exegetas) que sólo lo que dice ahora es el verdadero sentido de la narración.[1]

Para resumir, los siguientes factores sugieren que Pablo emplea la alegorización para confundir a sus hipócritas opositores:

1. Pablo había presentado una serie de argumentos fuertes contra los judaizantes, argumentos que por sí mismos defendían el caso. Este argumento final no era necesario; es más como un ejemplo de usar las propias armas de los falsos apóstoles en contra de ellos mismos.
2. Si Pablo consideraba la alegorización como un método legítimo, entonces parece casi seguro que él lo usaría en alguna de sus otras epístolas, pero no lo hizo.
3. Pablo difirió de los alegoristas típicos cuando admitió la validez histórica del texto, en lugar de decir que las palabras del texto eran sólo matices de un significado más profundo (y más verdadero). Admitió que esos acontecimientos sucedieron históricamente y entonces pasó a decir que se pueden alegorizar. Él no dijo "esto es lo que significa el texto" ni alegó que estaba dando una exposición del texto.

Fuentes para lectura adicional

A. B. Mickelsen, *Interpreting the Bible* [Interpretando la Biblia] pp. 230-235.

M. S. Terry. *Hermenéutica bíblica*, pp. 302-328.

Resumen del capítulo

Los siguientes pasos incorporan la hermenéutica general y la especial:

1. Hacer un análisis histórico y contextual.
2. Hacer un análisis léxico-sintáctico.
3. Hacer un análisis teológico.
4. Identificar la forma literaria y aplicar análisis apropiado.
   a. Buscar referencias explícitas que indiquen la intención del autor respecto al método que estaba usando.
   b. Si el texto no identifica explícitamente la forma literaria del pasaje, estudiar las características del pasaje para deducir con exactitud su forma.
   c. Aplicar los principios de recursos literarios pero no rígidamente.

---

1 Citado en Terry, *Hermenéutica bíblica*, p. 323.

      (1) metáforas, símiles y proverbios; buscar un solo punto de comparación.

      (2) Parábolas; determinar la enseñanza focal y los detalles de importancia que lo rodean.

      (3) Alegorías; determinar los múltiples puntos de comparación que el autor tenía en mente.

5. Formular su comprensión del sentido del pasaje.

6. Revisar para ver si el significado formulado "armoniza" con el contexto inmediato y el contexto total del libro. Si no es así, vuelva a comenzar el proceso.

7. Comparar su trabajo con el de los demás.

Ejercicios

DM35: Alegorías y alegorización

Desde los tiempos de Cristo hasta la época de Lutero una herramienta hermenéutica importante era la práctica de la alegorización. Hoy la mayoría de los eruditos evangélicos rechazan la alegorización como un recurso hermenéutico ilegítimo.

    a. Defina la alegorización para mostrar por qué ese método por tanto tiempo empleado para interpretar la Biblia es ahora repudiado.

    b. Contraste el género de la alegoría con el método de alegorización y muestre por qué uno se considera legítimo y el otro ilegítimo.

DM36: Haga uso de su conocimiento de los recursos literarios para identificar e interpretar el significado de Juan 10:1-18. (Para que adquiera experiencia por sí mismo, no consulte Biblias de referencia de estudio bíblico ni comentarios hasta después que haya completado su interpretación.)

DM37: Romanos 13:1-5 manda a los creyentes a ser obedientes a sus autoridades gubernamentales. Ese mandamiento ha causado conflicto para los creyentes que han vivido bajo gobiernos totalitarios como los de la Alemania nazi y los de países comunistas. ¿Cuál es el significado de ese texto, y de otros pasajes pertinentes, para los creyentes que enfrentan a gobernantes que les ordenan actuar en contra de su conciencia?

DM38: Algunos maestros bíblicos enseñan que los seguidores de Cristo no debieran sufrir dolor ni enfermedad, basando sus argumentos en parte en 3 Juan 2. Analice el pasaje y diga si piensa que el pasaje intentaba o no enseñar que los creyentes no debieran experimentar dolor ni enfermedad.

DM39: La parábola del trigo y la cizaña (Mateo 13:24-30) parece enseñar que no debiera juzgarse el error dentro de la iglesia por temor de "lastimar el trigo". ¿Cómo reconciliaría eso con la enseñanza de Mateo 7:15-20, Tito 3:10 y otros pasajes que parecen enseñar que la iglesia debe juzgar el mal y el error dentro de ella?

DM40: En la parábola de los dos deudores (Mateo 18:23-25), al primer siervo el amo le perdonó una gran suma de dinero, y luego se negó a perdonarle una cantidad insignificante a su compañero. Un psiquiatra cristiano, consejero y educador declaró que esta parábola muestra que es posible ser perdonado (por Dios) sin ser perdonador (para con su prójimo). ¿Está usted de acuerdo? ¿Por qué sí o por qué no?

DM41: Muchos creyentes interpretan la historia del rico y Lázaro (Lucas 16:19-31) como un suceso verdadero y derivan de esa historia una teología de la vida después de la muerte. Algunos eruditos evangélicos son reacios a hacer eso por razones hermenéuticas. ¿Cuáles pudieran ser sus razones?

DM42: En el Antiguo Testamento hay por lo menos dos pasajes que parecen contradecir lo que creemos sobre la justicia de Dios. Un pasaje se refiere a Dios como endureciendo el corazón de Faraón (Éxodo 4:21) y luego Él castiga a Faraón por tener un corazón endurecido. El segundo es cuando Él incitó a David a hacer un censo (2 Samuel 24:1) y luego castigó a David por hacerlo (1 Crónicas 21:1-7). ¿Cómo explicaría esos pasajes?

DM43: Casi todo consejero cristiano tiene algún paciente que acude a él creyendo que ha cometido el pecado imperdonable (Mateo 12:31-32 y paralelos). A través de la historia se ha identificado ese pecado de diversas maneras. Ireneo lo vio como un rechazo del evangelio; Atanasio lo igualó a la negación de Cristo. Orígenes dijo que era un pecado mortal cometido después del bautismo, y Agustín lo identificó como persistir en el pecado hasta la muerte. Quizás la opinión más común sostenida por los consejeros sea que ese pecado es ultrajar a Jesucristo y su obra. Haga uso de sus talentos hermenéuticos para determinar la identidad de ese pecado.

CAPÍTULO SIETE

RECURSOS LITERARIOS ESPECIALES

Tipos, profecía y literatura apocalíptica

Después de completar este capítulo, el lector será capaz de:

1. Definir los términos *tipo* y *antitipo*.
2. Distinguir entre la tipología del simbolismo y la alegoría.
3. Identificar tres características distinguibles de un tipo.
4. Mencionar cinco tipos mencionados en la Biblia.
5. Interpretar correctamente el significado de las alusiones tipológicas de las Escrituras.
6. Mencionar tres clases de profecía bíblica.
7. Identificar siete diferencias generales entre profecía y literatura apocalíptica.
8. Reconocer seis temas controversiales en la interpretación de la profecía.
9. Definir los términos *predicción progresiva, cumplimiento gradual* y *contracción profética*.
10. Definir los términos *premilenialismo, postmilenialismo* y *amilenialismo*.

Tipos

La palabra griega *tupos*, de la cual se deriva la palabra *tipo*, tiene una variedad de denotaciones en el Nuevo Testamento. Las ideas fundamentales expresadas por *tupos* y sus sinónimos son los conceptos de parecido, semejanza y similitud. De un estudio inductivo del uso bíblico de ese concepto, se ha desarrollado la siguiente definición de lo que es un tipo: un *tipo* es una relación representativa preordenada que ciertas personas, sucesos e instituciones tienen con acontecimientos, personas o instituciones correspondientes que ocurren un tiempo después en la historia de la salvación. Probablemente la mayoría de los eruditos evangélicos estarían de acuerdo con esta definición de un tipo bíblico.

Un ejemplo conocido de un tipo bíblico se halla en Juan 3:14-15, donde Jesús dice: "Y como Moisés levantó la serpiente en el desierto, así es necesario que el Hijo del Hombre sea levantado, para que todo aquel que en él cree, no se pierda, mas tenga vida eterna." Jesús señala dos semejanzas correspondientes: (1) el levantamiento de la serpiente y de sí mismo, y (2) la vida para los que responden al objeto levantado.[1]

La tipología se basa en la suposición de que hay un modelo en la obra de Dios a través de la historia de la salvación. Dios prefiguró su obra redentora en el Antiguo Testamento, y la cumplió en el Nuevo; en el Antiguo Testamento hay sombras de cosas que debieran ser más plenamente reveladas en el Nuevo. Las leyes ceremoniales del Antiguo Testamento, por ejemplo, demostraron a los creyentes del Antiguo Testamento la necesidad de una expiación por sus pecados: estas ceremonias señalaron hacia el perfecto sacrificio hecho en Cristo. La prefiguración es llamada *tipo*; el cumplimiento se llama *antitipo*.[2]

Los tipos son semejantes a los símbolos e incluso se les puede considerar una clase especial de símbolos. Sin embargo, hay dos características que los diferencian. La primera es que los símbolos sirven como señales de algo que ellos representan, sin ser necesariamente similares en algún aspecto, mientras que los tipos son semejantes en uno o más de las cosas que prefiguran. Por ejemplo, el pan y el vino son símbolos del cuerpo y de la sangre de Cristo; los siete candelabros de oro (Apocalipsis 2:1) son símbolos de las iglesias en Asia. No hay una semejanza necesaria entre los símbolos y las cosas que simbolizan, como la hay entre el tipo y el antitipo. La segunda es que los tipos señalan hacia adelante en el tiempo mientras que los símbolos no necesariamente lo hacen. Un tipo siempre precede históricamente a su antitipo mientras que un símbolo puede precederlo, existir concurrentemente con él o llegar después que la cosa que simboliza.

La tipología se distingue también del alegorismo. La tipología es la búsqueda de enlaces entre los acontecimientos históricos, las personas o las cosas dentro de la historia de la salvación; el alegorismo es la

---

1 A. Berkeley Mickelsen. *Interpreting the Bible* [Interpretando la Biblia] (Grand Rapids: Eerdmans, 1963), p. 237.
2 Un *antitipo*. es un término literario que no siempre corresponde con la palabra griega *antitipus*, que a veces parece en las Escrituras (por ejemplo, Hebreos 9:24).

búsqueda de significados secundarios y ocultos de un relato histórico. La tipología radica en una interpretación objetiva del relato histórico, mientras que la alegorización importa significados subjetivos a ella.

Por ejemplo, en la alusión tipológica hallada en Juan 3:14,15 reconocemos la existencia de una serpiente real y un Cristo verdadero; una es el tipo, el otro es el antitipo. Las circunstancias históricas que rodean a ambos presentan la clave para entender la relación entre ellos. En contraste, en el alegorismo el intérprete atribuye significados a una historia que por lo general no serían deducidos de una estricta interpretación de ella. Por ejemplo, una alegorización de la historia de la matanza de Herodes de los niños de Belén declara que "el hecho de que únicamente los niños de menos de dos años fueran asesinados mientras que los de tres presumiblemente escaparon tiene el propósito de enseñarnos que quienes sostienen la fe trinitaria serán salvos mientras que lo binitarios y los unitarios indudablemente perecerán."[1]

Características de un tipo

Se pueden identificar tres características principales de un tipo.[2] La primera de éstas es que "debe haber algún punto notable de semejanza o analogía" entre el tipo y su antitipo. Eso no implica que haya muchas diferencias también: Adán es un tipo de Cristo, aunque las Escrituras hablan de más puntos de diferencias que de semejanzas (véase Romanos 5:14-19).

La segunda es que "debe haber evidencia de que el tipo fue señalado por Dios para representar la cosa tipificada". Hay cierto desacuerdo entre los eruditos de cómo deben ser tales declaraciones explícitas de Dios. La famosa sentencia del obispo Marsh respecto a los tipos afirma que no se puede declarar como tal ningún tipo a menos que se declare explícitamente así en las Escrituras. Al otro lado del espectro están los que clasifican como tipo cualquier cosa que presente alguna semejanza con cualquier cosa posterior. Un punto de vista moderado, y sostenido por la mayoría de los eruditos (por ejemplo, Terry, Berkhof, Mickelsen, Eichrodt, Ramm, et al.), es que para que una semejanza sea un tipo debe haber alguna evidencia de la afirmación divina de la correspondencia

---

1 Citado en G. Lampe, y K. Woolcombe, *Essays in Typology* [Ensayos en tipología] (Napeville: Allenson, 1957), pp. 31-32.
2 Las tres características son citadas de M. S. Terry, *Hermenéutica bíblica*, CLIE. pp. 337-338 (de la edición en inglés).

entre el tipo y el antitipo, aunque tal afirmación no sea declarada formalmente.

Una tercera característica de un tipo es que "debe prefigurar algo en el futuro". Los antitipos en el Nuevo Testamento presentan la verdad más plenamente cumplida que en el Antiguo Testamento. La correspondencia en el Antiguo revela lo que era incipiente en el Antiguo. La tipología es así una forma especial de profecía.

Jesús ilustró este principio mediante sus frecuentes alusiones tipológicas. R. T. France resume el uso de Cristo de los tipos de la manera siguiente:

> Él usó *personas* del Antiguo Testamento como tipos de sí mismo (David, Salomón, Elías, Eliseo, Isaías, Jonás) o de Juan el Bautista (Elías); Él se refiere a las *instituciones* del Antiguo Testamento como tipos de sí mismo y de su obra (el sacerdocio y el pacto); Él ve en las *experiencias* de Israel una sombra de sí mismo; Él halla las *esperanzas* de Israel cumplidas en sí mismo y en sus discípulos; y ve a sus discípulos como asumiendo el *status* de Israel; en la *liberación* por Dios Él ve un tipo de la entrada del hombre a su iglesia, mientras que los *desastres* de Israel son sombras del inminente castigo de quienes lo rechazan, cuya *incredulidad* está prefigurada en las maldades de Israel, e incluso, en dos casos en la arrogancia de las naciones gentiles.
>
> En todos esos aspectos del pueblo de Dios en el Antiguo Testamento, Jesús ve prefiguraciones de sí mismo y de su obra, con los resultados en la oposición y consecuente rechazo de la mayoría de los judíos, mientras que el verdadero Israel se encuentra en la nueva comunidad cristiana. Por consiguiente, en su venida la historia de Israel ha alcanzado su punto decisivo. Todo el Antiguo Testamento está congregado en Él. Él mismo incorpora en su persona el status y el destino de Israel, y en la comunidad de los que pertenecen a Él ese status y destino debe cumplirse, no más en la nación como tal.[1]

En resumen, entonces, para que una figura sea un tipo debe haber (1) alguna semejanza o analogía notable entre el tipo y el antitipo;

---

1 R. T. France, *Jesús and the Old Testament* [Jesús y el Antiguo Testamento] (Downers Grove: InterVarsity, 1971), pp. 75-76.

(2) alguna evidencia de que Dios indicó que el tipo representa la cosa tipificada; y (3) algún antitipo futuro correspondiente.

Clasificación de los tipos

Aunque haya algunas variaciones de menor importancia con referencia al número y nombres de los diversos tipos, las cinco clases estudiadas a continuación representan, en general, las categorías mencionadas.

Personas típicas son aquellas cuya vida ilustra algún gran principio o verdad de redención. Se menciona a Adán como tipo de Cristo (Romanos 5:14): Adán era la cabeza representante de la humanidad caída, mientras Cristo es la cabeza representante de la humanidad redimida.

Contrario al énfasis sobre el individuo en nuestra cultura, los judíos se identificaban primordialmente como miembros de un grupo. Debido a esto, no es raro hallar una persona representante hablando o actuando por el grupo entero. *La identidad corporativa* se refiere a la oscilación de pensamiento entre un grupo y un individuo que representa ese grupo, y era una forma hebraica de pensamiento.[1] Por ejemplo, Mateo 2:15 ("De Egipto llamé a mi hijo") se refiere a Oseas 11:1, en el cual el hijo es identificado con la nación de Israel. En Mateo era Cristo mismo (como un representante de Israel) quien fue llamado de Egipto, de modo que las palabras originales se aplican a Él. Algunos de los salmos ven también a Cristo como el representante de toda la humanidad.[2]

Aunque contrarios a nuestros conceptos contemporáneos, estos usos de conceptos de cumplimiento y de identidad representativa poseen los requisitos previos de legitimidad y validez hermenéutica. Es decir, que ellos tuvieron la intención, fueron usados y entendidos en esa cultura en ciertas maneras culturalmente aceptadas. El hecho de que esos conceptos son algo diferentes de nosotros sólo confirma las diferencias entre las culturas y no dice nada de su validez o invalidez.

Los *acontecimientos típicos* poseen una relación analógica con algún suceso posterior. Pablo emplea el juicio sobre la incredulidad de Israel como una advertencia tipológica para los cristianos para que no partici-

---

1 Puede hallarse un buen análisis de los conceptos de solidaridad humana en el Antiguo Testamento y en el judaísmo primitivo en Russell Shedd, *Man in Community: A Study of St. Paul's Application of Old Testament and Early Jewish Conceptions of Human Solidarity* [El hombre en comunidad: Estudio de la aplicación de San Pablo del concepto de solidaridad humana del Antiguo Testamento y el judaísmo primitivo] (Londres: Epworth Press, 1958), pp. 3-89.
2 John W. Wenham, *Christ and the Bible* [Cristo y la Biblia] (Downers Grove: InterVarsity, 1973), p. 107.

pen en la inmoralidad (1 Corintios 10:1-11). Mateo 2:17-18 (Raquel que llora a sus hijos asesinados) se menciona como analogía tipológica de la situación en los tiempos de Jeremías (Jeremías 31:15). En la época de Jeremías el suceso implicó una tragedia nacional; en los días de Mateo el acontecimiento significó una tragedia local. El punto de correspondencia era la angustia mostrada ante la pérdida personal.

Las *instituciones tipológicas* son prácticas que prefiguran algún acontecimiento posterior en el plan de salvación. Un ejemplo de eso es la expiación mediante el derramamiento de sangre de cordero y más tarde por Cristo (Levítico 17:11; cf. 1 Pedro 1:19). Otro es el sábado como un tipo del descanso eterno del creyente.

Los *oficios típicos* incluyen a Moisés, quien en su oficio como profeta (Deuteronomio 18:15) era un tipo de Cristo; Melquisedec (Hebreos 5:6) como un tipo del continuo sacerdocio de Cristo; y David como rey.

Las *acciones típicas* se ejemplifican por el andar de Isaías descalzo durante tres años como una señal a Egipto y Etiopía de que Asiria pronto los llevaría a ellos desnudos y descalzos (Isaías 20:2-4). Otro ejemplo de una acción típica fue el matrimonio de Oseas con una prostituta y la posterior redención de ella después de su infidelidad, simbolizando el pacto de amor de Dios y la infidelidad de Israel.

Principios para la interpretación de tipos

Análisis histórico y contextual. El lugar más importante para comenzar la investigación de dos sucesos cualesquiera en la historia de la salvación es la situación histórico-cultural en la cual ocurrieron. La identificación de los nombres propios, las referencias geográficas, las costumbres contemporáneas, y los detalles históricos y el trasfondo son todos necesarios para entender cómo un tipo y un antitipo armonizan con el modelo de la historia de la salvación. El contexto inmediato a veces proporciona indicios en este respecto; en otras ocasiones el estudio de un contexto más amplio (tal como el propósito del libro) proporciona una comprensión de la razón del autor para incluir un determinado acontecimiento.

Análisis léxico-sintáctico. ¿Están las palabras empleadas literal, figurada o simbólicamente? (Un análisis sobre el uso simbólico de las palabras aparece más adelante en este capítulo bajo la sección sobre profecía.) Los mismos principios del análisis léxico-sintáctico considerados en el capítulo 4 se aplican en la interpretación de tipos.

Análisis teológico. La interpretación y el entendimiento apropiados de los tipos a menudo conducen a una incrementada apreciación de la unidad de las Escrituras y la coherencia con la cual Dios ha tratado con el hombre a través de la historia de la salvación. La interpretación personal de un tipo será afectada, consciente o inconscientemente, por el punto de vista que se tenga de la naturaleza de la historia de la salvación. La interpretación no puede divorciarse de las presuposiciones que uno trae al texto.

Análisis literario. Una vez que se ha identificado el tipo como tal mediante el uso de las tres características mencionadas en la sección anterior, dos pasos restan en el análisis: (1) Analizar el texto para encontrar el punto o los puntos de correspondencia, y (2) notar los puntos importantes de diferencia entre el tipo y el antitipo.

Como en cualquier otra clase de comparación, el autor no tuvo la intención de que fueran puntos de correspondencia cada detalle incidental del tipo y el antitipo. Algunos comentaristas, por ejemplo, han conjeturado que el hecho de que la serpiente fuera hecha de bronce (un metal inferior al oro o la plata) fue un tipo de la simplicidad exterior de la apariencia del Salvador. Otros comentaristas han hallado en la madera de acacia y el oro del tabernáculo un tipo de la humanidad y la deidad de Cristo, y otros tipos y símbolos se han encontrado en las tablas, en las bases de plata, en los postes de las puertas, en el lino, en el color o la falta de color de las cortinas, etc.[1] Tales prácticas parecen peligrosamente afines a la alegorización de la Edad Media, imputando al texto significados que con toda probabilidad el autor no tenía en mente. El contexto y la analogía de la fe (otros pasajes bíblicos relacionados) siguen siendo la mejor fuente de discriminación entre tipos y no tipos.[2]

Profecía

La interpretación de la profecía es un asunto sumamente complejo, no tanto debido al desacuerdo respecto a los principios de interpretación apropiados, sino debido a las diferencias de opinión sobre cómo aplicar esos principios. La siguiente sección identifica los principios sobre los que hay un acuerdo general y aquellos que están todavía sin resolver. Al

---

1 C. I. Scofield, *Biblia anotada de Scofield* (Dalton: Ediciones españolas), pp. 101-105.
2 Una lista de tipos bíblicos puede hallarse en el excelente volumen de J. Barton Payne, *Encyclopedia of Biblical Prophecy* [Enciclopedia de profecía bíblica] (Nueva York: Harper and Row, 1973), pp. 671-672.

final del capítulo se enumeran varios libros para quienes desean estudiar el tema más a fondo.

En ambos testamentos "un profeta es un vocero de Dios que declara la voluntad de Dios al pueblo".[1] La profecía se refiere a tres cosas: (1) predecir acontecimientos futuros (por ejemplo, Apocalipsis 1:3; 22:7,10; Juan 11:51); (2) revelar hechos ocultos respecto al presente (Lucas 1:67-79; Hechos 13:6-12), y (3) ministrar instrucción, consuelo y exhortación en un lenguaje poderosamente apasionado (por ejemplo, Amós; Hechos 15:32; 1 Corintios 14:3,4,31).

Si aceptamos las fechas de los diversos libros de la Biblia que dan comúnmente los eruditos, parece que gran parte de la Biblia es profecía predictiva (denotación 1). Payne calcula que de los 31,124 versículos de la Biblia, 8,352 (veintisiete por ciento) era material predictivo al tiempo de ser hablados o escritos.[2] En las Escrituras, la predicción estaba al servicio de la proclamación (denotación 3). El modelo con frecuencia era: "A la luz de lo que el Señor va a hacer (predicción), debemos vivir piadosamente (proclamación)."

La profecía predictiva puede desempeñar un buen número de funciones. Ella da gloria a Dios al testificar de su sabiduría y soberanía sobre el futuro. Puede conceder gran seguridad y consuelo al creyente oprimido. Puede motivar a sus oyentes a una fe más firme y una santidad más profunda (Juan 14:29; 2 Pedro 3:11).[3]

Profecía y literatura apocalíptica

En el siglo veinte, los estudiantes de la profecía bíblica han dedicado considerable tiempo a investigar un género particular llamado "apocalíptica". El término se deriva de la palabra griega *apokalupsis* (se halla en Apocalipsis 1:1), que significa "descubrir" o "revelar". El principal enfoque de la literatura apocalíptica es la revelación de lo que había estado oculto, en particular con respecto a los tiempos del fin. Los escritos apocalípticos no canónicos se hallan desde la época de Daniel hasta el final del primer siglo d. C., y tienen varias características en común. Leon Morris describe estas características:

1. El escritor tiende a escoger algún gran personaje del pasado (por ejemplo, Enoc o Moisés) y lo hace el héroe del libro.

---

1 A. B. Mickelsen. *Interpreting the Bible* [Interpretando la Biblia] (Grand Rapids: Eerdmans, 1963), p. 280.
2 J. Barton Payne, *Encyclopedia of Biblical Prophecy* [Enciclopedia de profecía bíblica], p. 13.
3 Ibid., pp. 13-16.

2. Este héroe a menudo hace un viaje, acompañado de un guía celestial quien le muestra visiones interesantes y las comenta con él.
3. A menudo la información se comunica mediante visiones.
4. Las visiones a menudo hacen uso de simbolismos extraños y enigmáticos.
5. Las visiones con frecuencia son pesimistas con respecto a la posibilidad de que la intervención humana mejore la situación actual.
6. Las visiones por lo general terminan con la intervención divina llevando el presente estado de cosas a un cataclismo y al establecimiento de una situación mejor.
7. El escritor apocalíptico a menudo usa un seudónimo, afirmando escribir en el nombre de su héroe elegido.
8. El escritor con frecuencia toma partes de la historia y las vuelve a escribir como si fueran profecía.
9. El enfoque de la literatura apocalíptica es confortar y sostener al "remanente fiel".[1]

George Ladd mira el desarrollo de la apocalíptica como el resultado de tres factores principales. El primero es "el surgimiento de 'remanente justo' ", un grupo minoritario, casi siempre sin gran poder político, que se ve a sí mismo como un remanente fiel a Dios aunque están rodeados por infieles. Un segundo factor es "el problema del mal". Ya en un libro tan antiguo como el de Job se había registrado la concepción de que Dios recompensa al justo y castiga al malvado. ¿Cómo entonces pudiera el remanente justo reconciliar el hecho de que ellos estaban siendo oprimidos por quienes eran más malvados que ellos? El tercero es que "la cesación de la profecía" (registrada en el libro no canónico de 2 Baruc 85:3) creó un vacío espiritual: el remanente justo anhelaba una palabra de parte de Dios pero no venía. La literatura apocalíptica intentaba dar una palabra de consuelo y seguridad de parte de Dios a los hombres de su tiempo.[2]

La literatura apocalíptica tiene varios puntos en común con la profecía bíblica. Ambas están interesadas en el futuro. Ambas emplean con frecuencia lenguaje figurado y simbólico. Las dos dan énfasis al mundo invisible que subyace bajo la acción del mundo visible. Las dos dan énfasis a la futura redención del creyente fiel.

También hay muchas diferencias. Entre ellas están:

---

1 Leon Morris. *Apocalyptic* [Apocalipsis] (Grand Rapids: eerdmans, 1972), pp. 34-61.
2 George Eldon Ladd, "Apocalipsis" *Diccionario de teología*, ed. E. F. Harrison (Grand Rapids: TELL, 1960).

1. La presentación inicial de la profecía por lo general fue en forma hablada y fue puesta por escrito tiempo después. La presentación inicial de la apocalíptica por lo general fue escrita.

2. Las expresiones proféticas con más frecuencia eran separadas, oráculos breves. La apocalíptica casi siempre es más larga y continua; tienen ciclos de material repetido una segunda o tercera vez en forma paralela.

3. La apocalíptica tiende a contener más simbolismo, en especial animales y otras formas vivientes.

4. La apocalíptica acentúa más el dualismo (ángeles y el Mesías versus Satanás y el anticristo) que lo que hace la profecía.

5. La apocalíptica principalmente conforta y alienta al remanente justo. La profecía a menudo castiga a los religiosos nominales.

6. La apocalíptica generalmente es pesimista acerca de la eficacia de la intervención humana en el cambio del presente. La profecía se concentra en la importancia del cambio humano.

7. La apocalíptica se escribió por lo general con el empleo de un seudónimo. La profecía era generalmente escrita o hablada en el nombre de su autor.[1]

Las distinciones anteriores son asunto de grado y énfasis, en vez de ser diferencias absolutas. Se pueden citar excepciones en cada una de ellas; sin embargo, los eruditos bíblicos más conservadores estarían de acuerdo con tales distinciones.

Las secciones apocalípticas ocurren dentro de los libros canónicos, principalmente en Daniel (capítulos 7-12) y en Apocalipsis. Hay también pasajes apocalípticos en Joel, Amós y Zacarías. En el Nuevo Testamento, el discurso de Jesús en el Monte de los Olivos (Mateo 24-25 y paralelos) contiene elementos apocalípticos.

La apocalíptica bíblica tiene muchos elementos en común con la apocalíptica hallada en los libros no canónicos; aunque también se pueden notar diferencias.[2] La superposición de características afecta el tema de la inspiración. La pregunta que surge es: "¿Cómo el uso de un género enigmático, creado por el hombre, como la apocalíptica, afecta la autoridad y confiabilidad de los pasajes bíblicos en los que aparece?"

En el estudio de las formas literarias en los capítulos anteriores,

---

1 Payne, *Encyclopedia of Biblical Prophecy* [Enciclopedia de profecía bíblica], pp. 86-87.

2 Morris, *Apocalyptic* [Apocalipsis], esp. pp. 51-54, 58-67; George Eldon Ladd, *Jesús and the Kingdom* [Jesús y el reino] (Nueva York: Harper and Row, 1964), capítulo 3.

vimos que Dios revela su verdad usando formas literarias familiares al pueblo de ese tiempo. La elección de una variedad de recursos literarios para comunicar información no afecta la validez de esa información. Nuestra falta de familiaridad con un género en particular como la apocalíptica no afecta la confiabilidad de la información contenida en los pasajes apocalípticos, sino sólo nuestra capacidad para interpretarlos con seguridad. Quizás en la medida en que aumente nuestra comprensión del período intertestamentario, aumente proporcionalmente nuestra capacidad de interpretar las profecías del tiempo del fin.

Problemas en la interpretación de la profecía y la literatura apocalíptica

Antes que pueda comenzar la interpretación de la profecía y de la literatura apocalíptica, se deben decidir muchos problemas teóricos y prácticos. En uno de tales problemas hay un acuerdo fundamental entre evangélicos; en los otros hay importantes diferencias de opinión.

Principios hermenéuticos. Una pregunta fundamental en la interpretación de la profecía es si se puede interpretar esa literatura empleando los mismos principios hermenéuticos que se aplican a otros géneros, o si se requiere algún método hermenéutico especial.

La mayoría de los eruditos evangélicos (Ramm, Berkhof, Tenney, Pentecost, Payne, et al.) concuerdan en que la interpretación de la profecía comienza con los procedimientos que hemos denominado análisis contextual, histórico-cultural, léxico-sintáctico y teológico. Una exposición de las porciones apocalípticas del libro de Apocalipsis, por ejemplo, comenzaría con un intento de entender todas las circunstancias históricas que sean posibles. Entonces el contexto de los primeros tres capítulos serían examinados para obtener información pertinente para la interpretación de los que siguen. El análisis léxico-sintáctico procedería como con otros géneros, con el reconocimiento de que tanto la profecía como la literatura apocalíptica tiende a usar palabras más frecuentemente en sentido simbólico, figurado y en sentido analógico que otros géneros. El análisis teológico averiguaría cómo las profecías se ajustan en otra información paralela en las Escrituras.

Sentido más profundo. Un segundo problema mayor es si existe o no el *sensus plenior* en la profecía. ¿Hay un significado adicional más profundo en un texto profético, un significado que Dios quería dar pero que no fue entendido con claridad por el autor humano?

Se pueden ilustrar las dos opiniones sobre ese asunto mediante el caso de Caifás el sumo sacerdote, quien profetizó que era "mejor que un hombre muera por el pueblo y no que toda la nación perezca" (Juan 11:15). Los defensores del *sensus plenior* sugerirían que Caifás obviamente no tenía idea de la muerte expiatoria de Cristo y por tanto que estaba profetizando cosas que él no entendía. Los opositores a ese punto de vista alegarían que Caifás entendió lo que había profetizado (*era* mejor que un hombre muriera en vez de toda la nación), y sólo que él no entendió las implicaciones totales de lo que dijo.

Esto, afirman ellos, es un fenómeno natural y frecuente en la comunicación: los hombres a menudo entienden el significado de lo que dicen sin entender todas sus implicaciones. Los escritores bíblicos, de la misma manera, entendieron lo que profetizaron, pero es probable que no entendieran todas las implicaciones de sus profecías. El apéndice C enumera lecturas adicionales sobre este asunto.

Literal versus simbólico. Un tercero y muy práctico asunto en la interpretación de la profecía se refiere a cuánto de la profecía debe interpretarse literalmente, y cuánto simbólica o analógicamente. Por ejemplo, un enfoque literal a la profecía a menudo concibe la "bestia" de Apocalipsis como una persona (note que el acontecimiento no es *totalmente* literal); un enfoque simbólico la ve como una personificación de la lujuria y el poder. Un enfoque literal considera a Babilonia como una ciudad verdadera (a menudo considerada como Roma), mientras que un enfoque simbólico ve a Babilonia como el deseo del lucro económico. Los literalistas a menudo ven la última batalla como una batalla física verdadera; los simbolistas la ven como la representación de la victoria del bien sobre el mal.

La cuestión no es entre un enfoque literal estricto y uno simbólico estricto; aun los más estrictos literalistas toman algunas cosas como simbólicas. Por ejemplo, el entendimiento literal del pasaje respecto a la mujer que se sienta sobre siete montes (Apocalipsis 17:9) sugeriría que esos eran montes muy pequeños o que ella tenía una figura bastante extraña. En el sentido inverso, aun los más recalcitrantes simbolistas interpretan algunas cosas literalmente. Así que las diferencias entre literalistas y simbolistas son relativas y no absolutas, e incluyen asuntos como "qué tanto" o "cuál parte" de la profecía debiera interpretarse simbólica y no literalmente.

En ciertas partes de la profecía algunos intérpretes prefieren el enfoque analógico, una clase de *vía media* entre el literalismo y el simbolismo estrictos. En este enfoque, se interpretan literalmente las declaraciones, pero luego se traducen a su equivalencia moderna de nuestra época. La batalla de Armagedón, por ejemplo, no se pelea con caballos y lanzas sino con analogías modernas (tal vez tanques y artillería). El fundamento lógico subyacente a esta interpretación es que si Dios le hubiera dado a Juan una visión de los medios de transporte y equipos modernos, el apóstol no habría sido capaz de entender lo que veía ni de comunicarlos con claridad a su auditorio.

La cuestión de si la palabra o frase debe interpretarse literal, simbólica o analógicamente no tiene una respuesta fácil. El contexto y los usos históricos de las palabras son las mejores guías generales para tomar decisiones respecto a su empleo dentro de un pasaje específico.

Universalidad. Un cuarto asunto, que tiene que ver con la universalidad de ciertos símbolos apocalípticos, es si un símbolo puede significar lo mismo cada vez que se usa. Algunos escritores antiguos tendían a atribuir importancia simbólica universal a ciertos números, colores o artículos; por ejemplo, el aceite *siempre* era un símbolo del Espíritu Santo, la levadura siempre era un símbolo del mal. Probablemente la mayoría de los eruditos contemporáneos rechazan la noción de símbolos universales, pero aceptan la idea de que hay regularidad en el simbolismo de algunos autores bíblicos. Los números que con frecuencia se consideran simbólicos son el 7, 12 y el 40. (Y está por solucionar el problema de si el 1000 es simbólico o no.) Los colores que con frecuencia poseen significado simbólico son el blanco, rojo, púrpura, a menudo representando los conceptos de pureza, derramamiento de sangre y realeza, respectivamente.[1]

Condicionalidad. Un quinto asunto es si las declaraciones proféticas son condicionales o no, aun cuando un *si* condicional no se declare. Puede ilustrarse el problema de este modo: Basándonos en varios pasajes bíblicos (por ejemplo, Malaquías 3:6; Hebreos 6:17-18; Santiago 1:17) creemos que Dios es inmutable. Por otra parte, leemos que algunas veces Dios se arrepintió — cambió de opinión respecto a cierto juicio — como en Éxodo 32:14, Salmo 106:45 y Jonás 3:10. En el caso de Jonás, por lo visto Dios había comisionado a Jonás a predicar el mensaje que Nínive sería destruida en cuarenta días. Parece no haber condiciones formuladas por las cuales esa predicción pudiera haberse evitado, cuando el pueblo

---

1 Véase Mickelsen *Interpreting the Bible* [Interpretando la Biblia], pp. 272-278, para un análisis más completo de joyas, números, nombres, colores y metales simbólicos.

de Nínive se arrepintió, Dios también desistió del juicio predicho (Jonás 3:10).

Esos pasajes originan dos preguntas. La primera es ¿cómo reconciliamos la doctrina de la inmutabilidad de Dios con el hecho de que las Escrituras registran que Él cambia de opinión varias veces? La segunda, ya que había un *si* no declarado en la predicción del juicio que venía sobre Nínive, ¿las demás profecías contienen también una cláusula condicional no declarada?

La respuesta a esas dos preguntas se halla, al menos en parte, en la explicación de Dios a Jeremías, en Jeremías 18:7-10, donde Él dice:

> En un instante hablaré contra pueblos y contra reinos, para arrancar, y derribar, y destruir. Pero si esos pueblos se convirtieren de su maldad contra la cual hablé, yo me arrepentiré del mal que había pensado hacerles, y en un instante hablaré de la gente y del reino, para edificar y para plantar. Pero si hiciere lo malo delante de mis ojos, no oyendo mi voz, me arrepentiré del bien que había determinado hacerle.

Esos versículos ayudan a calificar el concepto de la inmutabilidad de Dios con más claridad. A veces Dios cambia sus acciones predichas para seguir siendo consecuente con su carácter. Puesto que a veces los hombres cambian su conducta y su relación con Dios, Dios cambia sus acciones predichas hacia ellos de manera correspondiente, para seguir siendo consecuente con su propio carácter de amor y justicia. La misma disposición de condicionar las profecías nacionales basándose en la respuesta del hombre se halla en las acciones de Dios hacia las personas que se arrepienten (por ejemplo, 1 Reyes 21:1-29). De modo que tal vez sea sabio reconocer que las profecías pueden llevar implícitas una condición aun si la condición se declara explícitamente.[1]

Un sólo significado versus significados múltiples. Un asunto final, y uno respecto al que hay considerable controversia entre los evangélicos contemporáneos, es si los pasajes proféticos tienen uno o varios significados. Quienes abogan por múltiples significados usan una variedad de términos para describir su posición, tales como "doble significado", "doble referencia", "múltiples cumplimientos" o "sentidos múltiples".

---

1 W. C. Kaiser, Jr., *The Old Testament in Contemporary Preaching* [El Antiguo Testamento en la predicación contemporánea] (Grand Rapids: Baker, 1973), p. 111-114. Para un análisis adicional de este asunto, véase Payne, *Encyclopedia of Biblical Prophecy* [Enciclopedia de profecía bíblica], pp. 62-68.

En los primeros capítulos ya se han considerado los problemas teóricos y prácticos inherentes a cualquier sistema de exégesis que afirme que un pasaje puede tener una variedad de significados. Payne presenta una excelente crítica de la posición de múltiples significados, y también examina los principios de interpretación de profecía que son consecuentes con el concepto de un sólo significado intencional en cada pasaje. Su análisis es la base de los párrafos siguientes.[1]

Afirmar que los textos bíblicos tienen un sólo *significado* de ningún modo niega el hecho de que el significado puede tener una variedad de *aplicaciones* en diferentes situaciones. Igual principio se aplica a pasajes proféticos y su cumplimiento, como Payne ilustra:

> Las epístolas del Nuevo Testamento, por tanto, repetidamente citan profecías del Antiguo Testamento, aunque no en referencia a su verdadero cumplimiento; por ejemplo, 2 Corintios 6:16 cita Levítico 26:11 (sobre la presencia de Dios con su pueblo en el todavía futuro testamento de paz), 6:17 cita Isaías 52:11 (sobre la partida de la impura Babilonia), y 6:18 vierte libremente Oseas 1:10 (sobre la inclusión de los gentiles en la familia de Dios), todo para ilustrar el presente gozo de los cristianos de la presencia de Dios y nuestra necesidad de mantenernos separados de la impureza del mundo, aunque sólo el último, Oseas 1:10, tiene este significado original en mente. Por eso Terry [M. S. Terry, *Hermenéutica bíblica*, p. 383] aclara: "Podemos admitir que las Escrituras son susceptibles de *aplicaciones* prácticas multiformes; de otra manera no serían tan útiles para la doctrina, la corrección y la instrucción en justicia (2 Timoteo 3:16)." Aunque él permanece firme en su insistencia en un sólo cumplimiento de la profecía bíblica.[2]

En lugar del concepto de significados múltiples, Payne usa el concepto de predicción progresiva, cumplimiento gradual y contracción profética. La *predicción progresiva* se refiere al hecho de que, aunque cada pasaje profético tiene un sólo significado intencional, a menudo una serie de pasajes exhiben el modelo de progreso cronológico en la proclamación profética. Así el pasaje A puede hablarnos acerca de aconteci-

---

1 Payne, *Encyclopedia of Biblical Prophecy* [Enciclopedia de profecía bíblica], pp. 121-144.
2 Payne, *Encyclopedia of Biblical Prophecy* [Enciclopedia de profecía bíblica], pp. 128-129.

mientos, el pasaje B acerca de sucesos inmediatamente subsiguientes y el pasaje C acerca de la culminación de los acontecimientos de la serie. La combinación de esos diversos pasajes forma un todo que se puede identificar como predicción progresiva. Algunas veces esos pasajes se presentan en ciclos dentro del mismo libro, con cada ciclo presentando información adicional. Dos ejemplos muy conocidos de predicción progresiva que ocurren en ciclos son los libros de Zacarías y Apocalipsis.

Un segundo concepto de significado profético, *cumplimiento gradual*, se refiere a la realización de una profecía generalizada, en varias etapas progresivas. Un ejemplo de eso es la profecía de Génesis 3:15, que habla en términos generales de herir a Satanás en la cabeza. La etapa progresiva en el cumplimiento de esta profecía comienza con la muerte, la resurrección y la ascensión de Cristo (Juan 12:31, 32; Apocalipsis 12:5, 10), continua en la iglesia (Romanos 16:20), y termina con el aprisionamiento de Satanás en el abismo (Apocalipsis 20:3) y el lago de fuego (Apocalipsis 20:10).[1]

Un tercer concepto de cumplimiento profético es llamado *contracción profética* se refiere a la característica bien conocida de que "la profecía bíblica puede saltar de un notable pico predictivo a otro, sin notar el valle que hay entre uno y otro, y que puede implicar un lapso nada despreciable en la cronología."[2] La condensación que a veces ocurrió cuando los profetas mezclaron el primer y segundo advenimientos de Cristo es un ejemplo de ese fenómeno.

Variedades de teorías escatológicas

Como hay muchos asuntos sin resolver respecto a la interpretación de la profecía, no es sorprendente que haya una variedad de teorías escatológicas. Esta sección presentará brevemente tales teorías.

Premilenialismo. Es la teoría de que Cristo regresará antes del milenio. Él descenderá a la tierra e instituirá un reino terrenal literal de mil años con su capital en Jerusalén.

Postmilenialismo. Es el punto de vista de que mediante la evangelización el mundo finalmente será alcanzado para Cristo. Habrá un período en el cual el mundo experimentará gozo y paz debido a su obediencia a Dios. Cristo regresará a la tierra al final del milenio.

Amilenialismo. Es conceptualmente una forma de postmilenialismo.

---

1 Otros ejemplos de cumplimiento gradual pueden hallarse en Payne, pp. 135-136.
2 Ibid., p. 137.

El milenio, en esta teoría, es simbólico y se refiere al tiempo entre la primera y segunda venida, no a un período literal de mil años. Durante ese tiempo Cristo reina simbólicamente en el corazón de los hombres. La segunda venida de Cristo marcará el final del período. Algunos amilenialistas creen que Cristo nunca tendrá un reino terrenal, ni siquiera simbólicamente. Para ellos el milenio se refiere al reinado celestial de Cristo en la eternidad.

El postmilenialismo — el punto de vista de que la iglesia finalmente ganaría el mundo para Cristo e introduciría el milenio — rápidamente perdió popularidad durante la primera mitad del siglo veinte. La crudeza de las guerras mundiales fue un fiero recordatorio a la mayoría de los postmilenialistas de que el mundo *no* estaba siendo ganado para Cristo. De ahí que la mayoría de los evangélicos hoy se identifican como premilenialistas o amilenialistas.

Hermenéuticamente, el asunto que más divide a los premilenialistas de los amilenialistas es la pregunta de cuánto de la profecía debe interpretarse literalmente y cuánto simbólicamente. El premilenialista interpreta más cosas literalmente. Cree que Cristo vendrá a la tierra, instaurará un reino físico terrenal y reinará mil años. Cree que las promesas a Israel y a la iglesia deben mantenerse separadas, y que no es válido tomar las promesas físicas hechas a Israel, espiritualizarlas y aplicarlas a la iglesia. Basa su método hermenéutico sobre el principio de que las Escrituras deben interpretarse literalmente a menos que el contexto definitivamente sugiera que el autor intentó que fuera de otro modo.

El amilenialista interpreta más cosas simbólicamente, en vista del lenguaje simbólico empleado en los pasajes proféticos. Ludwigson da un ejemplo: "Cristo encadenó a Satanás (simbólicamente): (1) al resistirlo en el desierto; (2) al pagar la pena del pecado para redimir al hombre; (3) al destruir el poder de la muerte en su resurrección; y (4) al ofrecer salvación a los gentiles, haciendo imposible que Satanás engañe más a las naciones . . . Satanás puede todavía engañar a las personas, [pero] no puede engañar más a las naciones."[1] De igual modo, el amilenialista interpreta el reino milenario de Cristo simbólicamente en vez de literalmente: el reino ya está presente en el corazón de los creyentes. Los creyentes neotestamentarios representan el Israel espiritual, y por lo tanto las promesas del Antiguo Testamento a Israel se aplican al nuevo Israel, la Iglesia.

---

1 R. Ludwigson, *A survey of Biblical Prophecy [Investigación de la profecía]*.

Hay bases hermenéuticas tanto para el modelo de interpretación premilenaria como para el de la amilenaria. Es correcto, como asevera el premilenialista, entender los pasajes bíblicos literalmente a menos que el contexto sugiera otra cosa. Sin embargo, el amilenialista también tiene razón al aseverar que la mayoría de la profecía y la literatura apocalíptica es simbólica, justificando una interpretación simbólica.

Para quienes desean considerar ese asunto más profundamente, se incluye más adelante una bibliografía sobre el tema. Al enfrentarse con el asunto, verifique la coherencia interna de cada posición a la vez que con relación a toda la información bíblica. Ese método de "armonización" puede ser útil al tomar una decisión sobre los méritos de las dos teorías. En último término, la más importante implicación espiritual de todo el estudio escatológico puede hallarse en 1 Juan 3:2, 3:

> Amados, ahora somos hijos de Dios, y aún no se ha manifestado lo que hemos de ser; pero sabemos que cuando él se manifieste, seremos semejantes a él, porque le veremos tal como él es. Y todo aquel que tiene esta esperanza en él, se purifica a sí mismo, así como él es puro.

Principios para interpretar la profecía

Análisis histórico-cultural. La amplia variedad de teorías respecto a los últimos tiempos surge no tanto de un desacuerdo respecto a los principios de interpretación profética como de las diferencias en la aplicación de tales principios. Casi todos los comentaristas están de acuerdo en que es un requisito previo hacer un análisis histórico y cultural para la comprensión exacta de la profecía. La determinación de la identidad de todos los nombres propios, acontecimientos, referencias geográficas, etc., sigue siendo un paso crucial. Aun cuando tales referencias se empleen simbólicamente, como a menudo sucede con la ciudad de Babilonia, un conocimiento de la ciudad histórica de Babilonia proporciona pistas importantes acerca de su significado simbólico. El análisis histórico cuidadoso sigue siendo la única manera de determinar si una profecía se ha cumplido o no. Un análisis de las costumbres pertinentes no es menos importante.

Análisis léxico-sintáctico. Un cuidadoso estudio del contexto a veces revela si un autor tuvo la intención de que sus palabras se entendieran literal, simbólica o analógicamente. Aun entonces, sin embargo, la tarea de interpretación puede todavía ser difícil, como Girdlestone observa:

Ló que hace al lenguaje de la profecía tan vívido y sin embargo tan difícil es que siempre éste es más o menos figurado. Es poesía en vez de prosa. Abunda en palabras y expresiones peculiares que por lo general no están en los escritos en prosa fechados en la misma época. Es rico en alusiones a la vida contemporánea y a la historia pasada, algunas de las cuales son decididamente oscuras. Las acciones registradas en ella a veces son simbólicas, a veces típicas. El presente, el pasado y el futuro, lo declarativo y lo predictivo, todo está combinado y fundido en uno. El curso de los indivi- duos, el surgimiento y caída de naciones, las perspectivas del mundo en general, se describen todos en un lenguaje realista.[1]

Las palabras que han sido traducidas del hebreo, arameo o griego pueden tener un conjunto de denotaciones diferentes de las palabras originales. Un ejemplo de eso que es muy pertinente al estudio de la profecía es la palabra *cumplir*, o *cumplimiento*. En el lenguaje bíblico ese concepto toma una variedad de significados, que incluyen:

1. Inferir todas las implicaciones de algo (Mateo 5:17; cf. versículos 18-48);
2. Culminación de un tiempo fijado (Mateo 1:15; Lucas 21:24);
3. Satisfacer una petición o deseo (Ester 5:8; Salmo 145:19; Proverbios 13:19);
4. Llevar a cabo lo prometido (Levítico 22:21);
5. Conformarse o obedecer una exigencia (Gálatas 5:14; Santiago 2:8; Mateo 3:15);
6. Correspondencia de frases, ilustraciones o acontecimientos entre un período histórico y otro (Mateo 2:23, cf. Isaías 11:1; Jeremías 31:15, cf. Mateo 2:17-18; Isaías 9:1-2, cf. Mateo 4:13-16).

Evidentemente, aplicar las denotaciones del español de la palabra *cumplir* a sus ocurrencias en el texto bíblico algunas veces resultará en una interpretación que el autor no tenía en mente.

Análisis teológico. Para los estudiantes interesados en la profecía, hay muchos pasajes paralelos que pueden consultarse. A veces tales pasajes ocurren dentro del mismo libro, como en los casos cuando la

---

1 Robert B. Girdlestone, *The Grammar of Prophecy* [La gramática de la profecía] (reimpreso, Grand Rapids: Kregel, 1955), p. 48. Citado en Ramm, Protestant Biblical Interpretation [Interpretación bíblica protestante], p. 247.

profecía es dada en ciclos. Con frecuencia otros profetas hablaron del mismo tema, agregando detalles adicionales no contenido en el pasaje en estudio. El índice de la *Enciclopedia de profecía bíblica* de Payne contiene una lista alfabética de temas en la profecía, junto con las referencias de pasajes bíblicos pertinentes y el estudio de tales pasajes.

Análisis literario. Una vez que se ha determinado que el pasaje es profético o literatura apocalíptica, aumenta la probabilidad de alusiones simbólicas o analógicas. Los conceptos de predicción progresiva, cumplimiento gradual y contracción profética pueden aplicarse para entender el texto como corresponde.

En la interpretación de la profecía como en otros tipos de literatura bíblica, es importante la comparación del trabajo de uno con el de otros. La complejidad de los temas, la amplia gama de pasajes paralelos, y la multitud de alusiones poco usuales hacen imperativo valerse de la riqueza de conocimiento de los eruditos que han estudiado ese aspecto a profundidad.

Resumen

Se han analizado los siguientes pasos para interpretar los tipos y la profecía:

Tipos

1. Análisis histórico-cultural y contextual: Determinar la importancia dentro del tiempo y cultura del tipo y del antitipo.
2. Análisis léxico-sintáctico: Seguir los mismos principios que con otras formas literarias.
3. Análisis teológico: Buscar en el texto los puntos de correspondencia entre el tipo y su antitipo en la medida que se relacionan con la historia de la salvación.
4. Análisis literario:
   a. Descubrir alguna semejanza o analogía notable entre el tipo y su antitipo.
   b. Descubrir alguna evidencia de que el tipo fue señalado por Dios para representar la cosa tipificada.
   c. Determinar el punto o puntos de correspondencia entre el tipo y el antitipo: personas, acontecimientos, instituciones, oficios o acciones típicas.

  d. Observar los puntos importantes de diferencia entre el tipo y el antitipo.
5. Comparar su análisis con el de otros: modificar, corregir o ampliar su interpretación como sea apropiado.

Profecía y escritos apocalípticos

1. Análisis histórico-cultural y contextual: Determinar la situación histórica específica que rodeó la composición del escrito. Estudiar la historia relacionada para ver si la profecía se ha cumplido o no.
2. Análisis léxico-sintáctico: Esperar que más palabras sean empleadas en sentido simbólico o analógico.
3. Análisis teológico: Estudiar los pasajes paralelos u otros ciclos dentro de la misma profecía para información adicional.
4. Análisis literario:
  a. Estar consciente de que el estilo es generalmente figurado y simbólico.
  b. Estar atento a elementos sobrenaturales tales como información comunicada mediante el anuncio de ángeles, por visiones, o por otro medio sobrenatural.
  c. Observar el énfasis sobre el mundo invisible que subyace detrás de la acción del mundo visible.
  d. Seguir la acción a su conclusión usual por una intervención soberana de Dios.
  e. Analizar si este pasaje es parte de una predicción progresiva, es parte del cumplimiento gradual o incluye contracción profética.
5. Comparar el análisis de uno con el de otros; modificar, corregir o ampliar su interpretación como sea apropiado.

Fuentes para lectura adicional

Louis Berkhof, *Principios de hermenéutica bíblica,* Vol. 2 pp. 708-719.
Robert Clouse, ed. *The Meaning of the Millenium* [El significado del milenio].
Patrick Fairbain. *The Typology of Scripture* [La tipología bíblica].
R. Ludwigson. *A survey of Biblical Prophecy* [Investigación de la profecía].
A. Berkeley Mickelsen. *Interpreting the Bible* [Interpretando la Biblia], pp. 280-305.
Leon Morris. *Apocalyptic* [Apocalipsis].

J. Barton Payne. *Encyclopedia of Biblical Prophecy* [Enciclopedia de profecía bíblica].

J. Dwight Pentecost. *Eventos del Porvenir.*

Bernard Ramm. *Protestant Biblical Interpretation* [Interpretación bíblica protestante], 3ra ed. rev., pp. 241-275.

Merrill Tenney. *Interpreting revelation* [Interpretación de Apocalipsis].

Milton S. Terry, *Hermenéutica bíblica*, pp. 405-448.

Ejercicios

DM44: Se ha dicho que la Biblia protefiza el uso de arbolitos de Navidad en Jeremías 10:3-4. ¿Es ésa una interpretación válida del versículo? ¿Por qué sí o por qué no?

DM45: La Biblia también prevé el uso de aviones, en Ezequiel 10:9-17, de acuerdo con algunos intérpretes. Más específicamente, este pasaje describe los tapacubos y las ruedas (vv. 9-11), las ventanillas (v. 12), las turbinas del jet (v. 13), y un aterrizaje (vv. 15-16). ¿Es válida esta interpretación? ¿Por qué sí o por qué no?

DM46: De acuerdo con algunos intérpretes, también es una profecía bíblica el auto policiaco, que acude velozmente a una emergencia con sus luces y alarmas encendidas (Nahúm 2:4). Evalúe la validez de esa interpretación.

DM47: Muchos estudiantes de la Biblia han entendido que las siete iglesias de Apocalipsis 2 y 3 se refieren a las iglesias históricas de la época de Juan y a siete épocas sucesivas en la historia de la Iglesia. ¿Está usted de acuerdo? Dé principios hermenéuticos para justificar su respuesta.

DM48: Interprete Apocalipsis 20 desde las posiciones premilenaria y amilenaria. ¿Cuáles problemas hermenéuticos surgen en cada método?

DM49: Algunos de los padres de la Iglesia primitiva trataron de hallar un cuadro tipológico de la Trinidad en el Antiguo Testamento al asegurar que las tres historias del arca son tipos de las tres personas de la Deidad. ¿Es esa una tipología válida? ¿Por qué?

DM50: Un libro de hermenéutica llegó a las siguientes conclusiones en el estudio de la tipología del tabernáculo del Antiguo Testamento: El lino significa el Justo, Jesucristo. El bronce es siempre un símbolo de juicio. La plata siempre simboliza la redención. En el tabernáculo el lino puro (Jesús) pendía de las columnas de bronce y se ponía en las basas de bronce (juicio); pero se le juntaba con las varas de garfios de plata (redención). Jesús pudo haber bajado de la cruz, pero no lo hizo. Nuestra redención lo sostuvo allí (los garfios de plata de redención que prendían el lino al bronce).[1] ¿Es válida esta tipología? Diga por qué sí o no.

---

1 J. Edwin Hartill, *Principles of Biblical Hermeneutics* [Principios de hermenéutica bíblica] (Grand Rapids: Zondervan, 1947), p. 61.

DM51: El mismo libro de hermenéutica saca las siguientes conclusiones respecto al significado tipológico de las pieles de tejón (Éxodo 26:14). El hecho de que estas pieles no son muy agradables a la vista es típico del hecho de que "no había parecer en él ni hermosura". Del lado exterior las personas sólo ven la cubierta de pieles. Para ver la belleza del lino, uno tenía que pasar adentro. De manera correspondiente, el mundo mira sólo la humanidad de Cristo y no su Deidad. Desde adentro, uno podría ver la púrpura, la escarlata, el azul, el oro y la plata. La aplicación correspondiente es que debemos entrar en Cristo para ver su belleza.[1] ¿Es válida esta tipología? ¿Por qué sí o por qué no?

DM52: Un pastor predicó un mensaje en Ezequiel 37 (la visión de los huesos secos). Él dijo que, aunque el mensaje era inicialmente para la nación de Israel, pudiera también aplicarse legítimamente a la Iglesia. Su mensaje se concentró en la importancia de cultivar relaciones con otros en el cuerpo de Cristo (haciendo que los huesos se unan). ¿Es válido ese uso del texto? ¿Por qué?

DM53: Otro ministro predicó un mensaje en Isaías 18:1-7. Él dijo que, aunque originalmente estaba dirigida a Etiopía, de acuerdo con la teoría del "doble cumplimiento" de la profecía, pudiera aplicarse legítimamente a los Estados Unidos de América. Algunos de sus puntos fueron: (1) v. 1. Estados Unidos es uno de los pocos países que tiene un ave como símbolo nacional; (2) el v. 2 describe a los Estados Unidos como una nación fuerte y poderosa; (3) el v. 3 se refiere a la colocación de la bandera norteamericana en la luna; y (4) el v. 5 advierte que el juicio viene para los Estados Unidos. ¿Es ése un uso legítimo del texto? ¿Por qué?

DM54: Isaías 14:12-15 a menudo ha sido interpretado como una alusión tipológica a Satanás. Analice los pros y contras hermenéuticos para tal interpretación.

DM55: En Mateo 16:19, Jesús profetiza que Él le dará a Pedro las llaves del reino de los cielos. ¿Cuál es el significado de esa profecía?

DM56: Algunos creen que la profecía de Pablo en 1 Corintios 15:22 sugiere que todos serán salvos ("Porque así como en Adán todos mueren, también en Cristo todos serán vivificados"). ¿Cómo respondería usted a este argumento?

DM57: Algunos comentaristas liberales han argumentado que Cristo estaba equivocado respecto al tiempo de su segunda venida, porque versículos tales como Mateo 24:34 parecen indicar que Él volvería dentro de esa generación. ¿Hay otros modos legítimos de entender ese versículo?

---

1 Ibid., p. 62.

CAPÍTULO OCHO

APLICACIÓN DEL MENSAJE BÍBLICO

Una propuesta para el problema transcultural

En los anteriores siete capítulos estudiamos las prácticas de la hermenéutica tradicional para responder a la pregunta fundamental: "¿Cuál fue el significado intentado por el autor cuando escribió un texto en particular?" Este capítulo considerará otra pregunta: "¿Cuáles son las implicaciones de ese significado para nosotros en un tiempo y cultura diferentes?".

Son dos las categorías fundamentales de pasajes bíblicos a los que debe dirigirse la pregunta anterior. La primera son las porciones narrativas de la Biblia. ¿Cómo podemos hacer útiles estas partes de la Biblia para la enseñanza, la represión, la corrección y la instrucción en justicia de una manera hermenéuticamente válida?

La segunda es ¿cómo aplicamos los mandamientos normativos de las Escrituras? ¿Los trasplantaremos a nuestra cultura y tiempo, sin tomar en cuenta lo arcaico o extraño que parezcan? ¿O los transformaremos? ¿Qué directrices seguiremos para responder a estas preguntas?

Este capítulo se divide en dos partes. La primera parte describe un método — deducción de principios — que es un modo hermenéuticamente legítimo de mostrar la importancia de las porciones narrativas de las Escrituras para los creyentes de hoy. La segunda mitad del capítulo propone un modelo de traducir los mandamientos bíblicos de una cultura a otra.

Deducción de principios: una alternativa a la alegorización de las narraciones de la Biblia

Como vimos en el capítulo 2, el alegorismo se desarrolló a partir de un motivo correcto: el deseo de hacer pertinentes los pasajes del Antiguo Testamento a los creyentes neotestamentarios. Se ha rechazado el alegorismo, sin embargo, debido a que introduce un significado en el texto que el autor nunca quiso que tuviera. De modo que es necesario un método para hacer que las secciones históricas de las Escrituras tengan importancia para los creyentes de hoy.[1]

Un recuento simple de la narración es un método de exposición insuficiente e ineficaz. Por sí solo tal método conduce a un "mensaje a. C.", un mensaje que pudo haber tenido pertinencia para los creyentes del tiempo en que fue escrito, pero deja de parecer aplicable para los creyentes de hoy. Lo que hace falta, entonces, es un método expositivo que haga pertinentes las porciones narrativas de la Biblia para los creyentes contemporáneos sin hacer que el texto diga algo que el autor original no tuvo la intención de decir. Uno de los métodos para hacer esto se llama deducción de principios.

La *deducción de principios* es el intento de descubrir en una narración los principios espirituales, morales o teológicos que tengan pertinencia para los creyentes de hoy. Se basa en la suposición de que el Espíritu Santo escogió aquellos incidentes históricos que son registrados en las Escrituras para un propósito: dar información, trasmitir un mensaje, ilustrar una verdad importante, etc. La deducción de principios es un método de tratar de entender una historia de tal modo que podamos reconocer la razón original por la que fue incluida en las Escrituras, los principios que pretendía enseñar.

A diferencia de la alegorización, que da a la historia un nuevo significado asignando a los detalles importancia simbólica que el autor original no pretendió darles, la deducción de principios procura derivar sus enseñanzas de una comprensión cuidadosa de la historia misma. A diferencia de la desmitologización, la deducción de principios reconoce la validez de los detalles históricos de una narración y los principios que esos detalles tratan de enseñar.

---

1 Esta afirmación no procura implicar que las porciones narradas nunca enseñen doctrinas directa y explícitamente. Los relatos del evangelio sobre el ministerio de enseñanza de Jesús son ejemplos de fragmentos narrativos de pasajes que contienen importantes enseñanzas directas, explícitas y doctrinales. Los relatos sobre hombres que actúan en una capacidad profética como voceros de Dios también contienen a menudo enseñanza doctrinal.

Metodológicamente, el enfoque es el mismo que en la exégesis de cualquier pasaje bíblico. Se observan con cuidado las circunstancias históricas y las costumbres culturales que iluminan la importancia de varias acciones y mandamientos. Se estudia el propósito del libro donde ocurre la narración, así como el contexto cercano de los pasajes que preceden y siguen a la sección que se examina. Se investigan también el estado de conocimiento teológico y el compromiso.

Cuando se han hecho todas esas cosas, el intérprete puede entender la importancia de la narración en su ubicación original. Por último, basado en esa comprensión y usando un proceso de deducción, el intérprete intenta articular el principio o los principios ilustrados por la historia, principios que siguen teniendo importancia para los creyentes actuales. Veremos dos narraciones para ilustrar ese proceso de deducción de principios.

Ejemplo 1: El "fuego extraño" de Nadab y Abiú (Levítico 10:1-11)

La historia de Nadab y Abiú es interesante tanto por su brevedad como por la severidad y singularidad del juicio sobre ellos. Provoca curiosidad porque no se ve de inmediato lo que ese "fuego extraño" era, ni por qué tuvo una reacción tan rápida y poderosa de parte de Dios.

Las acciones de la narración

Aarón y sus hijos acababan de ser consagrados en su sacerdocio (Levítico 8). Después de ordenarles que el fuego debía mantenerse ardiendo continuamente (6:13), Dios había confirmado su ofrenda expiatoria al encender el fuego de manera milagrosa (9:24).

Nadab y Abiú, los dos hijos mayores de Aarón, tomaron "fuego extraño" e hicieron una ofrenda de incienso al Señor. De inmediato el fuego divino los hirió de muerte. Moisés pronunció una profecía, y luego ordenó a los parientes de Aarón que sacaran los cuerpos de Nadab y Abiú del campamento. A Aarón y a sus otros dos hijos, que también eran sacerdotes, se les ordenó que no mostraran los signos tradicionales de dolor (arrancarse el cabello y rasgarse la ropa), aunque se les permitió hacerlo a sus familiares.

Dios entonces le dio a Aarón tres mandamientos (Levítico 10:8-10): (1) ni él ni ningún sacerdote de sus descendientes debían tomar bebidas fermentadas antes de entrar a sus obligaciones sagradas; (2) debían distinguir entre lo santo y lo profano, lo limpio y lo inmundo; y (3) debían enseñar al pueblo todos los estatutos del Señor.

Importancia o significado de las acciones

Análisis histórico-cultural. Israel acababa de salir de la idolatría, y seguía rodeado por cultos idolátricos. Había un peligro siempre presente de sincretismo, es decir, la combinación de la adoración al Dios verdadero con las prácticas paganas de adoración.

Análisis contextual. Ese era el día de toma de posesión de Aarón y de sus hijos como iniciadores del sacerdocio levítico. Se considerarían, sin duda, sus acciones como un precedente para quienes los seguirían. De manera similar, la aceptación o el rechazo de Dios a esas acciones afectarían el desarrollo posterior del sacerdocio y de las actividades de los sacerdotes.

Análisis léxico-sintáctico y teológico. Se consideraba el fuego como símbolo divino en casi todas las religiones de la antigüedad, incluso en el judaísmo. Se explica el fuego no santo o "extraño", que Nadab y Abiú ofrecieron, como un fuego que Dios no había ordenado ofrecer (v. 1). Una expresión similar se halla en Éxodo 30:9, donde se le llama "incienso extraño" al que no había sido preparado según las indicaciones de Dios.

Un análisis posterior de la secuencia del tiempo de los capítulos 9 y 10 sugiere que Nadab y Abiú ofrecieron la ofrenda de incienso entre la ofrenda expiatoria (9:24) y la ofrenda de cereales que debía haber seguido (10:12-20), es decir, en una hora que no estaba designada para esa ofrenda. Keil y Delitzsch sugieren que no es improbable que

> Nadab y Abiú trataron de unirse a los gritos del pueblo con una ofrenda de incienso para adorar y glorificar a Dios, y presentaron una ofrenda de incienso no sólo en un tiempo inoportuno, sino no preparado del fuego del altar, y cometieron tal pecado con esta adoración personal, que fueron muertos por el fuego que salió de delante de Jehová.
>
> . . . El fuego del Dios santo (Éxodo 14:18), que acababa de santificar el servicio de Aarón como agradable a Dios, trajo destrucción a sus hijos mayores, porque ellos no habían santificado a Jehová en sus corazones, sino que habían asumido por sí mismos la responsabilidad de un servicio rebelde.[1]

Esa interpretación es confirmada además por la profecía de Dios a Aarón, por medio de Moisés, inmediatamente después que el fuego había

---

1 C. F. Keil and F. Delitzsch, *Commentary on the Old Testament* (Grand Rapids; Eerdmans, 1973), Vol. 1, p. 2351.

consumido a Nadab y Abiú. "Esto es lo que habló Jehová, diciendo: En los que a mí se acercan me santificaré, y en presencia de todo el pueblo seré glorificado" (v. 3).

Poco después de eso, Dios le habló directamente a Aarón:

> Tú, y tus hijos contigo, no beberéis vino ni sidra cuando entréis en el tabernáculo de reunión, para que no muráis; estatuto perpetuo será para vuestras generaciones, para poder discernir entre lo santo y lo profano, y entre lo inmundo y lo limpio (vv. 9-10).

Algunos comentaristas han inferido de estos versículos que Nadab y Abiú estaban bajo la influencia de bebidas embriagantes cuando ofrecieron el fuego extraño. El texto no permite asegurarlo con absoluta certeza, aunque es probable que Dios estaba dando mandamientos relacionados a la ofensa que acababa de traer el juicio de muerte sobre Nadab y Abiú.

La lección principal de estos tres mandamientos es clara: Dios ha mostrado cuidadosamente el modo por el que los israelitas pueden recibir la expiación por sus pecados y mantener una relación justa con Él. Dios les mostró con claridad a Aarón y a sus hijos las distinciones entre lo santo y lo profano, lo limpio y lo impuro, y a ellos se les instruyó que enseñaran esas cosas al pueblo. Nadab y Abiú, en un gesto de obstinación, habían sustituido su propia forma de adoración, oscureciendo la distinción entre lo santo (los mandamientos de Dios) y lo profano (los actos religiosos de iniciativa humana). Estas acciones, si no hubieran sido prontamente reprobados, podrían fácilmente haber llevado a la asimilación de toda clase de prácticas paganas personales en la adoración de Dios.

Una segunda lección se halla en el hecho de que la reconciliación con Dios depende de la gracia de Dios, no de las prácticas obstinadas ni de la propia iniciativa del hombre. Los medios de la reconciliación y la expiación han sido dados por Dios. Nadab y Abiú intentaron agregar algo a los medios divinos de reconciliación. Como tal, quedan como un ejemplo para todas las personas y todas las religiones que sustituyen la gracia de Dios por sus propias acciones como medios de reconciliación y salvación.

Aplicación

Dios es el iniciador de su misericordia y gracia en la relación divino-humana; el hombre debe responder a esa gracia. Los creyentes, particularmente quienes están en una posición de liderazgo dentro de la comunidad de creyentes, tienen una responsabilidad dada por Dios de enseñar con cuidado que la salvación viene por la gracia Dios, no por obras humanas, y de distinguir entre lo santo y lo profano (v. 10). Creer y actuar como si nosotros fuéramos los iniciadores en vez de los que respondemos en nuestra relación con Dios, en particular si estamos en posiciones donde otros ven nuestra conducta como su modelo, como era el caso de Nadab y Abiú, es acarrear sobre nosotros mismos la desaprobación divina.

Ejemplo 2: Un análisis del proceso de la tentación

A veces una narración proporciona varios principios o verdades que continúan con pertinencia, como sucede en la narración de la primera tentación, que se halla en Génesis 3:1-6. Las acciones de la narración se hallan en el relato mismo del texto:

> Pero la serpiente era astuta, más que todos los animales del campo que Jehová había hecho; la cual dijo a la mujer: ¿Conque Dios os ha dicho: No comáis de todo árbol del huerto?
>
> Y la mujer respondió a la serpiente: Del fruto de los árboles podemos comer; pero del fruto del árbol que está en medio del huerto dijo Dios: No comeréis de él, ni le tocaréis, para que no muráis.
>
> Entonces la serpiente dijo a la mujer: No moriréis; sino que sabe Dios que el día que comáis de él, serán abiertos vuestros ojos, y seréis como Dios, sabiendo el bien y el mal.
>
> Y vio la mujer que el árbol era bueno para comer, y que era agradable a los ojos, y árbol codiciable para alcanzar la sabiduría; y tomó de su fruto, y comió; y dio también a su marido, el cual comió así como ella.

Pertinencia de las acciones

Se puede conceptuar la tentación de Satanás a Eva en seis pasos, pasos que se pueden ver en la tentación de Satanás a los creyentes de hoy. El paso uno se halla en el primer versículo. El hebreo puede parafrasearse del modo siguiente: "Ahora, la serpiente era más astuta que las demás criaturas que el Señor Dios había creado. Ella le dijo a la mujer:

¿Es verdad que Dios les ha prohibido comer de *todos* los árboles del huerto?"

¿Cuál es la dinámica aquí? ¿Por qué hizo Satanás esa pregunta? Por lo visto él sabía lo que Dios les había dicho a Adán y a Eva, o no habría sido capaz de hacer tal pregunta. Además, deliberadamente distorsionó lo que Dios había dicho. "¿Es verdad que Dios les ha prohibido comer de *todos* los árboles del huerto?" El ardid de Satanás era obvio; él trataba de que Eva desviara su mirada de las cosas que Dios le había dado para disfrutarlas, y observara lo único que Dios había prohibido. Es probable que hubiera mil cosas agradables que Eva podía haber hecho en el huerto, pero ahora su atención se concentraba en lo único que ella no debía hacer. Podemos llamar a ese primer paso *aumentar al máximo la restricción*.

Eva ahora estaba preparada para el siguiente paso de Satanás. Como respuesta a la declaración de Eva de que Dios había dicho que el comer del fruto del árbol resultaría en muerte, Satanás declaró atrevidamente: "Seguramente no morirás." El resultado de tal acción de veras no sería tan malo como Dios había dicho. A eso pudiera llamársele *minimizar las consecuencias* del pecado. Satanás minimizó las consecuencias del pecado de dos maneras: en primer lugar, al decirle a Eva que las consecuencias del pecado no serían tan malas como se les había dicho, y, en segundo lugar, al concentrar la atención de ella tan completamente en el árbol logró que ella olvidara totalmente las consecuencias (v. 6).

Al tercer paso que Satanás dio se le puede llamar *poner nuevo nombre a la acción*. En el versículo 4 él dice: "Porque Dios sabe que cuando tú comas de él tus ojos serán abiertos, y tú serás como Dios, sabiendo el bien y el mal." Aquí Satanás plantó la sospecha en la mente de Eva de que no era porque el fruto del árbol le hiciera mal a ella que Dios le había prohibido comer de él, sino porque no quería que ella fuera como Él. Satanás hábilmente trató de quitar su tentación de la categoría de pecado al darle un nuevo nombre. En ese caso en particular, participar del fruto se consideraba como un modo de ampliar la conciencia de ella. Ella se convertiría en una persona más completa si lo probaba una vez. Antes de ese tiempo Eva había pensado en la acción prohibida como una desobediencia: ahora la ve como una necesidad si quiere llegar a ser una persona madura.

Satanás entonces agregó rápidamente otro aspecto a su tentación, un aspecto al que se le puede llamar *mezclar lo bueno y lo malo*. El versículo 6 dice: "la mujer vio que el fruto del árbol era bueno para comer." C. S. Lewis comentó que el mal a menudo es una perversión de algo bueno que Dios ha creado. En ese caso Satanás hizo más fuerte la tentación al mezclar el bien con el mal: Eva vio que el árbol era *bueno para comer.*

El quinto aspecto de la tentación de Eva se halla a la mitad del versículo 6: "Ella vio que el fruto del árbol era . . . agradable a los ojos." A eso se le pudiera llamar *mezclar el pecado con la belleza.* La tentación a menudo viene en la forma de algo hermoso, algo que apela a los sentidos y deseos. Con frecuencia es necesario pensar dos veces antes de reconocer que un objeto u objetivo hermoso es en realidad pecado disfrazado. En ese incidente Eva no logró distinguir entre la belleza del paquete y el contenido del paquete.

Por último, Eva dio el sexto paso: la narración dice que "ella vio que el fruto del árbol era . . . codiciable para alcanzar sabiduría". En esencia se tragó la mentira de Satanás. A ese paso se le puede llamar *entender mal las implicaciones.* Aunque eso puede parecer un punto poco significativo en el proceso de la tentación, es quizás el más crucial. En efecto, al aceptar la afirmación de Satanás, Eva llamaba a Dios mentiroso, aun cuando ella no reconoció esas implicaciones de su acción. Ella aceptó a Satanás como el que dijo la verdad y a Dios como el mentiroso: al participar del fruto ella decía implícitamente que creía que Satanás estaba más preocupado por su bienestar que Dios. Ceder a la tentación implicaba que ella aceptó el análisis de Satanás en vez del de Dios.

Aplicación

Muchas de las mismas dinámicas de la tentación de Eva están a menudo presentes en las tentaciones satánicas sobre los creyentes hoy día. Con sólo una breve instrospección personal podemos detectar sus tácticas de aumentar al máximo la restricción, minimizar las consecuencias, poner nuevo nombre a la acción, mezclar lo bueno con lo malo y mezclar el pecado con la belleza.

Directrices para deducir principios

1. La deducción de principios se concentra en los principios que están implícitos en una historia y son aplicables a través del tiempo y de la cultura. Los detalles pueden cambiar, pero los principios permanecen iguales: por ejemplo, Satanás puede seguir tentándonos aumentando al máximo una restricción, pero es improbable que lo haga mediante la fruta de un árbol.

2. Cuando derivamos el significado de una historia como una base para deducir principios, siempre se debe desarrollar el significado a partir de un cuidadoso análisis histórico y del léxico: el significado debe ser el que el autor quiso comunicar.

3. Desde una postura teológica, el significado y los principios derivados de una historia deben ser consecuentes con todas las demás enseñanzas de las Escrituras. No tiene validez un principio deductivo extraído de una narrativa que contradice la enseñanza de otros pasajes bíblicos.

4. Los principios derivados por ese método pueden ser normativos o no. Por ejemplo, es válido decir que a veces Satanás usa el significado anterior para tentar a los creyentes de hoy; pero no sería válido decir que *siempre* emplea esos métodos, o que emplea *sólo* esos métodos.

5. Los textos tienen sólo un significado, pero pueden tener muchas aplicaciones. La deducción de principios es un método de aplicación. El significado es el que el autor tenía en mente, pero las aplicaciones de ese significado puede referirse a situaciones que jamás imaginó el autor en un tiempo y cultura diferentes. Por ejemplo, el autor de Génesis intentó darnos un recuento histórico de la primera tentación, no un análisis psicológico del proceso de la tentación. Para que nuestra aplicación del texto (mediante la deducción de principios) sea válida, es necesario que esté fundamentada firmemente en la intención del autor. De modo que, si el propósito del autor en un pasaje narrativo era describir un suceso de tentación, es válido analizar ese pasaje de manera deductiva para entender la secuencia y el proceso de esa tentación en particular y entonces ver cómo puede aplicarse a nuestra vida. No sería válido generalizar a partir del mismo texto principios acerca del modo como la tentación ocurre siempre, ya que el autor no tuvo la intención de que el texto fuera la base de doctrinas normativas.

Traduciendo los mandamientos
bíblicos de una cultura a otra

En 1967 la Iglesia Presbiteriana Unida de Estados Unidos de América adoptó una nueva confesión de fe que contenía la siguiente declaración:

Las Escrituras, dadas bajo la guía del Espíritu Santo, son

sin embargo palabras de hombres, condicionadas por su lenguaje, formas de pensamiento y estilos literarios de los lugares y tiempos en que se escribieron. Ellas reflejan puntos de vista de la vida, la historia y el cosmos que estaban en boga en ese tiempo. La iglesia, por tanto, tiene una obligación de acercarse a las Escrituras con una comprensión literaria e histórica. Como Dios habló su palabra en diversas situaciones culturales, la iglesia tiene la confianza de que Él seguirá hablando a través de las Escrituras en un mundo cambiante y en toda forma de cultura humana.

Aunque esa declaración obviamente trata de algunos problemas culturales fundamentales, ella no da directrices específicas para la interpretación de las Escrituras en "diversas situaciones culturales". Hay dos preguntas importantes que no contesta: (1) ¿En qué grado deben interpretarse los mandamientos bíblicos como culturalmente condicionados y por tanto no normativos para el creyente de hoy día? y (2) ¿Qué clase de metodología debe aplicarse para traducir los mandamientos bíblicos de esa cultura a la nuestra?

En un extremo del espectro están los intérpretes que creen que muchas veces los principios bíblicos y la conducta ordenada que expresa ese principio debe modificarse a la luz de los cambios históricos. Del otro lado están los que creen que los principios bíblicos y los mandamientos de conducta que los acompañan deben aplicarse literalmente dentro de la iglesia de hoy. Muchos creyentes adoptan una posición intermedia entre esos dos puntos de vista.

La mayoría de las iglesias tienen un acuerdo implícito, a juzgar por sus acciones, de que no deben adoptarse totalmente algunos mandamientos bíblicos en nuestro tiempo y cultura. Por ejemplo, el mandamiento de saludarse con ósculo santo se da cinco veces en el Nuevo Testamento,[1] aunque muy pocas iglesias observan ese mandamiento hoy. Del mismo modo, pocas iglesias protestantes observan el mandamiento de que las mujeres se cubran con velo al orar (1 Corintios 11:5). Pocas iglesias siguen la práctica de lavar los pies que se menciona en Juan 13:14. Debido a que las culturas y los tiempos cambian, se ha perdido la necesidad y el significado de esa práctica.

Provoca más controversias el hecho de que algunas iglesias evangé-

---

1 Romanos 16:16; 1 Corintios 16:20; 2 Corintios 13:12; 1 Tesalonicenses 5:26; 1 Pedro 5:14.

licas tienen ahora mujeres que predican, aunque Pablo dijo en 1 Timoteo 2:12 que él no permitía a la mujer enseñar o tener autoridad sobre el hombre. Muchos evangélicos, hombres y mujeres, se preguntan si los papeles tradicionales del esposo y la esposa delineados en Efesios 5 y otros pasajes deben continuar en nuestra cultura y tiempo. Preguntas similares están surgiendo en muchos otros asuntos igualmente.

En 1973 el "Ligioner Valley Study Center" convocó a una consulta para tratar la pregunta: "¿Está la Biblia culturalmente atada?" Entre los conferenciantes estaban algunos eminentes eruditos evangélicos contemporáneos. La dificultad y complejidad de ese asunto se muestra por el hecho de que el principal resultado de la consulta fue el refinamiento de la cuestión, en vez de dar respuestas concretas. Así que la pregunta es de inmensa importancia, y todavía una que no tiene respuesta fácil en esta época.

Si adoptamos, como muchos evangélicos lo hacen, el punto de vista de que algunos mandamientos bíblicos están culturalmente limitados mientras que otros no, entonces se hace necesario desarrollar un criterio para distinguir entre mandamientos que se aplican literalmente y los que no. Si nuestro procedimiento no va a ser arbitrario y simple, en el cual se descartan aquellos mandamientos y principios con los que no concordamos y retenemos los que nos parecen bien, debemos desarrollar un criterio, (a) cuya lógica pueda demostrarse, (b) que pueda aplicarse consecuentemente a una variedad de asuntos y cuestiones, y (c) que su naturaleza se derive de las Escrituras o, al menos, sea consecuente con ella.

Estableciendo un marco teórico para analizar el comportamiento y los mandamientos de conducta

Primer postulado: Un comportamiento único por lo general tiene un significado ambiguo para el observador. Por ejemplo, si veo por la ventana de mi casa a un hombre caminar por la calle, no sé si (a) está haciendo ejercicio al andar, (b) va a abordar el autobús o (c) abandonó su hogar después de un pleito con su esposa.

Segundo postulado: Un comportamiento adquiere mayor significado para el observador al investigar su contexto. Al observar más de cerca al hombre del ejemplo anterior, deduzco por su edad, ropa, portafolio y libros que se trata de un estudiante que va rumbo a la escuela. No obstante, también observo a una mujer, al parecer su esposa (porque usan ropa parecida) que lo sigue como a cinco metros de distancia, caminando con la cabeza inclinada. De inmediato pienso que han tenido un pleito, y ella va detrás de él tratando de contentarlo antes que abandone el hogar disgustado. Rápidamente desecho esa hipótesis cuando reconozco que la vestimenta que usan indica que es una pareja que proviene de una cultura donde es normal y de esperarse que la esposa camine detrás de su esposo a cierta distancia cuando van juntos en público.

Tercer postulado: El comportamiento que tiene un significado en una cultura puede tener un significado totalmente distinto en otra. En la sociedad norteamericana, si una mujer sigue a su esposo a cierta distancia detrás de él, con la cabeza inclinada, indicaría que hay un problema entre ellos. En otra cultura, el mismo comportamiento puede considerarse normal y deseable.[1]

Examinemos las implicaciones de estos tres postulados.

Primero, el significado de un comportamiento en particular no puede averiguarse aparte del contexto de esa comportamiento. Análogamente, el significado de (y principio subyacente) un mandamiento de conducta en las Escrituras no se puede encontrar aparte del contexto de ese mandamiento.

Segundo, el significado detrás de un comportamiento determinado puede averiguarse con exactitud al conocer más acerca del contexto de ese comportamiento. De igual modo, cuanto más conozcamos el contexto de un mandamiento de comportamiento, si no hay variación alguna, con tanta mayor precisión podremos averiguar el significado (y el principio expresado) de ese mandamiento.

Tercero, ya que una conducta dada en una cultura puede tener diferente significado que en otra, puede ser necesario cambiar la expresión de conducta de un mandamiento de comportamiento para traducir el principio que está detrás de ese mandamiento de una cultura y tiempo a otra.

Deben diferenciarse dos aspectos de mandamientos bíblicos: la conducta específica y el principio expresado mediante tal conducta. Por ejemplo, el saludo de ósculo santo (comportamiento) expresa amor fraternal (principio).

Al hacer las aplicaciones culturales de los mandamientos bíblicos, deben considerarse tres alternativas:

---

1 Para muchos otros ejemplos de conducta que tiene diferentes significados en distintas culturas, véase a Edwin Yamauchi, "Christianity and Cultural Differences", *Christianity Today*, junio 23 de 1972, pp. 5-8.

1. Retener tanto el principio como la forma de conducta.
2. Retener el principio, pero sugerir un cambio en la manera en que ese principio se expresa en conducta en nuestra cultura.
3. Cambiar tanto el principio y su expresión en la conducta, suponiendo que los dos estaban culturalmente condicionados y por tanto ya no son aplicables.

Como ejemplo, veamos la costumbre de las esposas de usar velo como expresión de sumisión voluntaria a sus esposos (1 Corintios 11:2-16). Varios comentaristas han adoptado tres métodos:

1. Retener tanto el principio de sumisión como su expresión mediante el uso de un velo.
2. Retener el principio de sumisión, pero sustituir el uso del velo por otra conducta que exprese más significativamente sumisión en nuestra cultura.
3. Sustituir tanto el principio de sumisión como todas las expresiones de sumisión por una filosofía más igualitaria, creyendo que el concepto de jerarquía dentro de una familia está unido a la cultura.[1]

Así que, un análisis de los mandamientos bíblicos en (a) principios y (b) comportamientos que expresan tales principios tiene poco valor a menos que haya medios de diferenciar entre los principios de comportamientos culturales y los transculturales.

Algunas directrices preliminares para diferenciar entre una restricción cultural y los principios y mandamientos transculturales

Las directrices siguientes se llaman preliminares por dos razones: primera, son incompletas en el sentido de que no cubren todos los mandamientos y principios bíblicos, y segunda, son hasta ese punto tentativas, con la intención de iniciar la consideración y posterior exploración de ese asunto.

Directrices para determinar si los principios son transculturales o culturales

Primera, determinar la razón dada por el principio. Por ejemplo, debemos amarnos unos a otros *porque* Dios nos amó primero

---

1 Véase Letha Scanzoni y Nancy Hardesty, *All We're Meant to Be* (Waco: Word, 1975), pp. 40. 64-67, para un análisis sobre la importancia cultural de cubrirse con un velo entre diversas culturas mediterráneas durante los tiempos bíblicos.

(1 Juan 4:19). No debemos amar al mundo y sus riquezas, *porque* el amor al mundo y el amor a Dios se excluyen mutuamente (1 Juan 2:15).

Segunda, si la razón de un principio es cultural, entonces el principio puede serlo también. Si la razón se basa en la naturaleza inmutable de Dios (su gracia, amor, pureza moral u orden creador), entonces es probable que el principio no cambie.

Directrices para determinar si los mandamientos (aplicaciones de los principios) son transculturales o culturales

Primera, cuando un principio transcultural se incorpora en una forma que era parte de los hábitos culturales de la época, *puede* modificarse la forma, aun cuando el principio permanezca inmutable. Por ejemplo, Jesús mostró el principio de que debiéramos tener una actitud de humildad y voluntad de servir a otros (Marcos 10:42-44) al lavar los pies de los apóstoles (Juan 13:12-16), una costumbre familiar de ese tiempo. Retenemos el principio, aunque es posible que haya otras formas de expresar ese principio de manera más significativa en nuestra cultura.

Además, Santiago argumentó que los creyentes no debían mostrar parcialidad dentro de las reuniones en la iglesia al tener un lugar para sentar a los ricos y al sentar a los pobres en el suelo (Santiago 2:1-9). Retenemos el principio de imparcialidad, pero la aplicación del principio toma diferentes dimensiones en nuestro tiempo y cultura.

Segunda, cuando una práctica que era aceptada en una cultura pagana se prohibía en las Escrituras, es probable que también sea prohibida en la cultura contemporánea, particularmente si el mandamiento se basa en la naturaleza moral de Dios. Ejemplos de prácticas que eran aceptadas por las culturas paganas pero que fueron prohibidas por las Escrituras incluyen fornicación, adulterio, espiritismo, divorcio y conducta homosexual.

Tercera, es importante identificar a las personas que recibieron el mandamiento y aplicar el mandamiento discriminadamente a otros grupos. Si un mandamiento fue dado sólo a una iglesia, esto *puede* indicar que pretendía ser sólo una práctica local en vez de universal.

Algunos pasos sugeridos para traducir los mandamientos bíblicos de una cultura y tiempo a otra

1. *Determinar lo más exactamente posible el principio que subyace tras el mandamiento de conducta dado.* Por ejemplo, los creyentes deben juzgar el pecado individual en su iglesia local cometido por

creyentes, porque si no se corrige, el mal afectará a todo el grupo (1 Corintios 5:1-13, especialmente el v. 6).

2. *Determinar si el principio es permanente o si está limitado a una época (transcultural o cultural).* En la sección anterior se ofrecieron algunas sugerencias para hacer esto. Como la mayoría de los principios bíblicos están enraizados en la naturaleza inmutable de Dios, parece seguirse que un principio debe considerarse transcultural a menos que haya evidencia al contrario.

3. *Si un principio es transcultural, estudie la naturaleza de su aplicación a la conducta en nuestra cultura.* ¿Será entonces apropiada para hoy la aplicación a la conducta dada, o será una rareza anacrónica? Es grande el peligro de conformar el mensaje bíblico a nuestros moldes culturales. Hay veces en que la expresión de un principio dado por Dios hará que los creyentes se comporten de manera distinta a los incrédulos (Romanos 12:2), pero no debe ser con el fin de lograr una diferencia en sí. El criterio para determinar si un mandamiento de conducta debe aplicarse en nuestra cultura *no* debe ser si se conforma a las prácticas culturales modernas, sino si se expresa adecuada y exactamente el principio intencional dado por Dios.

4. *Si debe cambiarse la expresión por el comportamiento de un principio, habrá que sugerir una equivalencia cultural que pueda expresar adecuadamente el principio de origen divino que está detrás del mandamiento original.* Por ejemplo, J. B. Phillips sugiere que "salúdense unos a otros con un cordial apretón de manos" puede ser una buena equivalencia cultural a "saludaos unos a otros con ósculo santo."[1]

Si no hay equivalencias culturales, tal vez sea bueno considerar la *creación* de una nueva conducta cultural que exprese de modo significativo los principios implicados. (De modo similar, pero no exactamente análogo, algunas de las más recientes ceremonias de bodas expresan iguales principios que los más tradicionales, aunque en formas nuevas muy creativas y significativas.)

5. *Si después de un cuidadoso estudio, la naturaleza del principio bíblico y el mandamiento que lo acompaña siguen en duda, hay que aplicar el precepto bíblico de la humildad.* Puede haber ocasiones

---

1 Véase Fred Wright, *Manners and Customs in Bible Lands* (Chicago: Moody, 1953), pp. 74-75 para un análisis adicional de esta costumbre oriental.

en que, aun después de un cuidadoso estudio de determinado principio y de su expresión de conducta, continuamos en duda si debe considerarse transcultural o cultural. Si tenemos que decidir si el mandamiento es transcultural o cultural, pero no tenemos medios conclusivos para tomar una decisión, puede ser de provecho el principio de humildad. Después de todo, ¿sería mejor tratar un principio como transcultural y llevar la culpa de ser exageradamente escrupuloso en nuestro deseo de obedecer a Dios? ¿O sería mejor tratar un principio transcultural como condicionado culturalmente y ser culpable de quebrantar una exigencia trascendente de Dios? La respuesta parece obvia.

Si se aísla el principio de humildad de las demás directrices mencionadas antes, fácilmente se puede entender mal como base para el conservadurismo innecesario. El principio debe aplicarse sólo después de haber tratado con cuidado de determinar si el principio es transcultural o cultural, y a pesar de nuestros mejores esfuerzos, el asunto sigue incierto. Esa es una directriz de último recurso y puede ser destructiva si se emplea como primer recurso.[1]

Resumen del capítulo

1. Deducción de principios: Basado en los análisis histórico-cultural, contextual, léxico-sintáctico y teológico de las porciones narrativas, averiguando mediante el estudio deductivo (1) el principio o principios que el pasaje tenía la intención de enseñar o (2) los principios (verdades descriptivas) ilustradas dentro del pasaje que siguen teniendo pertinencia para el creyente de hoy día.

2. La trasmisión transcultural de los mandamientos bíblicos:

   a. Determinar lo más exactamente posible el principio que está detrás del mandamiento.

   b. Determinar si el principio es transcultural o cultural al examinar la razón dada para ese principio.

   c. Si un principio es transcultural, determinar si la misma aplicación de conducta en nuestra cultura expresará el principio con igual exactitud que el principio bíblico.

   d. Si se debe cambiar la expresión de conducta de un principio, hay

---

1 Las principales ideas y parte de la fraseología de estos últimos dos párrafos se tomaron de R. C. Sproul, "Controversy at Culture Gap", *Eternity*, mayo de 1976, p. 40. El análisis de Sproul se refiere a un asunto relacionado pero ligeramente distinto.

que sugerir una equivalencia cultural que exprese el principio dado por Dios que subyace en el mandamiento original.

e. Si, después de un cuidadoso estudio, la naturaleza del principio bíblico y el mandamiento acompañante siguen en duda, hay que aplicar el precepto bíblico de humildad.

Fuentes para lectura adicional

J. O. Busweel, Jr. *Systematic Theology* [Teología sistemática], 1:365-384.

Charles Kraft. "Interpreting in Cultural Context" [Interpretación en un contexto cultural]. *Journal of the Evangelical Theological Society* [Revista de la Sociedad Teológica Evangélica], 21 (1978): 357-567.

A. B. Mickelsen. *Interpreting the Bible* [Interpretando la Biblia], pp. 159-176.

Merrill Tenney, *New Testament Times* [Los tiempos del Nuevo Testamento].

Fred Wright, *Manners and Customs of Bible Lands* [Usos y costumbres de las tierras bíblicas].

George Ernest Wright, *The Old Testament Against its Environment.*

Edwin M. Yamauchi. "Christianity and Cultural Differences" [El cristianismo y las diferencias culturales] *Christianity Today*, 23 de junio de 1972, pp. 5-8.

Ejercicios

(Como en los demás capítulos, algunos de estos ejercicios aplican capacidades hermenéuticas consideradas en capítulos anteriores.)

DM58: Basando su opinión en 1 Corintios 6:1-8, un pastor dijo que es un error que un creyente demande en juicio civil a otro creyente. ¿Es eso hermenéuticamente válido?

DM59: Los pacifistas a veces usan Mateo 26:52 como parte de su argumento de que los creyentes no deben tomar parte en el servicio militar. Desde el punto de vista de una hermenéutica válida, ¿qué principios y mandamientos de conducta pueden derivarse de ese pasaje?

DM60: En Deuteronomio 19:21 el mandamiento de Dios es "ojo por ojo, diente por diente". Al afirmar que Él era el cumplimiento de la ley, Jesús dijo: "No resistáis al que es malo; antes, a cualquiera que te hiera en la mejilla derecha, vuélvele también la otra" (Mateo 5:39). ¿Cómo reconcilia usted esas dos declaraciones?

DM61: En 1 Timoteo 2:12 Pablo dice que él no permite a la mujer enseñar o ejercer autoridad sobre el hombre. Empleando el modelo presentado en este capítulo, analice estas cuestiones: (1) ¿Qué significaba el texto para Timoteo? (2) ¿Qué aplicación debe tener para hoy? (3) ¿Qué implicaciones tiene su punto de vista para las (a) maestras de la Escuela Dominical, (b) directoras de hospitales, (c) maestras de seminarios, (d) pastoras y (e) misioneras?

DM62: Hay tres clases principales de gobierno eclesiástico – e l episcopal, el presbiteriano y el congregacional – , y algunas denominaciones usan un modelo mixto. Investigue cómo funciona cada uno de esos tipos de gobierno, luego haga un estudio de los términos *obispo*, *anciano y diácono* como se emplean en el Nuevo Testamento. ¿Cuáles son las implicaciones de su estudio del Nuevo Testamento para los modelos de gobierno eclesiástico?

DM63: Algunos creyentes usan Hechos 4:32-35 como la base para la vida cristiana en comunidad en el día de hoy. ¿Cuáles consideraciones hermenéuticas son pertinentes para una aplicación como ésta de ese texto?

DM64: Basando su opinión en Efesios 6:1-3, un renombrado maestro cristiano enseñó que los niños nunca deben contrariar los deseos de sus padres, sino que debían permitir que Dios los dirija por medio de ellos. ¿Es esa una interpretación válida del texto como Pablo lo dio originalmente? Si es así, ¿es válido aplicarlo de alguna manera a la cultura de nuestro país hoy? Si las respuestas son afirmativas, ¿tendrán fin algún día esas afirmaciones?

DM65: Con el aumento del índice de divorcios en el siglo veinte, muchas iglesias se enfrentan a la cuestión sobre las funciones, si las hay, que las personas divorciadas y vueltas a casar pueden desempeñar en el liderazgo y el servicio de la iglesia. ¿Cómo piensa usted que la enseñanza de 1 Timoteo 3:2,12 se aplica a esta cuestión?

DM66: Varias denominaciones conservadoras creen que los evangélicos deben abstenerse totalmente del uso de bebidas alcohólicas. Otras iglesias creen que la Biblia enseña la moderación. Estudie los versículos pertinentes sobre el uso de bebidas alcohólicas. ¿Hay principios bíblicos detrás de los pasajes que tratan específicamente sobre el uso de bebidas alcohólicas que puedan aplicarse a esta cuestión?

DM67: Como prefacio a su exposición de un texto un ministro dijo: "No he tomado ese mensaje de hombre alguno. No he consultado ningún comentario. ¡Este mensaje viene directamente del *Libro*!" Comente sobre ese método de preparación expositiva.

DM68: Un ministro predicó un sermón en Filipenses 4:13 ("Todo lo puedo en Cristo que me fortalece"). El título del sermón era: "El creyente omnipotente". Sin embargo, es obvio que ni él ni ningún otro hermano es omnipotente en el modo en que por lo general se entiende ese término. ¿Qué principio hermenéutico estaba violando ese sermón? ¿Cuál es una comprensión hermenéuticamente válida del significado de ese versículo?

EPÍLOGO

LA TAREA DEL MINISTRO

La tarea del ministro, en lo relacionado con el contenido de este libro, es doble: (1) debe ser un ministro de la Palabra de Dios y (2) debe ministrar la palabra de Dios con exactitud. Cito con permiso las palabras de Ramm:

> El predicador es *un ministro de la Palabra de Dios* . . . Su tarea fundamental al predicar no es ser inteligente ni didáctico, solemne ni profundo, sino *ministrar la verdad de Dios.* Los apóstoles fueron llamados *ministros de la palabra* (Lucas 1:2). Los apóstoles fueron ordenados como *testigos de Jesucristo* (Hechos 1:8). Su tarea era predicar lo que habían oído y visto con referencia a la vida, muerte y resurrección de Jesucristo. El anciano (pastor) debe trabajar *en palabra y doctrina* (1 Timoteo 5:17). Lo que Timoteo debe trasmitir a otros es . . . *la verdad del cristianismo* que él oyó de muchos creyentes (2 Timoteo 2:2). Pablo instruye a Timoteo . . . a "predicar *el mensaje*" (2 Timoteo 4:2., en griego *Kerukson ton logon).* Pedro dice que él es un anciano en virtud de haber *testificado* de los sufrimientos de nuestro Señor (1 Pedro 5:1).
>
> El siervo de Cristo en el Nuevo Testamento no tenía la libertad de predicar lo que quisiera, sino que estaba obligado a ministrar la verdad del cristianismo, predicar la palabra de Dios, y ser un testigo del evangelio.[1]

El siervo de Cristo debe hacer más que sólo predicar la Palabra. Es posible ser fervoroso, elocuente y conocedor de las Escrituras, y aún así predicar sin exactitud o menos de lo que es la completa verdad (por ejemplo, Apolos en Hechos 18:24-28). Pablo ordena a Timoteo: "Procura

---

1 Bernard Ramm, *Protestant Biblical Interpretation*, 3rd. rev. ed. (Grand Rapids: Baker, 1970), pp. 195-196.

con diligencia presentarte a Dios aprobado, como obrero que no tiene de qué avergonzarse; que *usa* bien la palabra de verdad" (2 Timoteo 2:15). Un obrero se sentiría avergonzado si se detectara ineficiencia o diligencia en su trabajo. Pablo le dice a Timoteo que el modo en que no será avergonzado y se presentará aprobado delante de Dios es *usando bien* la palabra de verdad. Así que la doble tarea del pastor, según se define en el texto anterior, es (1) predicar la Palabra de Dios e (2) interpretarla con exactitud.

Tipos de predicación contemporánea

La mayoría de la predicación que se hace hoy se puede clasificar en la siguiente gráfica:

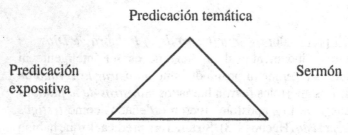

Predicación temática

Predicación expositiva

Sermón

Variedades de la predicación contemporánea

La *predicación expositiva* comienza con un pasaje determinado y lo investiga, usando el proceso que hemos titulado análisis histórico-cultural, contextual, léxico-sintáctico, teológico y literario. Su primer enfoque es una exposición de lo que Dios intentó decir en un pasaje en particular, llevando a una aplicación de ese significado en la vida de los creyentes de hoy.

El *sermón* comienza con una idea en la mente del predicador — un asunto social o político pertinente de cualquier clase, o una idea teológica o psicológica — y amplía esta idea en el bosquejo de un sermón. Como parte del proceso, se agregan textos pertinentes según vienen a la mente o se encuentran con la ayuda de concordancias o diccionarios. El principal enfoque de ese método es la elaboración de una idea humana de manera que sea consecuente con la enseñanza general de la Biblia en ese aspecto.

La *predicación temática* comienza al seleccionar un tema relacionado con algún texto (por ejemplo, temas, doctrinas y personajes bíblicos). Si el sermón se desarrolla mediante la selección de pasajes pertinentes y la elaboración de un bosquejo basado en la exposición de tales pasajes, debe llamarse predicación de "exposición temática". Si se desarrolla el bosquejo del sermón mediante ideas que vienen a la mente del predicador y luego se valida colocándole versículos de la Biblia, ésta debe llamarse "sermón temático".

La mayoría de los sermones predicados hoy parecen ser sermones temáticos o alguna variedad de sermones. Si la proporción de predicación expositiva o sermones indica algo, parecería que la mayoría de las instituciones teológicas no están capacitando a sus estudiantes para la predicación expositiva, o no lo los están motivando a emplear la predicación expositiva como una alternativa al sermón.

Desde la perspectiva de uno que es principalmente un "consumidor" más bien que un "productor" de sermones, me gustaría ofrecer algunas observaciones personales sobre las similitudes y diferencias que veo entre el sermón y la predicación expositiva.

El sermón y la predicación expositiva: una comparación

Las similitudes de esos dos métodos de predicación incluye, entre otras cosas, el hecho de que los dos son hechos por hombres inteligentes y temerosos de Dios que están comprometidos a alimentar el rebaño que Dios les confió. Los dos métodos los emplean personas elocuentes y que comunican bien sus ideas, y que predican con convicción y dignidad. Y Dios parece usar los dos para alimentar su rebaño, si el tamaño de las congregaciones es de algún modo una medida válida.

Hay también algunas diferencias. La primera es una diferencia fundamental en el procedimiento mencionado anteriormente. La predicación expositiva comienza con un pasaje de la Palabra de Dios, expone el texto, y luego lo aplica a la vida de creyentes contemporáneos. El sermón comienza con una idea en la mente del predicador que se elabora en un bosquejo homilético, con referencia bíblicas a veces presentadas para reforzar un punto en particular. (Esas diferencias son relativas más bien que absolutas, y varían de un ministro a otro, y a veces de sermón a sermón en el mismo ministro.)

La segunda es a menudo una diferencia en los métodos hermenéuticos. Al escuchar mensajes que son simples sermones, he tenido la experiencia de: (a) escuchar que se lee un versículo o una porción de él, seguido a veces por un mensaje que no pudiera derivarse del texto si éste se hubiera leído en su contexto, o (b) escuchar la lectura de un pasaje que en realidad no tiene relación con el sermón que le sigue. Eso no sugiere que la *eiségesis* está confinada a los sermones y la exégesis a la predicación expositiva. Sin embargo, cuando un ministro está elaborando una serie de mensajes de un libro de la Biblia en particular, un estudio del material anterior y posterior al pasaje presenta muchas salvaguardas contra la interpretación *eisegética*. Cuando un ministro está tratando de hallar un pasaje para validar sus ideas ya establecidas, hay una gran tentación de usar un pasaje que presente un paralelo verbal a esas ideas aunque no sea un paralelo verdadero.

La tercera es una diferencia en la autoridad de la predicación expositiva y el sermón. La autoridad bíblica no debe confundirse con la persuasión humana. La persuasión humana depende de la expresión, del uso vívido de ilustraciones, de la inflexión verbal, del uso de equipo electrónico y de la amplificación, y no tiene relación con el tipo de mensaje (predicación expositiva o sermón). Sin embargo, el sermón, no importa cuán brillante sea el punto de vista de la persuasión humana, sigue siendo en el fondo un mensaje del hombre para los hombres. Aunque eso puedan hacerlo ministros muy respetados por su congregación, sus teorías psicológicas, sociales o políticas deben competir con los centenares de otras "autoridades" que también influyen en su congregación.

Para hablar con la autoridad de un "así dice el Señor" el ministro debe exponer la Palabra del Señor. La autoridad tronante de Moisés, Jeremías, Amós, Pedro y Pablo resultó del hablar ellos conforme al Espíritu Santo los movía a hablar (2 Pedro 1:21). No volveremos a recuperar la sensación de autoridad divina coqueteando con la psicología popular y puntualizando nuestras especulaciones con un versículo de la Palabra de Dios. La única manera de recuperar la autoridad de un "así dice el Señor" es volver a una exposición de la Palabra de Dios.

Por último, no hay promesa en las Escrituras de que Dios bendiga los sermones humanos. Dios, sin embargo, promete bendecir la proclamación de su Palabra:

> Porque como desciende de los cielos
> la lluvia y la nieve,
> y no vuelve allá,
> sino que riega la tierra,
> y la hace germinar y producir,
> y da semilla al que siembra
> y pan al que come,

así será mi palabra que sale de mi boca;
  no volverá a mí vacía,
sino que hará lo que yo quiero,
  y será prosperada en aquello para que la envié.

Isaías 55:10, 11

Fuentes para lectura adicional

Andrew Blackwood, *Expository Preaching for Today* [Predicación expositiva para hoy] (publicado en castellano por CBP).

John A. Broadus, *A Treatise on the Preparation and Delivery of Sermons* [Tratado sobre la predicación] (publicado en castellano por CBP).

Phillips Brooks, *Lectures on Preaching* [Conferencias sobre la predicación]

Walter C. Kaiser, Jr. *Toward an Exegetical Theology: Biblical Exegesis for Preaching and Teaching* [Hacia un teología exegética: Exégesis bíblica para la predicación y la enseñanza].

Lloyd Perry, *A Manual for Biblical Preaching* [Predicación bíblica para el mundo actual], publicado en español por Editorial VIDA.

Haddon W. Robinson, *Biblical Preaching: The development and Delivery of Expository Messages* [Predicación bíblica: El desarrollo y presentación del mensaje expositivo].

SUMARIO

El proceso en la interpretación y aplicación de un texto bíblico

I. Análisis histórico-cultural y contextual
   A. Determinar el medio ambiente histórico y cultural general del escritor y sus lectores.
      1. Determinar las circunstancias históricas generales.
      2. Estar atento a las circunstancias y normas que proporcionan detalles para entender mejor determinadas acciones.
      3. Determinar la condición espiritual del auditorio.
   B. Determinar el propósito que tuvo el autor al escribir un libro.
      1. Observar las declaraciones explícitas o frases repetidas.
      2. Observar secciones parenéticas o exhortatorias.
      3. Observar temas que se omitan o que se enfoquen.
   C. Entender cómo el pasaje armoniza con su contexto inmediato.
      1. Identificar los bloques mayores de material en el libro e indicar cómo armonizan con un todo coherente.
      2. Indicar cómo el pasaje armoniza con el desarrollo del argumento del autor.
      3. Determinar la perspectiva que el autor intenta comunicar; noumenológica (el modo en que las cosas suceden en realidad) o fenomenológica (el modo en que las cosas parecen suceder).
      4. Distinguir entre verdad descriptiva y verdad prescriptiva.
      5. Distinguir entre detalles incidentales y la enseñanza que enfoca el pasaje.
      6. Identificar la persona o clase de personas para quienes se dirige un pasaje en particular.
II. Análisis léxico-sintáctico
   A. Identificar la forma literaria general.
   B. Trazar el desarrollo del tema de un autor e indicar cómo armoniza con el contexto del pasaje.
   C. Identificar las divisiones naturales (párrafos y oraciones) del texto.

    D. Identificar la palabras de enlace dentro de los párrafos y oraciones e indicar cómo ayudan en la comprensión de la progresión del pensamiento del autor.

    E. Determinar el significado de las palabras.

       1. Identificar los múltiples significados que una palabras poseía en ese tiempo y cultura.

       2. Determinar el significado que el autor quiso darle en un contexto determinado.

    F. Analizar la sintaxis para mostrar cómo contribuye a la comprensión de un pasaje.

    G. Poner los resultados del análisis personal en términos no técnicos y fáciles de entender que comuniquen con claridad el sentido del autor al lector actual.

III. Análisis teológico

    A. Determinar el punto de vista personal de la naturaleza de la relación de Dios con el hombre.

    B. Identificar las implicaciones de este punto de vista para el pasaje que está estudiando.

    C. Evaluar la extensión del conocimiento teológico al alcance de la gente de esa época (la "analogía de las Escrituras").

    D. Determinar el significado que el pasaje tenía para sus lectores originales a la luz de su conocimiento.

    E. Identificar el conocimiento adicional sobre este tema que está a nuestro alcance gracias a posterior revelación (la "analogía de la fe").

IV. Análisis literario

    A. Buscar referencias explícitas que indiquen la intención del autor respecto al método que estaba usando.

    B. Si el texto no identifica explícitamente la forma literaria del pasaje, estudie las características del pasaje deductivamente para averiguar su forma.

    C. Aplicar los principios de los recursos literarios con cuidado pero sin rigidez.

       1. Símil

          a. Característica: una comparación expresada.

          b. Interpretación: por lo general un punto único de similitud o contraste.

       2. Metáfora

          a. Característica: una comparación no expresada.

b. Interpretación: por lo general un punto único de similitud.
3. Proverbio
   a. Característica: comparación expresada o no expresada.
   b. Interpretación: por lo general un punto único de similitud o contraste.
4. Parábolas
   a. Características: un símil extendido: las comparaciones son expresadas y se mantienen separadas; la historia y su significado son conscientemente separadas.
   b. Interpretación: determinar el significado focal de la historia e indicar cómo los detalles armonizan naturalmente con la enseñanza focal.
5. Alegorías
   a. Características: una metáfora extendida: las comparaciones no son expresadas ni determinadas; la historia y su significado son llevadas juntas.
6. Tipos
   a. Características:
      (1) Debe haber alguna semejanza o analogía notable entre el tipo y su antitipo.
      (2) Debe haber alguna evidencia de que el tipo fue señalado por Dios para representar la cosa tipificada.
      (3) Un tipo debe prefigurar algo en el futuro.
      (4) Clases de tipos y sus antitipos: personas, acontecimientos, instituciones, oficios y acciones.
   b. Interpretación:
      (1) Determinar el significado dentro del tiempo y de la cultura del tipo y el antitipo.
      (2) Investigar el texto para encontrar los puntos de correspondencia entre el tipo y su antitipo según se relacionan con la historia de la salvación.
      (3) Observar los puntos importantes de diferencia entre el tipo y su antitipo.
7. Profecía
   a. Características:
      (1) Estar consciente de que el estilo es generalmente figurado y simbólico.
      (2) Estar atento a los elementos sobrenaturales tales como

información comunicada mediante la proclamación de ángeles, visiones y otros medios sobrenaturales.

(3) Observar el énfasis en el mundo invisible que yace debajo de la acción del mundo visible.

(4) Seguir la acción a su conclusión usual mediante la soberana intervención de Dios.

  b. Interpretación:

(1) Determinar la situación histórica específica que rodeaba la composición del escrito. Estudiar la historia implicada para ver si la profecía se ha cumplido o no.

(2) Estudiar los pasajes paralelos u otros ciclos dentro de la misma profecía para información adicional.

(3) Analizar si este pasaje es parte de una predicción progresiva, si es un posible cumplimiento gradual o si incluye contracción profética.

V. Comparación con otros

  A. Comparar su análisis con los de otros intérpretes.

  B. Modificar, corregir o ampliar su interpretación según sea apropiado.

VI. Aplicación

  A. Deducción de principios: Basado en los análisis histórico-cultural, contextual, léxico-sintáctico y teológico de una porción narrativa, verificar mediante el estudio deductivo (1) el principio o los principios que el pasaje tenía la intención de enseñar, o (2) los principios (verdades descriptivas) ilustrados dentro del pasaje que siguen siendo aplicables al creyente de hoy día.

  B. Trasmisión transcultural de mandamientos bíblicos

    1. Determinar lo más exactamente posible el principio que está detrás del mandamiento.

    2. Determinar si el principio es transcultural o cultural al examinar la razón dada para tal principio.

    3. Si un principio es transcultural, determinar si la misma conducta aplicada en nuestra cultura expresa o no el principio bíblico.

    4. Si debe cambiarse la expresión de conducta de un principio, sugiera una equivalencia cultural que expresará el principio dado por Dios detrás del mandamiento original.

APÉNDICE A

Una muestra bibliográfica de obras relacionadas con la hermenéutica desde varias posturas teológicas

Barret, C. K. *The Interpretation of the Old Testament in the New Testament* [La interpretación del Antiguo Testamento en el Nuevo Testamento]. Vol. 1, ed. P. R. Ackroyed y C. F. Evans. Cambridge: University Press, 1970, pp. 377-411. El autor cree que los autores del Nuevo Testamento tomaron prestados principios hermenéuticos legítimos e ilegítimos de su cultura contemporánea.

Bartsch, Hans. *Kerygma and Myth* [Kerigma y mito]. 2 vols. Londres: S. P. C. K., 1962-62. Una consideración de las Escrituras desde la perspectiva de la "nueva hermenéutica".

Childs, B. S. *Biblical Theology in Crisis* [Teología bíblica en crisis]. Filadelfia: Westminster, 1970. Una consideración del movimiento teológico neoortodoxo norteamericano por uno de sus miembros.

Hasel, G. *Old Testament Theology: Basic Issues in the Current Debate* [Teología del Antiguo Testamento: Asuntos fundamentales en el debate actual]. Grand Rapids: Eerdmans, 1972. Aunque no es un libro explícitamente sobre hermenéutica, señala los asuntos centrales que distinguen varias escuelas de interpetación.

Marle, Rene. *Introduction to Hermeneutics* [Introducción a la hermenéutica]. Nueva York: Herder and Herder, 1967. Un texto general escrito desde una perspectiva liberal.

Palmer, R. E. *Hermeneutics* [Hermenéutica]. Evanston, Ill.: Northwestern University Press, 1969. Excelente texto sobre la "nueva hermenéutica".

Von Rad, G. Typological Interpretation of the Old Testament. In *Essays on Old Testament Hermeneutics* [Interpretación tipológica del Antiguo Testamento, en ensayos sobre la hermenéutica del Antiguo Testamento], ed. J. L Mays. Richmond: Knox, 1963, pp. 17-39. Un ejemplo de teoría tipológica por uno que cree que el Antiguo Testamento es un producto de desarrollo documental, un recuento humano de las acciones de Dios, y que por tanto no puede ser confiable ni exacta.

APÉNDICE B

Lecturas sobre la revelación, inspiración e infalibilidad desde una diversidad de perspectivas teológicas

Baillie, John. *The Idea of Revelation in Recent Thought* [La idea de la revelación en el pensamiento reciente]. Nueva York: Columbia University Press, 1956. Perspectiva neoortodoxa.

Beegle, Dewey M. *The Inspiration of Scripture* [La inspiración de las Escrituras]. Filadelfia: Westminster Press, 1963. Un evangélico que niega la infalibilidad.

Boice, James Montgomery. *The Foundation of Biblical Authority* [El fundamento de la autoridad bíblica]. Grand Rapids: Zondervan, 1978. Una serie de conferencias preparadas por contribuidores del Concilio internacional de infalibilidad bíblica.

Bruce, F. F. *The New Testament Documents: Are They Reliable?* [¿Son confiables los documentos del Nuevo Testamento?]. Chicago: Inter-Varsity, 1960. Excelente tratamiento del tema por un eminente erudito evangélico.

Brunner, Emil. *Revelation and Reason* [Razón y revelación]. Filadelfia: Westminster Press, 1946. Un enfoque neoortodoxo.

Childs, B. S. *Biblical Theology in Crisis* [Teología bíblica en crisis]. Filadelfia: Westminster Press, 1970. Análisis del movimiento neoortodoxo por uno de sus miembros.

Dodd, C. H. *The Authority of the Bible* [La autoridad de la Biblia]. Nueva York: Harper & Brothers, 1929. Una perspectiva liberal.

Geisler, Norman. *Inerrancy* [Infalibilidad]. Grand Rapids: Zondervan, 1980.

Fuller, Daniel. "Benjamin Warfield's View of Faith and History." [La posición de Benjamín Warfield sobre la fe y la historia]. Boletín de la Sociedad Teológica Evangélica II (1968): pp. 75-82.

Fuller, Daniel and Pinnock, Clark. "On Revelation and Biblical Authority." Christian Scholar's Review [Sobre la revelación y la autoridad bíblica: en Revista de eruditos cristianos]. Breve análisis de esos reconocidos teólogos contemporáneos sobre el tema de la "infalibilidad limitada".

Henry, Carl F. H. *God, Revelation and Authority* [Dios, revelación y autoridad]. 4 vols. Waco, Tex.: Word, 1976-.

Hodge, Archibald A. y Warfield, Benjamin B. *Inspiration* [Inspiración], 1881. Reimpreso. Grand Rapids: Baker, 1979.

Lindsell, Harold. *The Battle for the Bible* [La defensa de la Biblia]. Grand Rapids: Zondervan, 1976. Este libro traza la historia del debate entre la infalibilidad bíblica y su posición antagónica, y describe los cambios doctrinales en grupos que han adoptado la postura de que la Biblia tiene errores.

___ *The Bible in the Balance* [La Biblia en la balanza]. Grand Rapids: Zondervan, 1979 ó 1980.

McDonald, H. D. *Theories of Revelation: An Historical Study* [Teorías de la revelación: Un estudio histórico], 1700-1960. Grand Rapids: Baker, 1979.

Montgomery, John W., ed. *God's Inerrant Word: An International Symposium on the Trustworthiness of Scripture* [La inerrable Palabra de Dios: Simposio Internacional sobre la Confiabilidad de las Escrituras]. Minneapolis: Bethany, 1974. Un excelente volumen desde la perspectiva evangélica conservadora. Véase especialmente los capítulos de Montgomery, Pinnock, y Sproul.

Nicole, Roger R. y Michaels, J. Ramsey, eds. *Inerrancy and Common Sense* [Infalibilidad y el sentido común]. Grand Rapids: Baker, 1980.

Packer, James 1. *Fundamentalism and the Word of God* [El fundamentalismo y la Palabra de Dios]. Grand Rapids: Eerdmans, 1972.

___*God Has Spoken: Revelation and the Bible* [Dios ha hablado: La revelación y la Biblia], ed. rev. Londres: Hodder and Stoughton. 1980 (?).

Pinnock, Clark. *Biblical Revelation* [Revelación bíblica]. Chicago: Moody, 1971. Excelente comparación de varias perspectivas sobre la naturaleza de revelación e inspiración de las Escrituras escrita desde una posición evangélica conservadora.

Rogers, Jack B., ed. *Biblical Authority* [Autoridad bíblica]. Waco, Tex.: Word, 1977.

___ y Donald K. McKim. *The Authority and Interpretation of the Bible: An Historical Approach* [La autoridad e interpretación de la Biblia: Un enfoque histórico]. San Francisco: Harper & Row, 1979.

Schaeffer, Francis. *No Final Conflict* [Sin conflicto final]. Downers Grove: InterVarsity, 1971. Cinco ensayos breves que ilustran la tesis del autor de que las Escrituras son verdaderas sea que hablen del conocimiento "superior" o "inferior".

Warfield, B. B. *The Inspiration and Authority of the Bible* [La inspiración y autoridad de la Biblia]. Nutley, N.J.: Presbyterian and Reformed, 1970.

Wenham, John. *Christ and the Bible* [Cristo y la Biblia]. Downers Grove: InterVarsity, 1972. Un excelente análisis de la visión de Jesús de la Biblia y las objeciones al punto de vista de Jesús.

APÉNDICE C

Bibliografía sobre el sensus plenior[1]

Bergado, G. N. "The *'Sensus Plenior'* as a N.T. Hermeneutical Principle" [El *sensus plenior* como un principio hermenéutico del N. T.].
Tesis de maestría, Trinity Evangelical Divinity School, 1969.

Bierberg, R. "Does Sacred Scripture Have a Sensus Plenior?" [¿Tienen
las Sagradas Escrituras un *sensus plenior*?]. *Catholic Biblical Quarterly 15* (1953):141-162.

The Sensus Plenior of Sacred Scriptures [El *sensus plenior* de las
Sagradas Escrituras]. Baltimore: St. Mary's University, 1955.

_ "Pere Lagrange and the Sensus Plenior" [Pere Lagrange y el *sensus
plenior*], *Catholic Biblical Quarterly 18* (1956):47-53.

_ "The Sensus Plenior in the Last Ten Years" [El *sensus plenior* en los
últimos diez años], *Catholic Biblical Quarterly 25* (1963):262-285.

"Hermeneutics" [Hermenéutica], en *Jerome Biblical Commentary* [Co-
mentario bíblico de San Jerónimo], ed. R. E. Brown, J. A. Fitzmyer,
y R. E. Murphy. Englewood Cliffs, N. J. Prentice-Hall, 1968, pp.
605-623.

Coppens, J. "Levels of Meaning with the Bible", *How Does the Christian
Confront the O.T.? XXX OT Concilium* ["Niveles de significado
dentro de la Biblia" ¿Cómo confrontan los cristianos el A. T.? XXX
Concilio del AT], ed. Pierre Benoit, Roland Murphy, et al. Nueva
York: Paulist Press, 1968, pp. 125-139.

Franzmann, M. "The Hermeneutical Dilemma: Dualism in the Interpretation of Holy Scripture." ["El dilema hermenéutico: dualismo en la

---

1 *Tomada de una bibliografía preparada por Walter C. Kaiser, Trinity Evangelical Divinity School. Usado con
permiso del autor.

interpretación de las Santas Escrituras"], *Concordia Theological Monthly 36* (1965):504.

Hirsch, E. D. *Validity in Interpretation* [Validez en la interpretación]. New Haven: Yale, 1967.

Hunt, I. "Rome and The Literal Sense of Sacred Scripture" [Roma y el sentido literal de las Sagradas Escrituras], *American Benedictine Review 9* (1958): 79-103.

Krimholtz, R. H. "Instrumentality and Sensus Plenior" ["Instrumentalidad y *sensus plenior*], *Catholic Biblical Quarterly 20* (1958):200-205.

Longenecker, R. "Can We Reproduce the Exegesis of the N.T.?" [¿Podemos reproducir la exégesis del N. T.?], *Tyndale Bulletin 21* (1970):3-38.

Nemetz, A. "Literalness and Sensus Literalis" [Literalidad y *sensus literalis*], *Speculum 34* (1959):76-89.

O'Rourke, J.J. "Marginal Notes on the Sensus Plenior" [Notas marginales sobre el *sensus plenior*], *Catholic Biblical Quarterly 21* (1959):64-71.

_ "Theology and the Sensus Plenior" [Teología y el *sensus plenior*], *Ecclesiastical Review 143* (1960):301-306.

Ricoeur, P. "The Problem of the Double Sense as a Hermeneutic Problem and as a Semantic Problem" [El problema del doble sentido como un problema hermenéutico y como un problema semántico], en *Festschrift* for M. Eliade, ed. J. M. Kitagagwa. Chicago: University of Chicago Press, 1969, pp. 63-74.

Sutcliffe, E. F. "The Plenary Sense as a Principle of Interpretation" [El sentido plenario como un principio de interpretación], Biblica 24 (1953):333-343.

Vawter, B. "The Fuller Sense: Some Considerations" [El sentido más amplio: algunas consideraciones], *Catholic Biblical Quarterly 26* (1969):85-96.

BIBLIOGRAFÍA GENERAL

Adams, J. McKee. *Biblical Backgrounds* [Trasfondos bíblicos]. Nashville: Broadman, 1934.

Alsop, John R., ed. *An Index to the Bauer-Arndt-Cingrich Lexicon* [Indice del léxico de Bauer-Arndt-Cingrich]. Grand Rapids: Zondervan, 1968.

Althaus, P. *Theology of Martin Luther* [Teología de Martín Lutero]. Filadelfia: Fortress, 1966.

Baly, Denis A. *Geography of the Bible* [Geografía de la Biblia]. Nueva ed. rev. Nueva York: Harper & Row, 1974.

Barrett, Charles K. Luke the Historian in Recent Research [Lucas el historiador en la investigación reciente]. Londres: Epworth Press, 1961.

Barrett, Charles K., ed. *New Testament Background: Selected Documents* [Trasfondo del Nuevo Testamento: Documentos selectos]. Nueva York: Harper & Row, 1961.

Bauer, Walter. *Greek-English Lexicon of the New Testament and Other Early Christian Literature* [Léxico greco-inglés del Nuevo Testamento y otra literatura cristiana primitiva]. Trad. y ed. W. F. Arndt y F. W. T. Gingrich. 2a. rev. ed. Chicago: U. of Chicago Press, 1979.

Berkhof, Louis, *Principles of Biblical Interpretation* [Principios de interpretación bíblica]. Grand Rapids: Baker, 1950.

—-*Systematic Theology* [Teología sistemática] (publicado en castellano por TELL). 4s ed. rev. y amp. Grand Rapids: Eerdmans, 1949.

Blackwood, Andrew. *Expository Preaching for Today* [Predicación expositiva para hoy] (publicado en castellano por CBP). Reimpreso. Grand Rapids: Baker, 1975.

Blass, Friedrich W. y Albert debrunner. *Greek Grammar of the New Testament and Other Early Christian Literature* [Gramática griega del Nuevo Testamento y de otra literatura cristiana primitiva]. Chicago: U. of Chicago Press, 1961.

Broadus, John A. *Treatise on the Preparation and Deliver of Sermons* [Tratado de la predicación] (publicado en castellano por CBP). ed. rev. Nueva York: Harper & Row, 1944.

Brooks, Phillips. *Lectures on Preaching* [Conferencias sobre la predicación]. Londres: H. R. Allenson, 1877.

Brown, Francis, S. R. Driver, y Charles A. Briggs. *Hebrew and English Lexicon* [Léxico hebreo-inglés]. Nueva York: Oxford, 1952.

Bruce, F. F. *The New Testament Documents: Are They Reliable?* [¿Son confiables los documentos del Nuevo Testamento?] (publicado en castellano por Editorial Caribe) 5a. ed. rev. Grand Rapids: Eerdmans, 1960.

Bullinger, E. W. *Critical Lexicon and Concordance to the English and Greek New Testament*. Grand Rapids: Zondervan, 1975.

Figures of Speech Used in the Bible [Diccionario de expresiones idiomáticas empleadas en la Biblia] (publicado en castellano por CLIE). Grand Rapids: Baker, n.d.

Buswell, James Oliver, Jr. *Systematic Theology of the Christian Religion* (publicado en castellano por LOGOI). 2 vols. Grand Rapids: Zondervan, 1962-63.

Chafer, L. S. *Dispensationalism* [Dispensacionalismo], ed. rev. Dallas: Dallas Seminary Press, 15 .

Clouse, Robert. *The Meaning of the Millennium: Four Views* [El significado del milenio: cuatro puntos de vista] (publicado en castellano por Editorial Mundo Hispano). Downers Grove 111.: InterVarsity, 1977.

Costas, Orlando. *The Church and Its Mission* [La iglesia y su misión]. Nueva ed. Wheaton: Tyndale.

Cox, William E. *Examination of Dispensationalism* [Examen del dispensacionalismo]. Phillipsburg, N. J.: Presbyterian & Reformed, n.d.

DeVaux, Roland. *Ancient Israel* [Israel Antiguo]. 2 vols. Nueva York: McGraw, 1965.

Douglas, J. D., ed. *The New Bible Dictionary* [El nuevo diccionario bíblico] (publicado en castellano por Editorial Certeza). Grand Rapids: Eerdmans, 1962.

Edersheim, Alfred. *The Life and Times of Jesus the Messiah* [La vida y los tiempos de Jesús el Mesías] (publicado en castellano por CLIE) Reimpreso. Grand Rapids: Eerdmans, 1972.

Fairbairn, Patrick. *The Typology of Scripture* [La tipología bíblica]. 2 vols. Grand Rapids: Zondervan,

Farrar, Frederic W. *History of Interpretation* [Historia de la interpretación]. 1885; reimpreso. Grand Rapids:

France, R. T. *Jesus and the Old Testament* [Jesús y el Antiguo Testamento]. Downers Grove, Ill.: InterVarsity.

Freeman, James. *Manners and Customs of the Bible* [Usos y costumbres de la Biblia]. Plainfield, N.J.: Logos,

Fullerton, Kemper. *Notes on Hebrew Crammar* [Notas sobre la gramática hebrea]. 5a ed. rev. Cincinnati: Lane Theological Seminary, 1898.

Gesenius, Friedrich H. W. *Hebrew Crammar* [Gramática hebrea]. 2a. ed. ing. Oxford: Clarendon, 1949.

Gesenius, William. *Hebrew and Chaldee Lexicon* [Léxico hebreo-caldeo]. Grand Rapids: Eerdmans,

Girdlestone, Robert B. *Synonyms of the Old Testament* [Sinónimos del Antiguo Testamento]. Reimpreso. Grand Rapids

Grant, Robert M. *A Short History of The Interpretation of the Bible* [Breve historia de la interpretación bíblica]. ed. rev. Nueva York: Macmillan, 1972.

Gutierrez, Gustavo. *A Theology of Liberation* [Teología de la liberación]. Maryknoll, N. Y.: Orbis, 1973.

Haley, J. W. *An Examination of the Alleged Discrepancies of the Bible* [Examen de las supuestas discrepancias de la Biblia]. Grand Rapids: Baker, 1977.

Harrison, Roland K. *A History of Old Testament Times* [Historia de los tiempos del Antiguo Testamento]. Grand Rapids: Zondervan, 1957.

Heaton, E. W. *Everyday Life in Old Testament Times* [La vida diaria en los tiempos del Antiguo Testamento]. reimpreso. Nueva York: Scribner's 1977.

Jeremias, J. *The Parables of Jesus* [Las parábolas de Jesús] (publicado en castellano por Ediciones Sígueme). Ed. rev. Nueva York: Scribner's, 1971.

Kaiser, Walter, Jr. *Classical Evangelical Essays in Old Testament Interpretation* [Ensayos clásicos en la interpretación del Antiguo Testamento]. Grand Rapids: Baker, 1972.

The Old Testament in Contemporary Preaching [El Antiguo Testamento en la predicación contemporánea]. Grand Rapids: Baker,

Kitchen, K. A. *Ancient Orient and the Old Testament* [El antiguo oriente y el Antiguo Testamento]. Downers Grove, Ill.: InterVarsity, 1966.

Kittel, Gerhard and Gerhard Friedrich. *Theological Dictionary of the New Testament* [Diccionario teológico del Nuevo Testamento]. 10 vols. Grand Rapids: Eerdmans, 1964-76.

Kraft, Charles. "Interpreting in Cultural Context" [Interpretando en el contexto cultural], *Journal of the Evangelical Theological Society 21* (1978): 357-367.

Ladd, George Eldon. *Crucial Questions About the Kingdom of God* [Preguntas cruciales acerca del reino de Dios]. Grand Rapids: Eerdmans, 1952.

A Theology of the New Testament [Teología del Nuevo Testamento]. Grand Rapids: Eerdmans, 1974.

Lampe, G. y K. Woolcombe. *Essays on Typology* [Ensayos en tipología]. Napeville: Allenson, 1957.

Lewis, Gordon R. *Testing Christianity's Truth Claims* [Probando los alegatos del cristianismo]. Chicago: Moody, 1976.

Lindsell, Harold. *The Battle for the Bible* [La defensa de la Biblia]. Grand Rapids: Zondervan, 1976.

Longenecker, Richard. *Biblical Exegesis in the Apostolic Period* [Exégesis bíblica en el período apostólico]. Grand Rapids: Eerdmans, 1975.

Ludwigson, R. *A Survey of Biblical Prophecy* [Investigación de la profecía bíblica]. 2a. ed. Grand Rapids: Zondervan, 1975.

Mickelsen, A. Berkeley. *Interpreting the Bible* [Interpretando la Biblia]. Grand Rapids: Eerdmans, 1963.

Miranda, J. *Marx and the Bible* [Marx y la Biblia]. Maryknoll, N.Y.: Orbis, 1974.

Montgomery, John W., ed. *God's Inerrant Word* [La Palabra infalible de Dios]. Minneapolis: Bethany, 1974.

Morris, Leon. *Apocalyptic* [Apocalipsis]. Grand Rapids: Eerdmans, 1972.

Moulton, James H. y George Milligan. *Vocabulary of the Greek Testament* [El vocabulario del Testamento griego ilustrado de los papiros y otras fuentes no literarias]. Grand Rapids: Eerdmans, 1949.

Noth, Martin. *Old Testament World* [El mundo del Antiguo Testamento]. Filadelfia: Fortress Press, 1966.

Payne, J Barton. *Encyclopedia of Biblical Prophecy* [Enciclopedia de profecía bíblica]. Nueva York: Harper & Row, 1973.

Pentecost, J. Dwight. *Things to Come* [Eventos del porvenir] (publicado en castellano por Editorial Vida). Grand Rapids: Zondervan, 1958.

Perry, Lloyd. *Manual for Biblical Preaching* [Predicación bíblica para el mundo actual]. Grand Rapids: Baker, 1965.

Pfeiffer, Charles. *Biblical World* [El mundo bíblico]. Grand Rapids: Baker, 1964.

Pinnock, Clark. *Biblical Revelation* [Revelación bíblica]. Chicago: Moody, 1971.

"Liberation Theology: The Gains, The Gaps.' [Teología de la liberación: su ganancia, su vacío], *Christianity Today 16* enero 1976, pp. 13-15.

Pritchard, James B. *Ancient Near Eastern Texts Relating to the Old Testament* [Textos del antiguo cercano oriente relacionados con la Biblia]. Princeton: University Press, 1950.

Ancient Near East in Pictures Relating to the Old Testament [El antiguo cercano oriente en cuadros relacionados al Antiguo Testamento]. Princeton University Press, 1954.

Ramm, Bernard. *Hermeneutics* [Hermenéutica]. Grand Rapids: Baker, 1971.

Protestant Biblical Interpretation [Interpretación bíblica protestante]. 3ra. ed. rev. Grand Rapids: Baker,

Robertson, A. T. *Crammar of the Greek New Testament in the Light of Historical Research* [Gramática del Nuevo Testamento griego a la luz de la investigación histórica]. Nashville: Broadman, 1977.

Word Pictures in the New Testament [Imágenes verbales en el Nuevo Testamento] (publicado en castellano por CLIE). 6 vols. Nashville: Broadman 1943.

Ryrie, C. C. *Dispensationalism Today* [Dispensacionalismo actual] (publicado en castellano por Portavoz Evangélico). Chicago: Moody, 1973.

Schultz, Samuel J. y Morris A. Inch, eds. *Interpreting the Word of God* [Interpretando la Palabra de Dios]. Chicago: Moody, 1976.

Scofield, C. I. *Rightly Dividing the Word of Truth* [Trazando bien la palabra de verdad]. reimpreso. Grand Rapids: Zondervan, 1974.

Sproul, R. C. "Controversy at Culture Gap", *Eternity* (mayo 1976), pp. 13-15, 40.

Strong, James. *Exhaustive Concordance* [Concordancia exhaustiva]. Nashville: Abingdon, 1890.

Surburg, Raymond. How Dependable Is the Bible? [¿Cuán confiable es la Biblia?]. Filadelfia: Lippincott,

Tenney, Merrill. *Interpreting Revelation* [Interpretando Apocalipsis]. Grand Rapids: Eerdmans, 1957.

—– *New Testament Times* [Los tiempos del Nuevo Testamento]. Grand Rapids: Eerdmans, 1967.

Terry, Milton S. *Biblical Hermeneutics* [Hermenéutica bíblica] (publicado en castellano por CLIE). reimpreso. Grand Rapids: Zondervan, 1974.

Thayer, Joseph H. *Greek-English Lexicon of the New Testament* [Léxico greco-inglés del Nuevo Testamento]. reimpreso. Grand Rapids: Zondervan, 1956.

Thiele, Edwin. *The Mysterious Numbers of the Hebrew Kings* [Los números misteriosos de los reyes hebreos]. ed. rev. Grand Rapids: Eerdmans, 1965.

Thompson, John Arthur. *Bible and Archeology* [La Biblia y la arqueología]. Grand Rapids: Eerdmans, 1962.

Thomson, William. *The Land and the Book* [La tierra y el Libro]. 2 vols. Nueva York: Harper, 1898.

Trench, Richard C. *Notes on the Parables of Our Lord* [Notas sobre las parábolas de nuestro Señor]. Grand Rapids: Baker, 1948.

Trench, Robert C. *Synonyms of the New Testament* [Sinónimos del Nuevo Testamento]. Grand Rapids: Eerdmans, 1950.

Tyndale New Testament Commentaries [Comentarios Tyndale del Nuevo Testamento]. 20 vols. Grand Rapids: Eerdmans, 1957- 1974.

Vine, William E. *Expository Dictionary of New Testament Words* [Diccionario expositivo del Nuevo Testamento]. Old Tappan, N. J.: Revell, 1940.

Walther, C. F. W. *The Proper Distinction Between Law and Cospel* [La correcta distinción entre la ley y el evangelio]. St. Louis: Concordia, 1929.

Weingreen, Jacob. *Practical Crammar for Classical Hebrew* [Gramática práctica del hebreo clásico]. 2a. ed. Nueva York: Oxford, 1959.

Wellham, John. *Christ and the Bible* [Cristo y la Biblia]. Downers Grove: InterVarsity, 1972.

Wight, Fred. *Manners and Customs of Bible Lands* [Usos y costumbres de las tierras bíblicas] (publicado en castellano por Portavoz Evangélico). Chicago: Moody, 1953.

Wigram, George V. *Englishman's Creek Concordance* [Concordancia griega para el lector en inglés]. ed. rev. Grand Rapids: Baker, 1979.

___ *Englishman's Hebrew and Chaldee Concordance* [Concordancia hebrea y caldea para el lector inglés]. reimpreso. Grand Rapids: Zondervan, 1978.

Wright, George. *The Old Testament Against its Environment.* Londres: SCM Press, 1957.

Yamauchi, Edwin. "Christianity and Cultural Differences" [Cristianismo y diferencias culturales], *Christianity Today*, junio 23 1972, pp. 5-8.

The Stones and the Scriptures [Las rocas y las Escrituras]. Filadelfia: Holman, 1977.

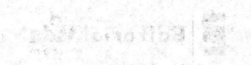

Nos agradaría recibir noticias suyas.
Por favor, envíe sus comentarios sobre este libro
a la dirección que aparece a continuación.
Muchas gracias.

Vida@zondervan.com
www.editorialvida.com